PLEIN
DROIT

Les *indispensables* du
droit public

2e édition

Pierre **Bourdon**

préface de **Paul Cassia**

ellipses

Retrouvez les livres de la collection « Plein Droit »
sur le site www.editions-ellipses.fr

Pour Elisa

ISBN 9782340-040113

32, rue Bargue 75740 Paris cedex 15

www.editions-ellipses.fr

Sommaire

Préface

De nombreux concours administratifs comportent une épreuve écrite ou orale de « droit public »; cette matière est au programme de plusieurs parcours universitaires.

Son champ est potentiellement très vaste, et plusieurs traités ne suffiraient pas à en épuiser les charmes. Pierre Bourdon a choisi d'en exposer l'essentiel, à l'exclusion de certains aspects relevant du droit administratif spécial (fonction publique, droit administratif des biens, droit de l'urbanisme), sous forme de 50 fiches facilement accessibles, touchant des questions aussi diverses et actuelles que la police administrative, le contrôle de légalité que – en théorie au moins – les préfectures doivent opérer sur les actes des collectivités territoriales, le régime du contrat administratif, la question prioritaire de constitutionnalité et la composition du Conseil constitutionnel, l'existence éventuelle d'un État européen…

Ces fiches s'ordonnent autour du rappel, en trois ou quatre points, de l'essentiel de la matière, et d'une synthèse en rubriques adossée à un schéma permettant de mémoriser le contenu de la fiche. Elles sont heureusement complétées, pour chacun des thèmes, par un exercice et son corrigé (dissertation, cas pratique, commentaire d'arrêt, commentaire de texte ou commentaire d'images, questions à choix multiple ou à réponse courte), qui permet de donner un caractère « pratique » au contenu « théorique » des fiches: le lecteur peut ainsi avoir une idée précise de la manière dont ses connaissances juridiques, rehaussées le cas échéant des réflexions personnelles que le sujet appelle, doivent être restituées pour coller aux attentes des examinateurs.

Ce format est ainsi particulièrement adapté aux candidats aux concours de la fonction publique, désireux d'avoir une première approche de la matière. Il l'est également pour les étudiants qui pourraient être rebutés par la complexité des manuels « classiques » de droit constitutionnel ou de droit administratif, par exemple parce que l'enseignement des sciences juridiques n'est pas l'horizon principal des études qu'ils suivent – c'est le cas notamment pour les élèves des Instituts d'études politiques ou des écoles de commerce, ou dans les universités des étudiants en Administration économique et sociale – ou parce qu'ils n'ont pas encore les outils leur permettant de s'engager dans une compréhension approfondie des différentes branches du droit public – c'est le cas par exemple des personnes inscrites en capacité de droit. Il l'est enfin pour tous ceux qui, nombreux, sont candidats à un emploi d'agent contractuel offert par une administration, et qui entendent préparer au mieux leur entretien avec les agents titulaires de cette administration chargés du recrutement. Quelle que soit la fonction à laquelle ils se destinent, les candidats à un emploi dans l'administration, pourvu par concours ou par contrat, sont tenus de connaître les principes structurants du fonctionnement de l'État et des services publics.

La deuxième édition de l'ouvrage de Pierre Bourdon, à jour notamment du Brexit et des conséquences contentieuses de la crise sanitaire du covid-19, leur offre, dans un langage simple, rigoureux et clair, l'outil par lequel ils peuvent acquérir les connaissances de base leur permettant de réussir cet entretien ou l'épreuve de droit public « général » proposée au concours ou à l'examen.

Paul Cassia
Professeur à l'Université Paris 1 Panthéon-Sorbonne

INTRODUCTION

Il est devenu presque banal de dire que le droit public est incontournable dans la vie des citoyens et des administrés.

Un phénomène plus récent pourrait être nommé « l'ouverture du droit public ». En effet, les discussions sur la matière intéressent de plus en plus les citoyens et les administrés.

Jusqu'à une époque récente, les questions de droit public avaient une place assez restreinte dans le débat public. Les discussions concernaient essentiellement les questions constitutionnelles relatives aux institutions de l'État (par ex., la réforme de la durée du mandat du Président de la République). Elles ne passionnaient pas toujours les foules (le référendum sur le quinquennat en septembre 2000 n'a attiré que 30,19 % des électeurs, moins du tiers).

Ce temps paraît révolu. Des questions de droit public nombreuses et variées, tant en droit constitutionnel qu'en droit administratif, ont régulièrement un retentissement important, en particulier dans les journaux. Au cours des douze derniers mois, les sujets concernant l'État (mesures insuffisantes contre la pollution de l'air) ont notamment côtoyé ceux relatifs aux collectivités territoriales (élections municipales et communautaires) ou aux administrés (hausse des frais d'inscription à l'Université). Mais c'est surtout la crise sanitaire liée à l'épidémie de covid-19 qui a mis en avant le rôle et la place des juridictions administratives.

L'importance de ces questions doit certainement beaucoup à la place occupée par le juge administratif et le Conseil constitutionnel dans la Société. Il faut dire que l'accès à ces juridictions est nettement plus ouvert qu'il ne l'a été. Des voies de recours ont été créées devant le juge administratif (*cf.* not. la loi du 30 juin 2000 relative au référé devant les juridictions administratives) et devant le Conseil constitutionnel (la question prioritaire de constitutionnalité). Les nouveaux recours ont contribué à renforcer la place des juges concernés. L'immobilier lui-même en témoigne ! Les juridictions administratives et le Conseil constitutionnel ont tendance à s'étendre. Au cours des années 2000, Nîmes (2006) et Toulon (2008) puis Montreuil (2009) ont vu s'installer un nouveau tribunal administratif, Versailles une nouvelle cour administrative d'appel (2004). Prochainement, une nouvelle cour administrative d'appel sera créée à Toulouse (ouverture prévue fin 2021). Avec l'arrivée de la question prioritaire de constitutionnalité, le Conseil constitutionnel a quant à lui rénové sa « salle des séances » (2011), avant que soit ouverte une toute nouvelle « salle d'audience » pour accueillir les justiciables et les avocats dans de meilleures conditions (2012).

Le rôle du juge dans la Société est d'autant plus important que les droits fondamentaux des citoyens et des administrés se sont développés et qu'il revient au juge de leur donner des effets concrets. Pour s'en tenir au Conseil d'État et à ses décisions récentes, on peut citer les affaires liées à l'épidémie de covid-19 qui ont conduit le Conseil d'État à contrôler les règles du confinement (*cf.* par ex. l'ordonnance n° 439674 du 22 mars 2020) ou censurer l'utilisation de drones par la préfecture de police de Paris pour surveiller la population (ordonnance n° 440442 du 18 mai 2020). Les décisions rendues dans ces litiges ont mêlé le droit au respect de la vie et la liberté d'aller et venir, pour l'une, «*le droit au respect de la vie privée qui comprend le droit à la protection des données personnelles*» et la liberté d'aller et venir, pour la seconde. Est-ce une cause ou une conséquence de l'importance de ces décisions et du rôle du juge? Quoi qu'il en soit, les juridictions s'emploient à médiatiser leurs décisions par le biais de «communiqués de presse» et parfois même, depuis récemment, à l'occasion de «déclarations à la presse». Et les affaires concernées peuvent aussi avoir un écho au-delà des frontières nationales. Après les décisions rendues par le Conseil d'État sur l'affaire «Lambert» en 2015 et 2019, la Cour européenne des droits de l'Homme a été saisie par des membres de la famille éponyme. En vain. La CEDH a rejeté leurs requêtes (*cf.* not. CEDH, 5 juin 2015, *Lambert contre France*, *Rec. CEDH*, III).

Le droit public s'est ainsi «ouvert» et ce phénomène le rend encore plus incontournable.

L'objectif du présent ouvrage est de donner les clefs de compréhension des notions et règles les plus importantes du droit public. Pour élémentaires qu'elles soient, ces notions et règles sont essentielles pour comprendre les questions de droit public les plus complexes. L'ouvrage peut donc intéresser tous les citoyens et les administrés. Mais il devrait plus particulièrement intéresser les étudiants qui souhaitent avoir une première approche de la matière. Pour les mêmes raisons, les candidats à certains concours de la fonction publique qui ont choisi la matière à l'écrit ou à l'oral peuvent trouver un intérêt à sa lecture.

Après avoir expliqué la notion de droit public (fiches 1 et 2), trois notions fondamentales du droit public seront examinées en détail:

- l'État (fiche 3);
- la Constitution (fiche 4);
- et l'Administration (fiche 5).

Ces notions sont la base des deux grandes matières du droit public:

- le droit constitutionnel (fiches 6 à 19);
- et le droit administratif (fiches 20 à 47).

En guise d'ouverture, le droit public sera confronté au droit européen afin d'observer les effets de ce dernier sur le droit constitutionnel et le droit administratif (fiches 48 à 50).

PARTIE I

La notion de droit public

Fiche 1

Le droit

Les objectifs de la fiche

- Maîtriser la notion de droit
- Comprendre l'utilité du droit pour l'individu et dans la Société
- Distinguer les principales branches du droit

1. La notion de droit

Le droit peut être défini, avec le Professeur Gérard Cornu, comme un «*ensemble de règles de conduite socialement édictées et sanctionnées, qui s'imposent aux membrese la société*» (*Vocabulaire juridique*, 10e éd., PUF, coll. Quadrige, Paris, 2014, p. 373).

En effet, toute Société se crée grâce à l'accord des individus qui ont la volonté de vivre ensemble. Les règles de droit ont pour objectif principal d'assurer l'existence de la vie sociale. *Ubi societas ibi jus* dit l'adage latin (il y a du droit dans toute Société).

L'édiction des règles de droit, c'est-à-dire leur création, peut prendre différentes formes. Les règles sont généralement issues de la volonté de l'ensemble des membres de la Société. C'est la démocratie, c'est-à-dire que le peuple (*demos* en grec) commande (*cratos* en grec). Au sein du Parlement français, les représentants du peuple votent la loi (*cf.* fiche 16). Au contraire, les règles peuvent également provenir de la volonté d'un seul membre de la Société (la monocratie), de quelques-uns (l'oligarchie), des religieux (la théocratie), des riches (la ploutocratie), voire d'une élite (l'aristocratie).

En démocratie, la sanction des règles de droit, c'est-à-dire leur application à des situations concrètes, appartient en dernier ressort au juge. Ainsi, les membres de la Société appliquent quotidiennement les règles de droit. Mais le juge a le dernier mot en cas de litige.

2. Les règles de droit

Les règles de droit, que l'on appelle aussi «normes juridiques», sont les prescriptions ayant un caractère obligatoire pour les personnes qui en sont les destinataires.

Les règles juridiques ont leur source dans des textes, tels que la Constitution (*cf.* fiche 4), les lois (*cf.* fiche 16) ou les décrets (*cf.* fiche 37). On parle de «source écrite». En droit français, les sources sont exclusivement écrites depuis la Révolution de 1789.

Au contraire, les règles peuvent n'être écrites dans aucun texte et résulter de la coutume. On parle de «source non écrite» ou de «source coutumière». Au Royaume-Uni, le droit est plutôt coutumier. Mais le droit écrit a eu tendance à s'y développer sous l'influence du droit de l'Union européenne. La séparation du RU et de l'UE («brexit») en 2020 ne devrait pas remettre en cause cette tendance. Au sein de la société internationale, la coutume est une des sources du droit international appliquées par la Cour internationale de justice (CIJ) à côté des traités (*cf.* art. 38 du statut de la CIJ). Lorsque le juge français est saisi d'une question de droit international concernant, par exemple, l'adoption d'un enfant, il peut appliquer la « *coutume internationale* » (*cf.* CE, 23 juillet 2012, *Association enfance et familles d'adoption*, req. n° 347677).

3. Les branches du droit

Le droit peut s'intéresser à tous les biens et toutes les personnes au sein de la Société. En conséquence, la matière juridique est d'autant plus complexe que les biens, les personnes et la Société elle-même se complexifient. Pour faciliter la compréhension du droit, les règles juridiques peuvent être regroupées en fonction d'un ou de plusieurs critères. Chaque regroupement est appelé « branche du droit ».

Le critère peut être celui de l'intérêt protégé par les règles concernées. On peut alors distinguer le droit de l'environnement, le droit de la consommation, voire le droit de la concurrence.

Un autre critère peut être celui du lieu d'application des règles concernées. On peut alors distinguer le droit français, le droit allemand, le droit belge, mais aussi le droit de l'Union européenne.

En droit français, on distingue généralement deux grandes branches du droit en fonction des personnes à qui les règles de droit s'appliquent en priorité. Il s'agit du droit privé et du droit public. À titre principal, le droit privé concerne les personnes privées, tandis que le droit public concerne les personnes publiques.

Éléments d'approfondissement

- CAILLOSSE Jacques, « Droit public-droit privé : sens et portée d'un partage académique », *AJDA*, 1996, pp. 955-964.
- EISENMANN Charles, « Droit public, droit privé », *RDP*, 1952, pp. 903-979.
- JESTAZ Philippe, *Le droit*, 8ᵉ éd., Dalloz, coll. Connaissance du droit, Paris, 2014, 170 p.
- RIVERO Jean, « Droit public et droit privé : conquête ou *statu quo* », *D.*, 1947, C., pp. 69-72.

Les indispensables

- Toute Société repose sur un accord des individus qui ont la volonté de vivre ensemble.
- Le droit a pour objectif principal de garantir l'existence de la vie en Société.
- Les règles de droit sont les prescriptions obligatoires pour les personnes qui en sont les destinataires.
- La démocratie suppose que le pouvoir vienne initialement du peuple et donc que ce dernier donne son accord aux règles de droit, au moins par l'intermédiaire de représentants.
- Les règles de droit peuvent être écrites ou non écrites.
- Les règles de droit français sont en principe des règles écrites qui ont donc leur source dans des textes (par ex., décrets, lois, Constitution).
- Le droit public et le droit privé sont les deux grandes branches qui structurent le droit français.
- Le droit essentiellement applicable aux personnes publiques est le droit public.

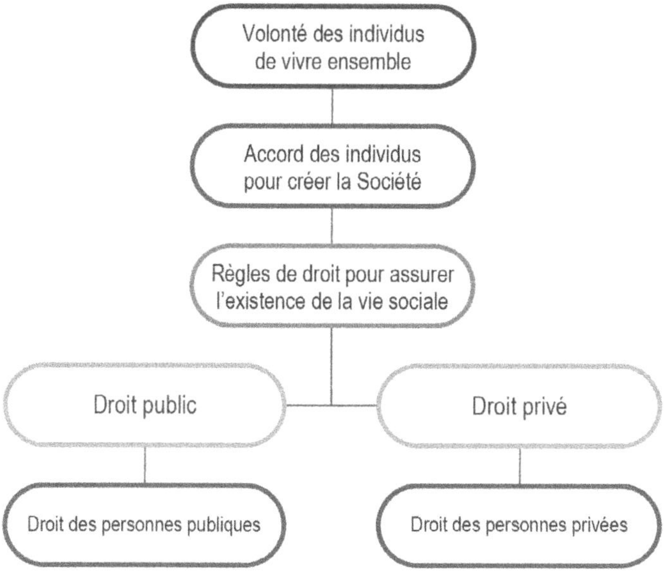

DE L'INDIVIDU AU DROIT

Fiche 2

Le droit des personnes publiques

Les objectifs de la fiche

- Distinguer les personnes publiques par rapport aux personnes privées
- Comprendre les spécificités des personnes publiques
- Percevoir la nécessité du droit public

1. La notion de personne publique

La personne publique doit être distinguée de la personne privée. Mais l'une et l'autre sont des personnes juridiques, c'est-à-dire des personnes susceptibles d'être titulaires de droits et soumises à des devoirs (par ex., gérer un patrimoine, conclure un contrat, agir en justice).

Les deux catégories de personnes privées sont :

- les personnes physiques, c'est-à-dire les individus ;
- les personnes morales, telles que les sociétés ou les associations.

Les principales catégories de personnes publiques sont :

- l'État ;
- les collectivités territoriales, c'est-à-dire les communes, les départements, les régions, les collectivités d'outre-mer et les collectivités à statut particulier ;
- les établissements publics, tels que les écoles, les collèges, les lycées, les universités, les hôpitaux ou l'Établissement français du sang (EFS) ; depuis le 1er janvier 2020, la Société nationale des chemins de fer (SNCF) n'est plus un EP, mais une société anonyme ;
- les autorités indépendantes, telles que le Conseil supérieur de l'audiovisuel (CSA) ou le Défenseur des droits.

Les personnes publiques sont souvent appelées « personnes de droit public » et les personnes privées « personnes de droit privé » en raison des règles de droit qui s'appliquent prioritairement à elles. L'application du droit public aux personnes publiques se justifie par les spécificités de ces personnes.

2. Les spécificités des personnes publiques

Les personnes publiques ont au moins deux spécificités qui les distinguent des personnes privées: leurs missions et leur rayonnement.

D'une part, les personnes publiques ont des missions spécifiques. Elles ont vocation à défendre l'intérêt général, c'est-à-dire l'intérêt des personnes privées et des personnes publiques. En principe, les personnes privées ne sont pas contraintes de poursuivre l'intérêt général et peuvent ne poursuivre que leur intérêt purement personnel.

D'autre part, les personnes publiques ont un rayonnement spécifique. Elles exercent leurs missions d'intérêt général sur un territoire (souvent étendu) et une population (souvent nombreuse). En principe, les personnes privées ont un rayonnement nettement plus réduit. Elles ne sont pas non plus obligées d'exercer leurs activités sur un territoire et une population donnés.

La conséquence de ces deux spécificités, c'est la nécessité d'un droit spécial pour les personnes publiques.

3. La nécessité d'un droit adapté aux spécificités des personnes publiques

Les spécificités des personnes publiques nécessitent, tout d'abord, des règles *d'organisation* adaptées. Ainsi, la Constitution prévoit des institutions adaptées aux missions et au rayonnement de l'État: le Gouvernement et le Parlement (*cf.* art. 20 à 33 de la Constitution). En comparaison, les personnes privées disposent également d'institutions adaptées à leurs activités, telles que les sociétés commerciales (*cf.* art. L. 210-1 du Code de commerce) ou les associations (*cf.* loi du 1er juillet 1901).

Les spécificités des personnes publiques nécessitent, ensuite, des règles de *fonctionnement* adaptées. En démocratie, la loi est votée par les citoyens ou par l'intermédiaire de leurs représentants. Ainsi, la Constitution contient des règles sur les référendums et les élections des députés et sénateurs (*cf.* art. 11 et 24 de la Constitution).

Enfin, les spécificités des personnes publiques nécessitent des règles d'*action* adaptées. Ainsi, le maintien de l'ordre public peut supposer de restreindre les libertés des personnes privées à titre exceptionnel (*cf.* CE, 19 mai 1933, *Benjamin*, *Rec.*, p. 541). Le service public doit être accessible à tous les citoyens (*cf.* CE Section, 9 mars 1951, *Société des concerts du Conservatoire*, *Rec.*, p. 151).

Le droit constitutionnel et le droit administratif sont les deux branches principales du droit public qui regroupent les règles d'organisation, de fonctionnement et d'action adaptées aux personnes publiques et, notamment, à l'État et à l'Administration.

Éléments d'approfondissement

- Travaux de l'Association française pour la recherche en droit administratif (AFDA), *La personnalité publique*, Litec, coll. Colloques, Paris, 2007, 256 p.
- Travaux de l'AFDA, *La puissance publique*, Litec, coll. Colloques, Paris, 2011, 314 p.

Les indispensables

- Une personne juridique est toute personne susceptible d'être titulaire de droits et soumises à des devoirs.
- Les deux catégories principales de personnes juridiques sont les personnes publiques et les personnes privées.
- Les personnes privées sont soit des personnes physiques, soit des personnes morales.
- Les principales catégories de personnes publiques sont l'État, les collectivités territoriales, les établissements publics et les autorités indépendantes.
- Les missions et le rayonnement des personnes publiques sont les deux spécificités qui justifient l'application d'un droit spécial à ces personnes.
- Le droit public regroupe les règles d'organisation, de fonctionnement et d'action adaptées à leurs missions et à leur rayonnement.
- Les missions d'intérêt général des personnes publiques impliquent de prendre en compte l'intérêt des personnes publiques et l'intérêt des personnes privées.
- Les personnes publiques exercent chacune leurs compétences sur un territoire et une population déterminés.

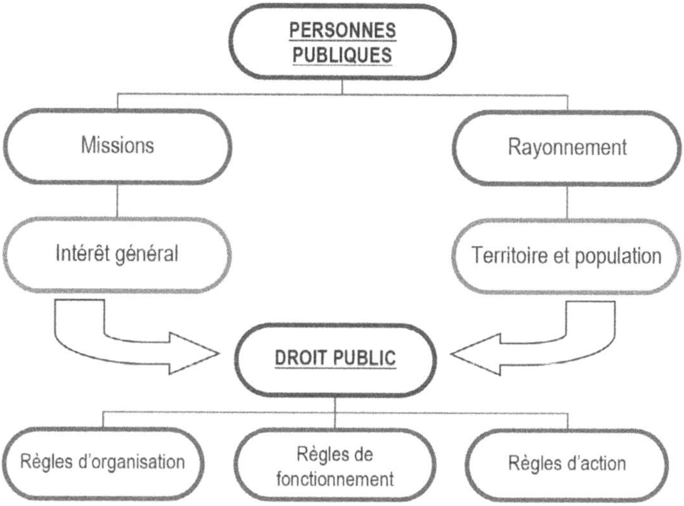

DES PERSONNES PUBLIQUES AU DROIT PUBLIC

Questions à choix multiple

▶ **Répondre aux dix questions suivantes.**

Les questions peuvent appeler plusieurs réponses qui ne figurent pas toutes dans les fiches qui précèdent. L'exercice est ainsi l'occasion de développer encore les connaissances du lecteur.

1. **Qu'implique en principe la personnalité juridique ?**
   a. pouvoir agir en justice
   b. avoir le droit de vote
   c. être libre de contracter
   d. se voir reconnaître des droits fondamentaux

2. **Quel est le caractère d'un État où le pouvoir appartient à une seule personne ?**
   a. démocratique
   b. monocratique
   c. monarchique
   d. dictatorial

3. **Laquelle de ces catégories de textes n'est pas en théorie une source du droit ?**
   a. le décret
   b. la loi
   c. la circulaire
   d. l'arrêté

4. **Comment qualifie-t-on une pratique qui, tout en étant spécifique à certaines personnes ou certains lieux, n'est jamais une norme juridique ?**
   a. un fait juridique
   b. un usage
   c. une tradition
   d. une coutume

5. **Comment qualifie-t-on une pratique qui, tout en étant transmise depuis un temps immémorial, n'est jamais une norme juridique ?**
   a. un fait juridique
   b. un usage
   c. une tradition
   d. une coutume

6. **Comment qualifie-t-on une pratique répétée qui constitue une norme juridique ?**
   a. un fait juridique
   b. un usage
   c. une tradition
   d. une coutume
7. **Laquelle de ces personnes n'est pas une personne publique ?**
   a. une association de gestion d'une piscine municipale
   b. la Ville de Paris
   c. la Régie autonome des transports parisiens (RATP)
   d. la Société des Eaux de Marseille
8. **Quelles sont les caractéristiques du droit public ?**
   a. les règles de droit ne sont pas favorables aux personnes privées
   b. l'adaptation aux spécificités des personnes publiques
   c. c'est l'une des deux branches principales du droit français
   d. l'application aux seules personnes publiques
9. **Qu'est-ce que l'intérêt général ?**
   a. l'intérêt des seules personnes publiques
   b. l'intérêt de l'ensemble des personnes privées
   c. l'intérêt des personnes publiques et des personnes privées
   d. l'intérêt de l'État
10. **Laquelle de ces matières n'appartient pas au droit public en France ?**
   a. le droit constitutionnel
   b. le droit civil
   c. le droit administratif
   d. les finances publiques
   e. le droit pénal

Corrigé

- **Question 1 :** a et c
- **Question 2 :** b
- **Question 3 :** c
- **Question 4 :** b
- **Question 5 :** c
- **Question 6 :** d
- **Question 7 :** a et d
- **Question 8 :** b et c
- **Question 9 :** c
- **Question 10 :** b et e

PARTIE II

Les notions fondamentales du droit public

Fiche 3

L'État

Les objectifs de la fiche

- Maîtriser la définition de la notion d'État
- Connaître les fonctions et formes essentielles de l'État
- Situer la place et le rôle de l'État dans la Société

1. Les critères de l'État

L'État est une institution politique et juridique dotée i) de la souveraineté, ii) d'une population et iii) d'un territoire.

i. La souveraineté est le pouvoir de commander, d'être obéi et, à défaut d'être obéi, de punir et même de contraindre. La souveraineté de l'État est exercée par les autorités de l'État, au premier rang desquelles figure le Gouvernement. Le pouvoir souverain est exercé au profit de la population de l'État.

ii. La population détermine l'existence de l'État d'un point de vue humain. La population de l'État correspond à l'ensemble des citoyens (*cf.* fiches 6 et 7) qui lui sont rattachés. Nation (*cf.* Emmanuel-Joseph Sieyès) et Peuple (*cf.* Jean-Jacques Rousseau) sont des notions employées pour symboliser l'unité de la population. La souveraineté de l'État est exercée au profit de la population sur le territoire de l'État.

iii. Le territoire détermine l'existence de l'État d'un point de vue géographique. Le territoire de l'État correspond à l'étendue géographique sur laquelle le pouvoir souverain de l'État est exercé au profit de sa population. Il recouvre souvent un pays (par ex., le Brésil, la Chine, la France). Mais il arrive encore aujourd'hui que l'État recouvre une aire géographique plus modeste, telle qu'une ville que l'on appelle généralement « cité-État » (par ex., Monaco, Singapour, le Vatican).

2. Les fonctions de l'État

Montesquieu distingue trois fonctions de l'État dans *L'Esprit des lois* (1748) : la « puissance législative » (i), la « puissance exécutrice » (ii) et la « puissance de juger » (iii).

i. Le pouvoir législatif a pour fonction essentielle de créer les lois. Il est en principe exercé par le Parlement (*cf.* fiche 16), c'est-à-dire par les représentants de la population. Le pouvoir législatif contrôle également le pouvoir exécutif.

ii. Le pouvoir exécutif a pour fonction essentielle d'appliquer les lois. Il est en principe exercé par le Gouvernement (*cf.* fiche 13), lequel est dirigé par le Premier ministre (régime parlementaire) ou par le chef de l'État (régime présidentiel). Le pouvoir exécutif détermine et conduit également la politique de l'État, c'est-à-dire les actions à mener au sein de la Société.

iii. Le pouvoir judiciaire a pour fonction essentielle de contrôler l'application des lois. Il est exercé par les juges. En France, on distingue trois catégories de juges. Le juge judiciaire (par ex., la Cour de cassation) est spécialisé dans les litiges portant sur des questions de droit privé (*cf.* fiche 1). Le juge administratif (par ex., le Conseil d'État) est spécialisé dans les questions de droit administratif (*cf.* fiches 28 à 30). Le juge constitutionnel (par ex., le Conseil constitutionnel) est spécialisé dans les questions de droit constitutionnel (*cf.* fiches 17 à 19).

3. Les formes de l'État

L'État est unitaire (i), fédéral (ii) ou mixte (iii).

i. L'État unitaire n'a qu'un seul ordre juridique (par ex., la Chine, la France, l'Indonésie, l'Italie, le Royaume-Uni). Ainsi, il existe une Constitution et des pouvoirs exécutif, législatif et judiciaire uniques. Toutefois, l'État peut déléguer à des personnes publiques (par ex., les régions, les départements, les communes) une partie du pouvoir exécutif (la décentralisation, comme en France), voire, également, une partie du pouvoir législatif (la régionalisation, comme en Espagne et au Royaume-Uni). La Justice est toujours rendue au nom de l'État.

ii. L'État fédéral est une union d'États dotée de plusieurs ordres juridiques: celui de l'État fédéral forme un ordre supérieur; ceux des entités fédérées (ou États fédérés) forment chacun un ordre inférieur (par ex., l'Allemagne, le Brésil, les Émirats arabes unis, les États-Unis, la Russie). Ainsi, une Constitution et des pouvoirs exécutif, législatif et judiciaire existent tant au niveau fédéral que dans chacune des entités fédérées.

iii. L'État mixte est unitaire et fédéral (par ex., l'Australie, le Canada). Des collectivités dépendent de la Constitution et des pouvoirs de l'État (par ex., les Territoires australiens, les Territoires fédéraux canadiens). D'autres collectivités ont une Constitution et des pouvoirs exécutif, législatif et judiciaire qui leur sont propres (par ex., les États australiens, les Provinces canadiennes).

Éléments d'approfondissement

- CARRE DE MALBERG Raymond, *Contribution à la théorie générale de l'État*, 2 t., Sirey, Paris, 1920 et 1922, 837 et 638 p.
- CHEVALLIER Jacques, *L'État*, 2e éd., Dalloz, coll. Connaissance du droit, Paris, 2011, 121 p.
- TROPER Michel, *Pour une théorie juridique de l'État*, PUF, coll. Léviathan, Paris, 1994, 358 p.

Les indispensables

- Trois éléments définissent l'État : la souveraineté, la population, le territoire.
- La souveraineté de l'État (pouvoir suprême) est exercée au profit de sa population (ensemble des citoyens) et sur son territoire (étendue géographique).
- Les fonctions de l'État sont législatives, exécutives et judiciaires.
- Le pouvoir législatif crée les lois, le pouvoir exécutif les applique et le pouvoir judiciaire contrôle leur application.
- Le pouvoir législatif est exercé par le Parlement, le pouvoir exécutif par le Gouvernement, le pouvoir judiciaire par les juges.
- La forme de l'État peut être unitaire, fédérale ou mixte.
- L'État unitaire n'a qu'un seul ordre juridique, l'État fédéral en a plusieurs, l'État mixte est un croisement de l'État unitaire et de l'État fédéral.

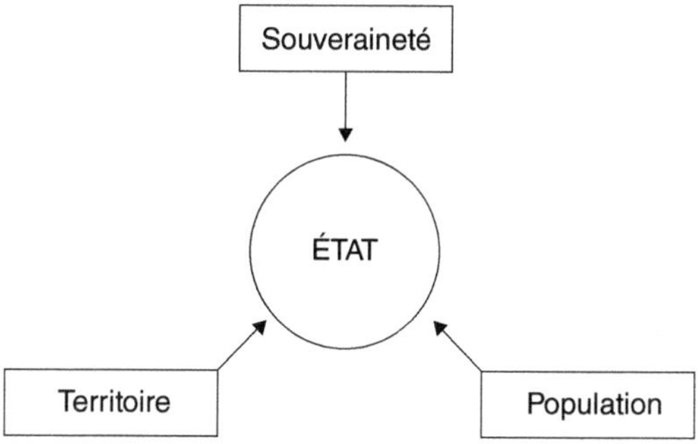

LES ÉLÉMENTS CONSTITUTIFS DE L'ÉTAT

Fiche 4

La Constitution

Les objectifs de la fiche

- Maîtriser la définition de la notion de Constitution
- Situer la place et le rôle de la Constitution par rapport aux autres normes juridiques
- Connaître la structure générale d'une Constitution

1. La notion de Constitution

La Constitution recouvre l'ensemble des règles de droit les plus importantes concernant l'État et, plus particulièrement, les pouvoirs au sein de l'État. La Constitution peut être abordée de différents points de vue.

La Constitution est généralement « formelle ». Elle consiste en un document écrit et adopté selon une procédure particulière et plus rigoureuse que la procédure législative ordinaire. Au contraire, la Constitution peut être « uniquement matérielle » comme au Royaume-Uni. Des règles constitutionnelles y existent, sans toutefois faire l'objet d'un document écrit et adopté selon une procédure particulière. Les règles constitutionnelles sont essentiellement coutumières, mais on peut aussi les trouver dans des lois ordinaires.

La Constitution est généralement « rigide », c'est-à-dire que sa procédure de modification est plus rigoureuse que la procédure de modification d'une loi ordinaire (par ex., les Constitutions de la IVᵉ et de la Vᵉ République). Au contraire, la Constitution peut être « souple », ce qui signifie que sa modification n'est pas plus difficile que la modification d'une loi ordinaire (par ex., la Constitution de la IIIᵉ République).

Dans tous les cas, la Constitution est la plus importante norme juridique adoptée par l'État.

2. La suprématie de la Constitution sur les autres normes juridiques

La Constitution d'un État est la norme suprême adoptée au sein de cet État. Toutes les règles juridiques adoptées par les autorités publiques doivent être conformes aux règles constitutionnelles. Les arrêtés, décrets et lois ne peuvent contenir une disposition contraire à la Constitution. Le juge judiciaire (par ex., la Cour de cassation) et le juge administratif (par ex., le Conseil d'État) sont habilités à écarter un arrêté ou un décret inconstitutionnel. Mais seul le Conseil constitutionnel peut écarter une loi contraire à la Constitution.

Malgré tout, les normes internationales, tels que les traités, sont en principe supérieures aux Constitutions des États. Dans le cas contraire, tout État pourrait invoquer sa propre Constitution pour se dispenser d'appliquer une norme internationale. Ainsi, le droit de l'Union européenne prime le droit des États-membres de l'Union, y compris les Constitutions (CJCE, 15 juillet 1964, *Costa contre ENEL*, *Rec. CJCE*, p. 1149). La jurisprudence française n'a jamais consacré cette primauté du droit international (*cf.* not. CE Assemblée, 30 octobre 1998, *Sarran, Levacher et autres*, *Rec.*, p. 368). La Constitution française dispose pourtant que « *La République française* [...] *se conforme aux règles du droit public international* » (al. 14 du préambule de la Constitution de 1946).

3. Le contenu du texte constitutionnel

La Constitution peut avoir un contenu « restreint ». Elle ne prévoit alors que les règles concernant les autorités principales de l'État que sont les autorités exécutive (par ex., le Premier ministre), législative (par ex., le Parlement) et judiciaire (par ex., les juges). Ces règles portent généralement sur l'attribution du pouvoir (l'élection ou la nomination des autorités) et l'exercice du pouvoir (les droits et les devoirs des autorités). Ainsi, la Loi fondamentale pour la République fédérale d'Allemagne dispose que le Chancelier fédéral est élu par le Bundestag (art. 63) et qu'il peut démissionner à condition que son successeur ait été élu (art. 67).

La Constitution peut avoir un contenu « étendu ». Elle prévoit alors également des règles protectrices des droits fondamentaux des individus. Les autorités de l'État doivent les respecter. La Constitution française contient un préambule dans lequel sont mentionnés trois textes protecteurs des droits fondamentaux :

- la déclaration des droits de l'homme et du citoyen de 1789, laquelle contient des droits civils et politiques (par ex., l'art. 11 : « *La libre communication des pensées et des opinions est un des droits les plus précieux de l'Homme* ») ;
- le préambule de la Constitution de 1946, lequel contient des droits économiques et sociaux (par ex., l'al. 7 : « *Le droit de grève s'exerce dans le cadre des lois qui le réglementent* ») ;
- la charte de l'environnement de 2004, laquelle contient des droits environnementaux (par ex., l'art. 1er : « *Chacun a le droit de vivre dans un environnement équilibré et respectueux de la santé* »).

Éléments d'approfondissement

- MATHIEU Bertrand, *Constitution : rien ne bouge et tout change*, Lextenso, Paris, 2013, 192 p.
- VERPEAUX Michel, *La Constitution*, Dalloz, coll. Connaissance du droit, Paris, 2008, 138 p.
- ZARKA Jean-Claude, *Les Constitutions de la France*, Lextenso, Paris, 2013, 48 p.

Les indispensables

- La Constitution d'un État recouvre les règles juridiques les plus importantes organisant cet État et, notamment, les pouvoirs au sein de l'État.
- La Constitution est la norme suprême de l'État, sous réserve des normes du droit international.
- Toutes les règles juridiques adoptées par les autorités publiques de l'État doivent être conformes aux règles constitutionnelles.
- La Constitution est « formelle » ou « uniquement matérielle » selon qu'elle fait, ou non, l'objet d'un document écrit et adopté selon une procédure particulière.
- La Constitution est « rigide » ou « souple » en fonction de la rigueur de sa procédure de modification.
- La Constitution est « restreinte » si elle concerne les autorités principales de l'État et « étendue » si elle s'intéresse aussi aux droits des individus.
- Le préambule de la Constitution française fait référence à trois textes protecteurs des droits des individus : la déclaration des droits de l'homme et du citoyen de 1789, le préambule de la Constitution de 1946, la charte de l'environnement de 2004.

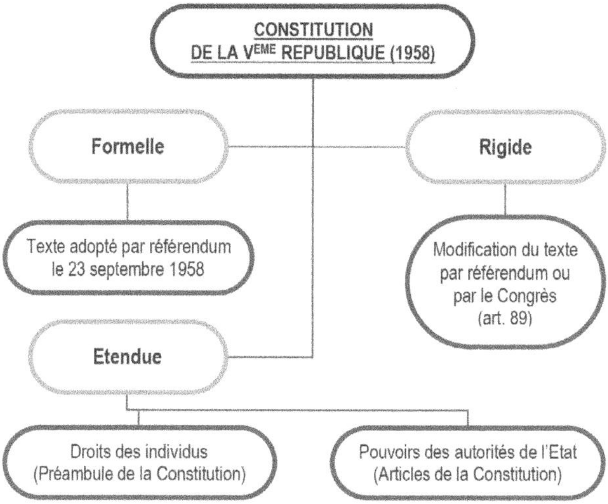

LES CARACTÉRISTIQUES DE LA CONSTITUTION FRANÇAISE

Fiche 5

L'Administration

Les objectifs de la fiche

- Maîtriser la définition de la notion d'Administration
- Connaître les fonctions et structures essentielles de l'Administration
- Situer la place et le rôle de l'Administration par rapport à l'État

1. La notion d'Administration

L'Administration a deux sens en droit public.

Le premier sens du terme « Administration » est fonctionnel. Étymologiquement, le terme vient du latin « *administrare* » qui signifie « servir ». L'Administration est au service du pouvoir exécutif dont elle dépend. Comme le pouvoir exécutif, l'Administration a aussi vocation à servir les administrés. Dans tous les cas, elle doit poursuivre l'intérêt général.

Un autre sens du terme « Administration » est organique. Le terme désigne l'organisation structurée qui regroupe l'ensemble des agents publics (par ex., les fonctionnaires, les non-titulaires, les vacataires). Plus largement, l'Administration englobe l'ensemble des personnes publiques (par ex., l'État, les collectivités territoriales, les établissements publics, les autorités indépendantes) et même, pour certains auteurs, les personnes privées participant à l'action administrative (par ex., les ordres professionnels et les fédérations sportives).

2. Les fonctions de l'Administration

On peut classer les fonctions de l'Administration en trois catégories apparues au fil de l'Histoire.

i. L'Administration-puissance publique. Elle a deux fonctions. En premier lieu, l'Administration a vocation à faire appliquer les lois votées par le Parlement. À cette fin, elle peut édicter des actes administratifs (par ex., des arrêtés). En second lieu, l'Administration est en charge de la police, c'est-à-dire qu'elle doit prévenir les troubles à l'ordre public (*cf.* fiches 34 à 36).

ii. L'Administration-service public. Depuis le début du XXe siècle, l'Administration est devenue une grande productrice de services, tels que l'eau, l'électricité, le gaz, les transports, les télécommunications ou les postes (*cf.* fiches 31 à 33). Depuis les années 1990, de grands établissements publics sont privatisés (par ex., France Télécom, EDF-GDF). L'Administration conserve un contrôle sur ces services (par ex., participation au capital de l'entreprise privatisée, réglementation des services).

iii. L'Administration-régulatrice. Depuis les années 1980, l'Administration se préoccupe davantage de garantir les grands équilibres de la Société, notamment dans les domaines économique, social et environnemental. Des autorités administratives ont vocation à garantir ces grands équilibres en fonction de leur domaine de spécialité (par ex., l'Autorité de la concurrence, l'Autorité de régulation des communications électroniques et des postes).

3. Les structures de l'Administration

Il faut distinguer les administrations de l'État (i), les administrations des collectivités territoriales (ii) et les administrations spécialisées (iii).

i. Les administrations de l'État sont placées sous l'autorité du Gouvernement (*cf.* art. 20 de la Constitution). Elles ont leur siège dans les ministères situés dans la capitale de l'État (les administrations centrales). Mais administrer un État tout entier est difficile depuis un seul lieu. Les services des ministères ont des relais dans plusieurs endroits du territoire (les administrations déconcentrées).

ii. Les administrations des collectivités territoriales sont placées sous l'autorité du maire, du président du département ou du président de la région. Elles ont leur siège dans la commune ou, en ce qui concerne le département et la région, dans le chef-lieu de leur territoire. Les grandes communes, les départements et les régions ont, eux aussi, des relais dans un ou plusieurs endroits de leur territoire (les administrations annexes).

iii. Des administrations spécialisées dans une activité peuvent être créées par l'État ou par une collectivité territoriale (par ex., les établissements publics, les groupements d'intérêt public). L'administration spécialisée est placée sous l'autorité, soit du Gouvernement, soit de la collectivité territoriale qui l'a créée. Elle a toutefois une autonomie par rapport au Gouvernement ou à la collectivité territoriale dont elle dépend. D'ailleurs, les administrations spécialisées ont généralement leur siège dans un lieu distinct des administrations de l'État et des collectivités territoriales.

Éléments d'approfondissement

- BIGOT Grégoire, *L'Administration française – Politique, droit et société*, 2 t., LexisNexis, coll. Manuel, Paris, 2014, 397 et 500 p.
- DELAMARRE Manuel, *L'administration et les institutions administratives*, La Documentation française, coll. Découverte de la vie publique, Paris, 2008, 200 p.
- GONOD Pascale, MELLERAY Fabrice, YOLKA Philippe (dir.), *Traité de droit administratif*, 2 t., Dalloz, coll. Traités, Paris, 2011, 841 et 711 p.

Les indispensables

- L'Administration est une organisation structurée qui a vocation à servir le pouvoir exécutif et les administrés.
- L'intérêt général est le guide de l'action administrative.
- Historiquement, l'Administration exerce des activités de puissance publique : faire appliquer les lois votées par le Parlement ; prévenir les troubles à l'ordre public.
- Le XXe siècle a vu le développement des activités de service public.
- Depuis les années 1980, l'Administration exerce aussi des activités de régulation en vue de garantir les grands équilibres de la Société.
- L'État et les collectivités territoriales ont chacun leur propre administration.
- Certaines administrations sont spécialisées dans une activité administrative déterminée.

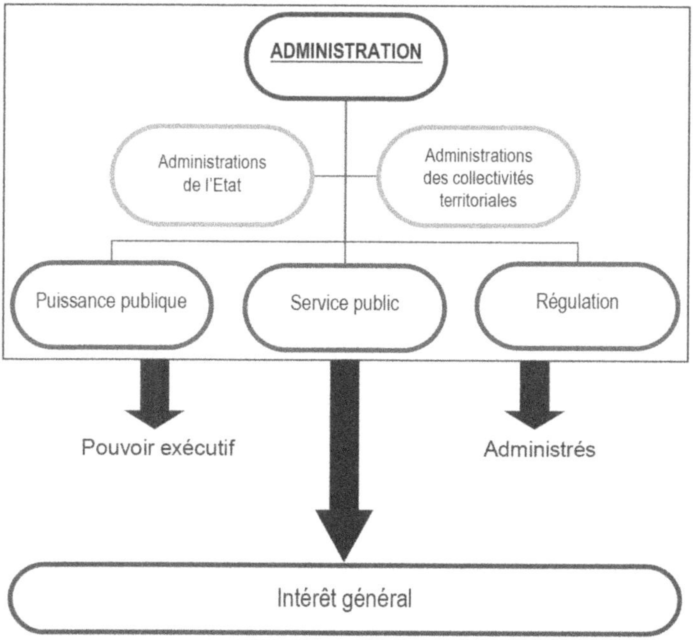

LES STRUCTURES ET FONCTIONS DE L'ADMINISTRATION

Dissertation

▶ **Peut-on se passer d'une Constitution protectrice des droits fondamentaux ?**

Corrigé

Les droits fondamentaux de l'individu font l'objet de protections multiples. On les trouve dans la jurisprudence (européenne, constitutionnelle, administrative et judiciaire), les traités et, même, dans la Constitution.

La Constitution contient l'ensemble des règles de droit les plus importantes concernant l'État et, plus particulièrement, les pouvoirs au sein de l'État. Elle a un contenu « restreint » si elle ne prévoit que les règles d'attribution et d'exercice du pouvoir par les autorités principales de l'État (par ex., le Premier ministre, le Parlement, les juges). Tel est le cas du Royaume-Uni (qui n'a d'ailleurs pas de Constitution formelle). La Constitution peut avoir un contenu « étendu » et prévoir également des règles protectrices des droits fondamentaux des individus. Tel est le cas en Allemagne, en Chine, aux États-Unis et en France.

Les droits fondamentaux, parfois appelés « droits de l'Homme » ou « libertés fondamentales », sont avant tout un ensemble de droits reconnus aux individus. Ces droits sont fondamentaux d'un point de vue matériel et, en conséquence, du point de vue de leur source. En effet, ces droits sont considérés comme essentiels, ce qui justifie qu'ils bénéficient d'un haut niveau de protection juridique. La plupart des auteurs sont d'accord pour considérer que les droits fondamentaux sont les droits consacrés à un niveau supra législatif (supérieur aux lois), par exemple dans les traités ou dans les Constitutions.

L'on distingue généralement trois catégories (ou « générations ») de droits fondamentaux : les droits civils et politiques, les droits économiques et sociaux et, enfin, les droits environnementaux. Ces droits ont été consacrés en France par la déclaration des droits de l'Homme et du citoyen de 1789 (1re génération), le préambule de la Constitution de 1946 (2e) et la charte de l'environnement de 2004 (3e). Ces trois textes sont mentionnés dans le préambule de la Constitution de 1958, dont le Conseil constitutionnel a consacré la valeur constitutionnelle en 1971 (CC, 16 juillet 1971, *Loi relative au contrat d'association*, déc. n° 71-44 DC).

Il ne faut pas confondre les droits fondamentaux et les libertés publiques. Ces dernières sont, en vertu de l'article 34 de la Constitution, des libertés consacrées dans les lois votées par le Parlement. Contrairement aux libertés publiques, la protection constitutionnelle est presque consubstantielle à la notion de droits fondamentaux.

La protection des droits fondamentaux dans la Constitution leur assure un haut niveau de protection juridique. En outre, les règles de procédure constitutionnelle offrent aux droits fondamentaux une meilleure protection démocratique. Toutefois, la protection constitutionnelle des droits fondamentaux n'est pas suffisante. La seule mention de ces droits dans la Constitution peut ne pas suffire à les protéger en pratique. Une autorité de contrôle est donc nécessaire pour garantir la protection constitutionnelle. Enfin, il ne faut pas écarter d'autres sources du droit, telles que les traités. Ils sont, eux aussi, susceptibles d'offrir un haut niveau de protection juridique aux droits fondamentaux.

Ainsi, la protection des droits fondamentaux par la Constitution est nécessaire (I), mais elle n'est pas suffisante (II).

I. La nécessité de protéger les droits fondamentaux dans la Constitution

A. La nécessité d'un haut niveau de protection juridique

Les droits fondamentaux ont un caractère essentiel pour les individus. Ils leur assurent une protection de leur liberté en général (art. 1er, 2 et 4 de la déclaration de 1789) et, notamment, de leurs libertés de conscience (art. 10) et d'expression (art. 11).

C'est parce qu'ils ont un caractère essentiel que les droits fondamentaux doivent être protégés au plus haut niveau de la hiérarchie des normes. À défaut d'une telle protection, les pouvoirs publics, en particulier les pouvoirs exécutif et législatif, pourraient y porter atteinte. Les lois votées par le Parlement et les décrets édictés par le Gouvernement et le Président de la République sont inférieurs à la Constitution. En conséquence, la Constitution est de nature à mettre les droits fondamentaux hors d'atteinte par rapport aux pouvoirs publics.

La Constitution assure également une meilleure protection démocratique des droits fondamentaux.

B. La nécessité d'un haut niveau de protection démocratique

La démocratie suppose que les règles de droit soient issues de la volonté des citoyens. Cette volonté peut s'exprimer directement (par le biais du référendum) ou indirectement (par l'intermédiaire de représentants élus par le peuple).

Si on la compare à des textes ayant une valeur juridique inférieure (par ex., les lois ou les décrets), la Constitution offre souvent une meilleure protection démocratique. En effet, d'un côté, un décret peut être édicté et modifié sous la seule signature du Président de la République et, ou, d'un ou plusieurs membres du Gouvernement (*cf.* not. art. 13 de la Constitution). De l'autre, la loi est généralement votée par le Parlement à la majorité des suffrages exprimés par ses membres (*cf.* art. 45). De façon plus rigoureuse et plus démocratique, la Constitution est en principe adoptée par les citoyens de l'État à l'occasion d'un référendum. En outre, le texte constitutionnel a souvent un caractère rigide, ce qui signifie que sa modification est plus complexe que la modification d'une loi ou d'un décret. La Constitution peut être modifiée en France, soit par référendum, soit par un vote des 3/5 des membres du Parlement réunis en Congrès (*cf.* art. 89).

La Constitution offre aussi une meilleure protection démocratique par rapport à d'autres textes ayant une valeur juridique importante (par ex., les traités). En effet, les traités sont généralement adoptés et modifiés par les États ou les organisations internationales (par ex., l'Union européenne ou l'Organisation des nations unies), sans que les citoyens des États n'interviennent directement. En revanche, on l'a vu à l'instant, la Constitution est en principe adoptée et modifiée par les citoyens ou leurs représentants.

Si nécessaire qu'elle soit, la protection constitutionnelle des droits fondamentaux n'est pourtant pas suffisante.

II. L'insuffisance de la protection des droits fondamentaux par la Constitution

A. La nécessité d'un contrôle de constitutionnalité

La seule mention des droits fondamentaux dans la Constitution peut ne pas suffire à les protéger. Les pouvoirs publics peuvent méconnaître les dispositions constitutionnelles, sans que quiconque n'y trouve quelque chose à redire. C'est la raison pour laquelle une autorité doit contrôler la conformité à la Constitution des décisions prises, notamment, par les autorités politiques et administratives.

Un contrôle de constitutionnalité, effectué par un juge, existe dans la plupart des États dont la Constitution fait référence aux droits fondamentaux. En France, le Conseil constitutionnel est chargé de contrôler la constitutionnalité des lois votées par le Parlement. À l'occasion de son contrôle, le Conseil peut sanctionner une loi qui viole la Constitution. Le mécanisme de la question prioritaire de constitutionnalité (QPC) a même pour objet de sanctionner la violation des droits fondamentaux. On l'appelle donc parfois « contrôle de fondamentalité ». En effet, l'article 61-1 de la Constitution dispose que tout justiciable peut soutenir « *qu'une disposition législative porte atteinte aux droits et libertés que la Constitution garantit* ». Il ne peut s'agir que des droits fondamentaux puisque, pour le reste, la Constitution contient des règles d'attribution et d'exercice du pouvoir par les autorités principales de l'État.

En outre, le caractère essentiel des droits fondamentaux nécessite qu'ils bénéficient d'une protection complémentaire.

B. La nécessité d'une protection complémentaire des droits fondamentaux en dehors de la Constitution

La protection des droits fondamentaux dans la Constitution n'est pas, par elle-même, suffisante. Elle peut nécessiter l'intervention d'une autorité, le juge, pour garantir leur protection. Toutefois, cette autorité de contrôle, comme les autres pouvoirs publics, peut, non pas porter atteinte aux droits fondamentaux, mais ne pas les protéger suffisamment. D'autres textes offrant un haut niveau de protection juridique sont nécessaires pour compléter la protection constitutionnelle des droits fondamentaux. Les traités conclus par les États ont en principe une valeur juridique supérieure à celle des lois et des décrets (*cf.* not. art. 55 de la Constitution). Ils sont donc de nature à garantir un haut niveau de protection juridique en faveur des droits fondamentaux. Plusieurs traités protègent actuellement les droits fondamentaux. Comme pour la Constitution, une autorité exerce un contrôle en vue de garantir le respect de ces droits.

Parmi les traités les plus connus, on peut citer la convention européenne de sauvegarde des droits de l'Homme et des libertés fondamentales (CEDH, 47 États parties en 2020). Il existe aussi, d'une part, un pacte international relatif aux droits civils et politiques (PIDCP, 168 États parties en 2015, 173 en 2020) et, d'autre part, un pacte international relatif aux droits économiques, sociaux et culturels (PIDESC, 164 États parties en 2015, 170 en 2020). Le respect des obligations imposées aux États par ces traités est contrôlé par plusieurs autorités. La CEDH et le PIDCP sont contrôlés, quasiment depuis leur origine, par la Cour européenne des droits de l'Homme (pour la CEDH) et le Comité des droits de l'homme des nations unies (pour le PIDCP). Le PIDESC ne fait l'objet d'un contrôle que depuis 2013, contrôle d'ailleurs facultatif pour les États parties au traité. Enfin, les juges nationaux (en France, les juges administratif et judiciaire) peuvent également exercer un contrôle de conformité des actes administratifs et législatifs au regard des traités.

PARTIE III

Le citoyen

Fiche 6

Le statut de citoyen

Les objectifs de la fiche

- Maîtriser la définition de la notion de citoyen
- Connaître les enjeux du statut de citoyen
- Situer la place et le rôle du citoyen par rapport à l'État

1. La notion de citoyen

Au sens strict, le citoyen est l'individu rattaché politiquement et juridiquement à un État et, par suite, soumis à l'autorité de cet État. C'est la définition retenue dans le présent ouvrage. En juillet 2020, un ministère délégué à la Citoyenneté, placé sous la tutelle du ministre de l'Intérieur, a été créé au sein du Gouvernement dirigé par Jean Castex. Toutefois, la notion de citoyen est de plus en plus difficile à délimiter.

D'une part, dans un sens plus large, le citoyen est l'individu membre de tout groupement politique, ce qui peut inclure :

- une collectivité infra-étatique (par ex., une commune) ;
- une collectivité supra-étatique (par ex., l'Union européenne) ;
- une collectivité privée (par ex., une entreprise, une association) ;
- jusqu'à Internet (*cf.* « cyber-citoyen » dans les moteurs de recherche).

D'autre part, les droits du citoyen ne sont pas toujours des droits réservés au seul citoyen de l'État. Dans plusieurs États, le droit de vote aux élections politiques n'appartient pas aux seuls citoyens de ces États. Depuis le traité de Maastricht de 1992 (art. 8B du traité), tout citoyen d'un État membre de l'Union européenne peut être électeur et même candidat aux élections municipales et européennes dans n'importe quel État membre où il réside, même s'il n'est pas citoyen de cet État (*cf.* depuis le traité de Lisbonne, l'art. 20 du TFUE).

Par ailleurs, le terme citoyen est également un adjectif permettant de qualifier tout élément (par ex., personne, objet, action) en vue de le valoriser au sein de la Société (par ex., « entreprise citoyenne », « voiture citoyenne », « démarche citoyenne », « attitude citoyenne », « liste citoyenne »).

2. L'acquisition du statut de citoyen

La loi détermine les règles qui permettent d'acquérir la qualité de citoyen (*cf.* schéma *infra*).

Vers le ve siècle avant Jésus-Christ, seuls les hommes libres étaient des citoyens dans la Grèce antique, ce qui excluait notamment les esclaves et les femmes (appelées « citadines »).

De nos jours, le citoyen d'un État est en principe toute personne ayant la nationalité de cet État. L'article 34, alinéa 4, de la Constitution prévoit que la loi fixe les règles concernant la nationalité. Un individu peut être citoyen de plusieurs États s'il a plusieurs nationalités. Mais certains États refusent par principe la plurinationalité (par ex., l'Allemagne, la Chine, le Japon).

La nationalité est déterminée en principe à la naissance en fonction, soit d'un parent de naissance, soit du sol de naissance. Le droit du parent (appelé également « droit du sang ») signifie que l'enfant né peut avoir la nationalité de l'un de ses parents. Le droit du sol signifie que l'enfant né peut avoir la nationalité de l'État où il est né. La plupart des États reconnaissent le seul droit du parent (par ex., l'Allemagne). Certains États reconnaissent également le droit du sol à certaines conditions (par ex., la France).

La nationalité peut aussi s'acquérir par un acte ultérieur à la naissance. La loi du 24 juillet 2006 a créé « la cérémonie d'accueil dans la nationalité française » organisée par le préfet du département à l'intention des nouveaux citoyens.

3. La perte du statut de citoyen

La loi prévoit des règles qui entraînent la perte ou la déchéance de la nationalité et, avec elle, la perte de la qualité de citoyen (*cf.* art. 23 et s. du Code civil).

La perte de la nationalité française peut être la conséquence :

- d'une déclaration du citoyen qui réside habituellement à l'étranger et a acquis une nationalité étrangère (par ex., par mariage) ;
- d'un décret si le citoyen le demande et dispose d'une ou plusieurs autres nationalités.

La déchéance de la nationalité française est une sanction prise par décret après avis conforme du Conseil d'État. Elle peut intervenir :

- lorsque le citoyen se comporte comme le citoyen d'un État étranger et dispose de la nationalité de cet État ;
- lorsque le citoyen, qui a acquis la qualité de citoyen après sa naissance et dispose d'une ou plusieurs autres nationalités, est condamné pour avoir commis un crime ou un délit grave (par ex., un acte de terrorisme), est condamné pour s'être soustrait à ses obligations de service national, ou s'il s'est livré au profit d'un État étranger à des actes incompatibles avec la qualité de citoyen et préjudiciables aux intérêts de la France.

La réintégration dans la nationalité française est également prévue et peut être la conséquence :

- d'une déclaration du citoyen s'il avait perdu la nationalité française à raison de l'acquisition d'une nationalité étrangère ;
- d'un décret dans tous les autres cas.

Éléments d'approfondissement

- BILBAUT-FAILLAND Frédérique, *Les citoyennetés du droit français : un même mot pour plusieurs statuts*, Thèse Paris 1, 1999, 522 p.
- DUVERGER Maurice, *La République des citoyens*, Ramsay, Paris, 1982, 307 p.
- JAULT-SESEKE Fabienne, CORNELOUP Sabine, BARBOU DES PLACES Ségolène, *Droit de la nationalité et des étrangers*, PUF, coll. Thémis, Paris, 2015, 702 p.

Les indispensables

- Le citoyen est l'individu rattaché politiquement et juridiquement à un État et soumis à l'autorité de cet État.
- Tout individu ayant la nationalité d'un État est citoyen de cet État.
- Un individu peut être citoyen de plusieurs États s'il a plusieurs nationalités.
- Certains États refusent la plurinationalité.
- La nationalité peut s'acquérir dès la naissance ou ultérieurement.
- Le droit du parent (ou « droit du sang ») signifie que l'enfant né peut avoir la nationalité de l'un de ses parents.
- Le droit du sol signifie que l'enfant né peut avoir la nationalité de l'État où il est né.
- Un citoyen peut perdre sa nationalité à la suite d'une déclaration de sa part ou d'un décret en ce sens.

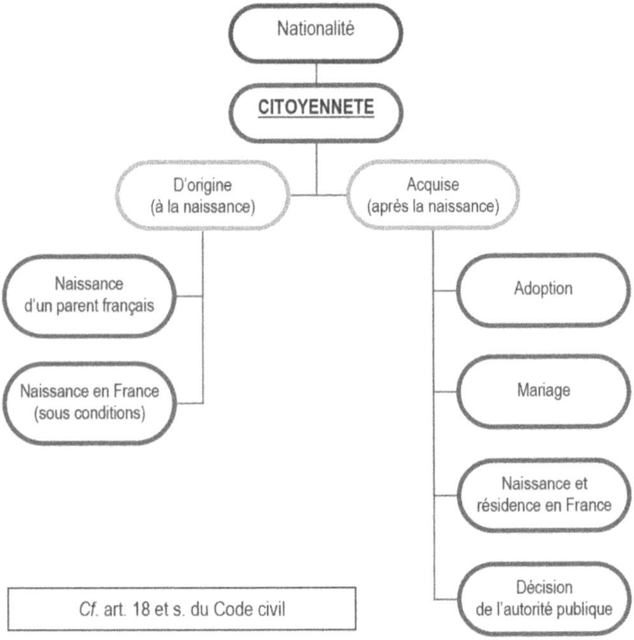

L'ATTRIBUTION DE LA CITOYENNETÉ

Fiche 7

Les pouvoirs du citoyen

Les objectifs de la fiche

- Distinguer les sources, notamment les textes, sur les pouvoirs du citoyen
- Connaître le contenu des droits et des devoirs du citoyen
- Comprendre les droits et les devoirs du citoyen

1. Les sources des pouvoirs du citoyen

Les pouvoirs du citoyen sont des droits limités par des devoirs. La Constitution est la source essentielle. En France, la déclaration des droits de l'Homme et du citoyen de 1789 et les articles de la Constitution de 1958 contiennent les principaux pouvoirs du citoyen (*cf.* tableau *infra*).

Des textes internationaux signés par les États consacrent également des pouvoirs du citoyen. Les textes essentiels sont la déclaration universelle des droits de l'Homme de 1948, la convention européenne de sauvegarde des droits de l'Homme et des libertés fondamentales de 1950 et le pacte international relatif aux droits civils et politiques de 1966.

Enfin, les lois et décrets sont également une source des pouvoirs du citoyen. En France, les règles d'acquisition et de perte de la citoyenneté sont contenues dans le Code civil, les règles sur les élections et le vote des citoyens figurent dans le Code électoral, tandis que les règles sur les obligations de service des jeunes citoyens sont mentionnées dans le Code du service national.

Enfin, les décisions de justice, notamment celles du Conseil constitutionnel, permettent de préciser les droits et devoirs du citoyen issus des quatre autres sources (Constitution, traités, lois, décrets).

2. Les droits du citoyen

Le tout premier droit du citoyen est son « droit de cité » : les « *nationaux* » ont « *des droits de caractère général et absolu d'accès et de séjour sur le territoire national* » (CC, 13 août 1993, *Loi relative à la maîtrise de l'immigration*, déc. n° 93-325 DC). Les autres droits du citoyen sont également appelés « droits de citoyenneté » ou « droits politiques ».

Le citoyen a le droit d'exercer le pouvoir au sein de l'État. Les plus hautes fonctions de l'État sont attribuées par voie d'élection (Président de la République, membre du Parlement) ou par voie de nomination (membre du Gouvernement). La Constitution prévoit des élections présidentielles et législatives auxquelles les citoyens peuvent être candidats (*cf.* fiches 8 et 14).

Le citoyen a le droit de participer à l'exercice du pouvoir au sein de l'État. La participation des citoyens est souvent indirecte : les citoyens élisent d'autres citoyens pour les représenter au Parlement. L'article 3 de la Constitution dispose que « *sont électeurs* [...] *tous les nationaux français majeurs des deux sexes, jouissant de leurs droits civils et politiques* ». La participation des citoyens peut être directe : les citoyens peuvent être consultés par le biais du référendum.

Enfin, le citoyen a le droit de contrôler l'exercice du pouvoir au sein de l'État. Le contrôle est souvent effectué par l'intermédiaire des membres du Parlement. Mais le citoyen peut consulter les documents rédigés par les parlementaires ou par d'autres autorités de l'État (par ex., la Cour des comptes).

3. Les devoirs du citoyen

À première vue, aucun texte juridique n'assigne explicitement des devoirs au citoyen. La déclaration de 1789 est une déclaration « des droits » de l'Homme et du citoyen.

En 1795, une déclaration des droits « et devoirs » de l'Homme est pourtant entrée en vigueur. L'article 4 de la déclaration disposait par exemple que « *nul n'est bon citoyen, s'il n'est bon fils, bon père, bon frère, bon ami, bon époux* ». Mais cette déclaration n'est plus en vigueur (elle mériterait de toute façon d'être féminisée).

En réalité, malgré son intitulé, la déclaration de 1789 assigne des devoirs aux citoyens. Le préambule de la déclaration fait ainsi référence aux « *droits* » et « *devoirs* » des « *Membres du corps social* ». L'article 7 de la déclaration dispose que « *tout citoyen appelé ou saisi en vertu de la loi doit obéir à l'instant* ». D'autres textes juridiques assignent des devoirs au citoyen. Le Code du service national prévoit une obligation de service pour les jeunes citoyens. Il s'agit de la journée défense et citoyenneté (anciennement dénommée « journée d'appel et de préparation à la défense ») qui remplace le service militaire depuis la loi du 28 octobre 1997.

Voter est à la fois un droit et un devoir. Aucune sanction n'existe en France en cas d'abstention de l'électeur, sauf aux élections sénatoriales où « *Tout membre du collège électoral qui, sans cause légitime, n'aura pas pris part au scrutin, sera condamné à une amende de 100 euros par le tribunal judiciaire du chef-lieu* » (art. L. 318 du Code électoral). Des sanctions plus générales existent dans d'autres États (par ex., en Australie, en Belgique, au Brésil, au Luxembourg).

Éléments d'approfondissement

- MICHON Anne-Sophie, *La citoyenneté en droit public français*, Thèse Paris 2, LGDJ, coll. des thèses (Fondation Varenne), Paris, 2009, 655 p.
- PICARD Étienne, « La notion de citoyenneté », *in* MICHAUD Yves, *Qu'est-ce que la société ?*, Odile Jacob, coll. Université de tous les savoirs, Paris, 2000, pp. 711-731.
- WIHTOL DE WENDEN Catherine, *La citoyenneté européenne*, Presses de Sciences-Po, coll. La bibliothèque du citoyen, Paris, 1997, 107 p.

Les indispensables

- Les citoyens ont des droits et des devoirs inscrits dans la Constitution, les textes internationaux, les lois et les décrets.
- Le « droit de cité » permet au citoyen d'accéder et de séjourner dans l'État dont il a la nationalité.
- Les « droits politiques » donnent au citoyen vocation à exercer le pouvoir au sein de l'État, participer à son exercice et contrôler cet exercice.
- Les devoirs du citoyen consistent principalement à respecter les lois votées par leurs représentants et, plus généralement, toute règle de droit.
- La journée défense et citoyenneté est une obligation de service des jeunes citoyens prévue par le Code du service national.
- Le vote est à la fois un droit et un devoir que le citoyen exerce lors des élections et des référendums.
- L'abstention de voter n'est pas sanctionnée en France.

Préambule de la Constitution (déclaration des droits de l'Homme et du citoyen)	Articles de la Constitution
Droit de participation à l'exercice du pouvoir législatif (art. 6 de la DDHC)	Égalité devant la loi (art. 1)
Égalité devant la loi et devant l'emploi public (art. 6 de la DDHC)	Droit de vote (art. 3)
Devoir d'obéissance à la loi (art. 6 de la DDHC)	Droit de soutenir une initiative de référendum (art. 11)
Liberté d'expression (art. 11 de la DDHC)	Droit de représentation des citoyens établis hors de France (art. 24)
Égalité devant l'impôt (art. 13 de la DDHC)	Droit à l'information (art. 47-2)
Droit de constater la nécessité de l'impôt (art. 14 de la DDHC)	

LES DROITS ET DEVOIRS DU CITOYENS
DANS LA CONSTITUTION DE LA V^E^ RÉPUBLIQUE

Commentaire de texte

« La souveraineté nationale appartient au peuple qui l'exerce par ses représentants et par la voie du référendum ».

▶ **Faut-il maintenir en l'état, modifier ou supprimer cet alinéa 1er de l'article 3 de la Constitution ?**

Corrigé

La mondialisation et la décentralisation ont tendance à relativiser la souveraineté de l'État. Avec la population et le territoire, la souveraineté est pourtant l'un des trois éléments constitutifs de l'État. En France, la question de la souveraineté fait l'objet du titre Ier de la Constitution du 4 octobre 1958 (Ve République), titre qui s'intitule d'ailleurs « De la souveraineté ».

La souveraineté peut se définir comme le « *caractère suprême d'une puissance* [...] *qui n'est soumise à aucune autre* » (CORNU Gérard, *Vocabulaire juridique*, 10e éd., PUF, coll. Quadrige, Paris, 2014, p. 983). Cette puissance est inhérente à chaque État. Cependant, le titulaire réel de la souveraineté varie d'un État à un autre. Dans un État démocratique, la souveraineté appartient en principe aux citoyens. L'article 3, alinéa 1er, de la Constitution française reprend fidèlement ce principe à travers les notions de souveraineté nationale et populaire.

L'article 3 de la Constitution figure dans le texte constitutionnel depuis son entrée en vigueur en 1958. L'auteur de ces dispositions, proposées par le Gouvernement de l'époque, est le peuple français. Car c'est ce dernier qui a adopté la Constitution par référendum le 28 septembre 1958 (par 82,6 % des suffrages exprimés). Il faut toutefois remarquer que l'on trouvait déjà ces dispositions, en termes à peu près identiques, dans des textes constitutionnels antérieurs, tels que la Constitution du 27 octobre 1946 (IVe République).

Parce que l'article 3, alinéa 1er, de la Constitution est resté inchangé depuis 1958, la question de sa révision peut se poser. Mais dans quelles conditions pourrait-on réviser la Constitution de 1958 du point de vue de la souveraineté ?

S'il apparaît clairement que la suppression du principe même de souveraineté nationale et populaire est impossible (I), l'évolution de son énoncé dans le texte de la Constitution est en revanche souhaitable (II).

I. La suppression impossible du principe de souveraineté nationale et populaire

A. Un caractère historique

La souveraineté est le pouvoir de commander, d'être obéi et, à défaut d'être obéi, de punir et même de contraindre (*superus* en latin signifie supérieur). Avant la Révolution française, la souveraineté appartenait au Roi. Avec la Révolution, elle appartient désormais aux citoyens (même si elle leur sera comme confisquée sous les Consulats, Empires et Monarchies aux XVIIIe et XIXe siècles). Cependant, comme l'illustre son article 3, la Constitution de la Ve République fait référence aux citoyens par l'intermédiaire des notions de Nation et de Peuple.

Dès 1789, l'article 3 de la déclaration des droits de l'Homme et du citoyen a énoncé que « *Le principe de toute Souveraineté réside essentiellement dans la Nation* ». On retrouvera ensuite cette idée dans plusieurs Constitutions (1791, 1946). On la retrouve même dès le préambule de la Constitution de 1958 où « *Le Peuple français proclame solennellement son attachement aux Droits de l'Homme et aux principes de la souveraineté nationale* ».

La Nation symbolise l'unité des membres de la population qui ont choisi de vivre ensemble au sein de l'État. Elle transcende les citoyens car elle est une construction historique : elle regroupe la population passée, présente et future. Ce caractère transcendantal était intéressant à la Révolution car la souveraineté du Roi était, elle aussi, transcendantale. Il y avait donc une équivalence de souveraineté de ce point de vue, ce qui permettait de faciliter le passage de la souveraineté royale à la souveraineté nationale. Toutefois, le caractère transcendantal de la Nation permet aussi une sélection des électeurs parmi les citoyens (par ex., les hommes, les contribuables, les anciens).

L'article 3, alinéa 1er, de la Constitution apporte donc une précision utile, car démocratique, en faisant référence au Peuple.

B. Un caractère démocratique

En démocratie, le pouvoir appartient par définition au peuple (*demos* et *cratos* en grec désignent le pouvoir du peuple). L'article 3, alinéa 1er, de la Constitution indique en ce sens que la souveraineté nationale « *appartient au peuple* ». Cette notion de souveraineté populaire figurait déjà à l'article 3, alinéa 1er, de la Constitution de la IVe République. Des Constitutions antérieures à celle de 1946 ont également exprimé l'idée de souveraineté du Peuple (la Constitution de 1793 ; *cf.* également les Constitutions de 1795 et 1848).

Il peut toutefois persister une ambiguïté sur les places respectives de la Nation et du Peuple par rapport à la souveraineté. Dans une décision rendue en 1976, le Conseil constitutionnel a précisé le sens de l'article 3, alinéa 1er, de la Constitution sur ce point. La Nation y apparaît comme le « *fondement* » de la souveraineté. Néanmoins, l'appartenance de la souveraineté au Peuple n'est pas clairement affirmée. Le Conseil s'en est tenu à indiquer « *que seuls peuvent être regardés comme participant à l'exercice de cette souveraineté les représentants du peuple français élus dans le cadre des institutions de la République* » (CC, 30 décembre 1976, *Décision du Conseil des communautés européennes relative à l'élection de l'Assemblée des Communautés au suffrage universel direct*, déc. n° 76-71 DC, point 6).

Si le principe de souveraineté nationale et populaire ne peut pas être supprimé, il apparaît, notamment à la lecture de la décision du Conseil constitutionnel rendue en 1976, que des évolutions sont envisageables.

II. Les évolutions possibles du principe de souveraineté nationale et populaire exercée par les représentants et par le référendum

A. Un énoncé à préciser ?

D'après l'article 3, alinéa 1er, de la Constitution, la souveraineté nationale est exercée directement ou indirectement par le Peuple : par l'intermédiaire de ses « *représentants* » ou par « *la voie du référendum* ». Ces dispositions ne peuvent pas être lues sans d'autres dispositions de la Constitution.

Ainsi, d'une part, des dispositions de la Constitution précisent les conditions d'exercice de la souveraineté. D'un côté, le titre IV de la Constitution porte sur le Parlement qui assure la représentation des citoyens (art. 24 à 33). De l'autre, plusieurs types de référendums sont prévus par la Constitution. Le référendum peut en effet permettre d'adopter un projet d'acte d'une collectivité territoriale (art. 72-1), d'adopter un projet de loi, de ratifier un traité (art. 11 et 88-5) ou de réviser la Constitution (art. 89).

D'autre part, la jurisprudence du Conseil constitutionnel se réfère parfois à l'article 3, alinéa 1er, par exemple pour dire « *qu'en principe ne sauraient être confiées à des personnes de nationalité étrangère, ou représentant un organisme international, des fonctions inséparables de l'exercice de la souveraineté nationale* », telles que la défense, la police ou la justice (CC, 5 mai 1998, *Loi relative à l'entrée et au séjour des étrangers en France et au droit d'asile*, déc. n° 98-399 DC, point 15).

Mais le Conseil constitutionnel s'appuie aussi sur d'autres dispositions pour traiter des questions de souveraineté, par exemple sur l'article 3, alinéa 4, pour dire que seuls les citoyens français peuvent participer aux élections politiques (CC, 9 avril 1992, *Traité sur l'Union européenne*, déc. n° 92-308 DC, point 26).

En revanche, la jurisprudence ne s'est appuyée sur aucune disposition constitutionnelle pour dire que « *l'exercice* » « *des missions de souveraineté* » « *n'appartient qu'à l'État* » (CC, 20 novembre 2003, *Loi relative à la maîtrise de l'immigration, au séjour des étrangers en France et à la nationalité*, déc. n° 2003-484 DC, point 89).

Finalement, il apparaît que les dispositions de l'article 3, alinéa 1er, de la Constitution font déjà l'objet de précisions dans le texte constitutionnel et dans la jurisprudence du Conseil constitutionnel. Préciser l'article 3, alinéa 1er, ne semble donc pas indispensable. Mais une toute dernière question n'a pas encore été abordée : celle de la simplification de l'article 3, alinéa 1er.

B. Un énoncé à simplifier

Plutôt que des précisions qui pourraient faire doublon avec d'autres dispositions de la Constitution, la simplification du contenu de l'article 3, alinéa 1er, de la Constitution est préférable.

La suppression pure et simple de la mention « *qui l'exerce par ses représentants et par la voie du référendum* » n'enlèverait rien au principe de souveraineté nationale et populaire. Elle permettrait d'éviter toute imprécision sur les conditions d'exercice de la souveraineté qui figurent dans d'autres dispositions de la Constitution. On a d'ailleurs observé à l'instant que ce sont plutôt ces dernières qui sont visées dans les décisions du Conseil constitutionnel.

Pour embrasser les diverses modalités d'exercice de la souveraineté nationale et populaire, on pourrait aussi envisager de réécrire l'article 3, alinéa 1er, de la façon suivante : « *La souveraineté nationale appartient au peuple qui l'exerce* » « dans les conditions prévues par la présente Constitution ».

PARTIE IV

Le Président de la République

Fiche 8

L'élection du Président de la République

Les objectifs de la fiche

- Maîtriser les conditions de candidature à l'élection
- Comprendre les règles et les étapes essentielles de l'élection
- Connaître le contenu du principe d'égalité des candidats à l'élection

1. Les conditions de candidature

Les conditions pour être candidat à l'élection présidentielle sont les suivantes :

- être électeur, c'est-à-dire citoyen, âgé de 18 ans au moins, n'ayant pas été privé de ses droits de vote et d'élection par le juge judiciaire ;
- ne pas avoir été élu lors des deux élections présidentielles précédentes ;
- avoir rempli ses obligations de service prévues par le Code du service national (*cf.* fiche 7) ;
- déposer une déclaration de patrimoine ;
- tenir un compte de campagne ;
- présenter une liste de 500 parrainages recueillis parmi environ 47 000 élus locaux (élus des communes, départements et régions), nationaux (députés et sénateurs) ou européens (membres nationaux du Parlement européen) ; les noms des 500 parrains sont publiés au *Journal officiel de la République française* (*JORF*).

La condition de parrainage est critiquée, en particulier par les candidats ayant un faible réseau d'élus (par ex., les candidats soutenus par des petits partis politiques ou par des partis politiques extrémistes). Le Conseil constitutionnel a toutefois jugé le mécanisme conforme aux droits et libertés que la Constitution garantit (CC, 21 février 2012, *Le Pen*, déc. n° 2012-233 QPC).

2. Les règles du scrutin

Sous les IIIe et IVe Républiques, le Président de la République était élu par les seuls députés et sénateurs (moins de 1 000 « grands électeurs »).

Les règles ont changé sous la Ve République. Elles sont fixées par les articles 6 et 7 de la Constitution. L'évolution s'est faite en deux temps.

Entre 1958 et 1962, le Président de la République était élu par les députés, les sénateurs, les membres des conseils généraux et des assemblées des territoires d'outre-mer, ainsi que des représentants élus des conseils municipaux (environ 75 000 « grands électeurs »).

Depuis la révision constitutionnelle de 1962 (par référendum : 62,2 % « oui »), le Président de la République est élu par tous les citoyens en âge de voter (suffrage universel direct). Le candidat est élu à la majorité absolue des suffrages exprimés (50 % des votes + 1). Si aucun candidat n'obtient la majorité au premier tour, les deux candidats arrivés en tête s'affrontent à l'occasion d'un second tour organisé le quatorzième jour suivant.

3. Le contrôle de l'élection

L'article 58 de la Constitution charge le Conseil constitutionnel de veiller à la régularité de l'élection présidentielle.

À ce titre, le Conseil constitutionnel établit la liste des candidats après vérification du respect par chacun d'eux des conditions d'éligibilité. Il examine les réclamations contre l'élection. Le Président du Conseil constitutionnel proclame officiellement les résultats du scrutin le jour de l'investiture du nouveau Président de la République qui se déroule à l'Elysée. Enfin, le Conseil constitutionnel est compétent pour statuer sur les éventuels recours contre les décisions de la Commission nationale des comptes de campagne et des financements politiques (CNCCFP). À cette occasion, le Conseil constitutionnel contrôle les comptes de campagne des candidats.

4. Le principe d'égalité des candidats

Ce principe explique certaines règles applicables au cours de la campagne des candidats à l'élection présidentielle :

- l'égalité des temps de parole et d'antenne à la radio et à la télévision ;
- l'attribution d'une avance de 153 000 euros à chaque candidat en début de campagne ;
- le remboursement des dépenses de campagne des candidats (meetings, tracts, frais de siège de campagne, frais de déplacement, etc.) : jusqu'à 808 000 euros si le score du candidat est inférieur à 5 % ; 8 millions d'euros si le score est supérieur à 5 % ; 10,8 millions d'euros pour les candidats du second tour ;
- la limitation des dépenses de campagne des candidats : 16,9 millions d'euros pour les candidats du premier tour ; 22,5 millions d'euros pour les candidats du second tour (*cf.* CC, 4 juillet 2013, *Sarkozy*, déc. n° 2013-156 PDR : le dépassement de la limite par un candidat lors de l'élection de 2012 a été sanctionné par le non-remboursement de ses dépenses de campagne).

Éléments d'approfondissement

- ARLETTAZ Jordane, NICOT Séverine (dir.), *Le cadre juridique de la campagne présidentielle*, L'Harmattan, coll. Questions contemporaines, Paris, 2012, 171 p.
- LEVADE Anne, MATHIEU Bertrand, ROUSSEAU Dominique (dir.), *L'élection présidentielle*, Dalloz, coll. Thèmes et commentaires, Paris, 2013, 161 p.
- WINOCK Michel, *L'élection présidentielle en France*, Perrin, coll. Tempus, Paris, 2008, 252 p.

Les indispensables

- En principe, tout citoyen âgé de 18 ans au moins peut être candidat à l'élection présidentielle.
- Le nombre de mandats présidentiels exercés consécutivement par un citoyen est limité à deux.
- La condition des 500 parrainages limite le nombre de candidats à l'élection présidentielle.
- Le Président de la République est élu au suffrage universel direct.
- L'élection présidentielle a lieu au scrutin majoritaire à deux tours.
- Le Conseil constitutionnel veille à la régularité de l'élection présidentielle.
- Les relations entre les candidats à l'élection présidentielle reposent sur un principe d'égalité.

Rép.	Période	Président	Terme
IIde	1848-1852	Louis-Napoléon Bonaparte	Fin IIde Rép.
IIIe	1873-1879	Patrice de Mac Mahon	Démission
	1879-1887	Jules Grévy	Démission
	1887-1894	Sadi Carnot	Assassinat
	1894-1895	Jean Casimir-Périer	Démission
	1895-1899	Félix Faure	Décès
	1899-1906	Émile Loubet	Terme normal
	1906-1913	Armand Fallières	Terme normal
	1913-1920	Raymond Poincaré	Terme normal
	1920	Paul Deschanel	Démission
	1920-1924	Alexandre Millerand	Démission
	1924-1931	Gaston Doumergue	Terme normal
	1931-1932	Paul Doumer	Assassinat
	1932-1940	Albert Lebrun	Fin IIIe Rép.
IVe	1947-1954	Vincent Auriol	Terme normal
	1954-1958	René Coty	Fin IVe Rép.

Rép.	Période	Président	Terme
Ve	1958-1969	Charles de Gaulle	Démission
	1969	Alain Poher	Intérim
	1969-1974	Georges Pompidou	Décès
	1974	Alain Poher	Intérim
	1974-1981	Valéry Giscard d'Estaing	Terme normal
	1981-1995	François Mitterrand	Terme normal
	1995-2007	Jacques Chirac	Terme normal
	2007-2012	Nicolas Sarkozy	Terme normal
	2012-2017	François Hollande	Terme normal
	2017-...	Emmanuel Macron	...

LES PRÉSIDENTS DE LA RÉPUBLIQUE FRANÇAISE

Fiche 9

Le statut du Président de la République

Les objectifs de la fiche

- Comprendre la place et le rôle du Président de la République
- Maîtriser les règles relatives à la durée et aux incompatibilités des fonctions présidentielles
- Connaître l'étendue de la responsabilité du Président de la République

1. La durée du mandat

De la loi du 20 novembre 1873 jusqu'à la loi constitutionnelle du 2 octobre 2000, la durée du mandat présidentiel était fixée à sept ans. Dans les années 1870, le mandat septennal avait été retenu pour organiser provisoirement le pouvoir, en attendant que le Comte de Chambord, « Henri V » (s'il était devenu Roi), renonce personnellement au drapeau blanc issu de l'Ancien Régime et reconnaisse le drapeau bleu-blanc-rouge issu de la Révolution de 1789. Mais le descendant des Bourbons s'y refusera obstinément et renoncera du même coup à devenir Roi des Français. Il décédera en 1883. La République s'enracinera et le septennat avec elle.

Depuis la révision constitutionnelle de 2000 (par référendum : 73,15 % « oui »), la durée du mandat est fixée à cinq ans. Le premier quinquennat a démarré en 2002 avec la réélection de Jacques Chirac (art. 6, al. 1er, de la Constitution). La loi constitutionnelle du 23 juillet 2008 a fixé à deux le nombre maximal de mandats exercés consécutivement (art. 6, al. 2, de la Constitution).

La durée du mandat présidentiel peut être raccourcie en cas de démission, de destitution, de décès ou de tout empêchement définitif du Président de la République. L'intérim est assuré par le Président du Sénat ou, en cas d'empêchement, par le Gouvernement. Pendant cette période, aucun référendum ne peut être organisé au titre de l'article 11 de la Constitution et aucune dissolution de l'Assemblée nationale ne peut être prononcée au titre de l'article 12 (art. 7, al. 4, de la Constitution).

2. L'incompatibilité absolue

Les fonctions présidentielles sont incompatibles avec toute autre fonction publique ou privée (par ex., fonctionnaire, salarié).

En 1969, Georges Pompidou avait démissionné de ses mandats de député du Cantal et de conseiller municipal de Carjac (département du Lot). En revanche, entre 1974 et 1977, Valéry Giscard d'Estaing a cumulé son mandat de Président de la République avec celui de conseiller municipal de Chamalières (département du Puy-de-Dôme).

En réalité, la règle d'incompatibilité n'est pas écrite. Mais elle découle de l'importance des fonctions présidentielles. En particulier, l'article 5 de la Constitution dispose que le Président de la République a un rôle d'« *arbitrage* ». Le non-cumul de fonctions est de nature à garantir la qualité de l'arbitrage.

3. L'irresponsabilité et l'inviolabilité de principe

« Le Roi ne peut mal faire » disait-on sous l'Ancien Régime. La Constitution perpétue cet adage en faveur du Président de la République. Il n'est pas responsable des actes accomplis en cette qualité. Aucune autorité ne peut même lui demander des comptes sur l'exercice de ses fonctions. Il bénéficie d'une immunité de fonction.

Le Président de la République est également inviolable. Aucune procédure administrative ou judiciaire ne peut être mise en œuvre contre lui pendant la durée de son mandat, y compris pour des actes commis lorsqu'il n'était pas Président. Il bénéficie d'une immunité de procédure. Toutefois, les délais de procédures sont suspendus pendant la durée du mandat. Les procédures peuvent être mises en œuvre « *à l'expiration d'un délai d'un mois suivant la cessation des fonctions* » (art. 67 de la Constitution).

Cependant, au cours du mandat du Président de la République, « *en cas de manquement à ses devoirs manifestement incompatible avec l'exercice de son mandat* », le Parlement peut se réunir en Haute Cour pour mettre en cause la responsabilité du Président et, le cas échéant, le destituer. Dans un premier temps, les 2/3 des membres de l'Assemblée nationale et du Sénat se prononcent en faveur de la réunion de la Haute Cour. Dans un second temps, les 2/3 des membres de la Haute Cour, présidée par le président de l'Assemblée nationale, se prononcent, dans un délai d'un mois, à bulletins secrets, sur la destitution du Président de la République (art. 68 de la Constitution).

De même, la France ayant ratifié le traité de Rome du 18 juillet 1998, le Président de la République peut être poursuivi devant la Cour pénale internationale (CPI), dont le siège est situé à La Haye (Pays-Bas), en cas de crime d'agression, de crime de guerre, de génocide ou de crime contre l'humanité (art. 53-2 et 67 de la Constitution).

Enfin, les immunités de fonction et de procédure n'empêchent pas le Président de la République d'exercer, en qualité de victime, les droits de la partie civile dans un procès pénal au cours de son mandat (Cass. AP, 15 juin 2012, pourvoi n° 10-85678 – CEDH, 18 octobre 2018, *Thiam contre France*, req. n° 80018/12).

Éléments d'approfondissement

- BOURDON Pierre, *Le quinquennat, cinq ans après*, L'Harmattan, coll. Logiques juridiques, Paris, 2008, 198 p.
- DUHAMEL Olivier, *Le quinquennat*, 3e éd., Presses de Sciences-Po, coll. La bibliothèque du citoyen, Paris, 2008, 141 p.
- PINON Stéphane, « Le statut du Président de la République », *Constitutions*, n° 3, 2013, pp. 358-366.

Les indispensables

- La durée du mandat présidentiel est de cinq ans (quinquennat).
- L'intérim de la Présidence de la République est assuré par le Président du Sénat ou, en cas d'empêchement, par le Gouvernement.
- Le Président de la République ne peut exercer aucune autre fonction pendant la durée de son mandat.
- Aucune procédure administrative ou judiciaire ne peut être mise en œuvre contre le Président de la République pendant la durée de son mandat.
- Les délais de procédure sont suspendus jusqu'à l'expiration d'un délai d'un mois suivant le terme du mandat présidentiel.
- En France, la responsabilité du Président de la République peut être mise en cause par la Haute Cour en cas de manquement à ses devoirs manifestement incompatible avec l'exercice de son mandat.
- La CPI peut mettre en cause la responsabilité présidentielle en cas de crime d'agression, de crime de guerre, de génocide ou de crime contre l'humanité.

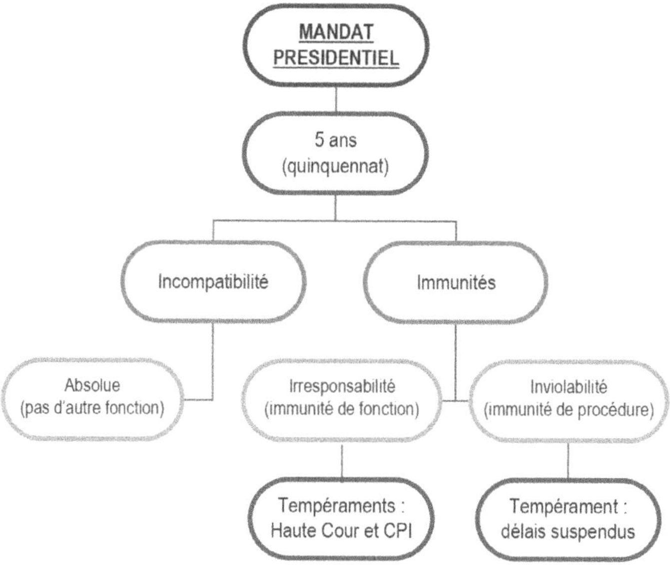

LES ÉLÉMENTS ESSENTIELS DU STATUT DU PRÉSIDENT DE LA RÉPUBLIQUE

Fiche 10

Les missions et pouvoirs du Président de la République

Les objectifs de la fiche

- Connaître les missions et les principaux pouvoirs présidentiels
- Distinguer les pouvoirs propres et les pouvoirs partagés
- Comprendre les variations de l'étendue des pouvoirs présidentiels

1. Les missions présidentielles

Le Président de la République est le chef de l'État. À ce titre, il représente l'État sur la scène internationale : il négocie et ratifie les traités (art. 52 de la Constitution). Surtout, il garantit le bon fonctionnement de l'État : il veille au respect de la Constitution et des traités, arbitre en cas de différend entre les pouvoirs publics et, enfin, il garantie la continuité de l'État, son indépendance et l'intégrité de son territoire (art. 5).

Le chef de l'État est le chef des armées. À ce titre, il préside les conseils et comités supérieurs de la défense nationale (art. 15).

2. Les pouvoirs propres

Ce sont les pouvoirs que le Président de la République peut exercer seul, c'est-à-dire sans que ses actes aient besoin d'être contresignés par le Premier ministre ou tout autre membre du Gouvernement :

- nommer le Premier ministre (art. 8, al. 1er, de la Constitution) ;
- promulguer les lois ou demander au Parlement de les réexaminer (art. 10) ;
- organiser un référendum à propos d'un projet de loi (art. 11) ;
- dissoudre l'Assemblée nationale (art. 12) ;
- prendre les mesures exigées par une menace « *grave* » et « *immédiate* » (art. 16 : mis en œuvre une seule fois, en 1962) ;
- communiquer avec le Parlement par des messages lus aux parlementaires (art. 18, al. 1er) ou en prenant la parole devant les parlementaires réunis en Congrès à Versailles (al. 2 : mis en œuvre quatre fois, les 22 juin 2009, 16 novembre 2015, 3 juillet 2017 et 9 juillet 2018) ;
- saisir le Conseil constitutionnel pour lui demander de contrôler la constitutionnalité d'un traité (art. 54 : mis en œuvre huit fois) ou d'une loi (art. 61 : mis en œuvre deux fois, en 2015 et 2019) ;

– nommer trois membres du Conseil constitutionnel, dont son Président (art. 56);
– nommer le Défenseur des droits (art. 71-1).

3. Les pouvoirs partagés

Ce sont les pouvoirs que le Président ne peut exercer qu'avec la contre-signature du Premier ministre et, éventuellement, avec celle d'un ou plusieurs autres membres du Gouvernement concernés par la décision:

– nommer les membres du Gouvernement autres que le Premier ministre (art. 8, al. 2, de la Constitution);
– signer les ordonnances et les décrets délibérés en Conseil des ministres (art. 13, al. 1er);
– nommer aux emplois civils et militaires de l'État les plus importants (art. 13, al. 2; art. 14) et déléguer les autres nominations au Premier ministre qui peut à son tour les déléguer aux ministres ou aux autorités subordonnées (ordonnance du 28 novembre 1958);
– faire grâce à titre individuel (art. 17 de la Constitution).

4. Des pouvoirs variables en réalité

Les pouvoirs présidentiels sont souvent plus étendus que la lettre de la Constitution. En période de « majorité présidentielle », le Président de la République est soutenu par la majorité des députés de l'Assemblée nationale et peut diriger assez librement les affaires du pays. Bien entendu, le Président n'exerce pas directement des pouvoirs qui ne lui seraient pas attribués par la Constitution. Il adresse des instructions au Premier ministre et aux ministres. Ces derniers doivent les appliquer au risque d'être révoqués par le Président. Par exemple, le Président peut faire adopter des lois en demandant au Gouvernement de soumettre un projet aux parlementaires. L'Assemblée nationale accueille généralement le texte à bras ouverts.

En revanche, en période de « cohabitation », le Président n'est pas soutenu par la majorité des députés. Ses pouvoirs se cantonnent plus strictement à la lettre du texte constitutionnel. Même le choix du Premier ministre, qui est pourtant un pouvoir propre du Président (*cf. supra* n° 1), est généralement dicté par les députés ou par le parti majoritaire à l'Assemblée nationale. La France a connu trois périodes de cohabitation : sous la présidence Mitterrand, de 1986 à 1988, Jacques Chirac étant Premier ministre; de 1993 à 1995, PM Édouard Balladur; sous la présidence Chirac, de 1997 à 2002, PM Lionel Jospin.

Éléments d'approfondissement

– COHENDET Marie-Anne, *Le Président de la République*, 2e éd., Dalloz, coll. Connaissance du droit, Paris, 2012, 187 p.
– FRANGI Marc, *Le Président de la République : arbitrer, diriger, négocier*, L'Harmattan, coll. Logiques juridiques, Paris, 2012, 216 p.
– JAN Pascal, *Le Président de la République au centre du pouvoir*, La Documentation française, Paris, 2011, 214 p.

Les indispensables

- Le Président de la République est le chef de l'État, ce qui lui donne pour missions de garantir le bon fonctionnement de l'État et de représenter l'État sur la scène internationale.
- Le Président de la République est aussi le chef des armées.
- Les pouvoirs du Président de la République sont divisés entre « pouvoirs propres » et « pouvoirs partagés » selon qu'ils sont exercés sans ou avec la contre-signature du Premier ministre et des membres du Gouvernement intéressés.
- Le Président de la République nomme le Premier ministre, et, sur proposition de ce dernier, les autres membres du Gouvernement.
- La dissolution de l'Assemblée nationale par le Président de la République a des conséquences importantes : les députés perdent leur mandat et des élections sont organisées pour qu'ils soient réélus ou remplacés.
- En pratique, les pouvoirs présidentiels varient en fonction notamment des circonstances politiques du moment.
- Les pouvoirs présidentiels sont très étendus lorsqu'une majorité de députés soutient le Président (« majorité présidentielle »), restreints dans le cas contraire (« cohabitation »).

LA DISSOLUTION DE L'ASSEMBLÉE NATIONALE SOUS LA Ve RÉPUBLIQUE
10 octobre 1962 : Charles de Gaulle, après l'adoption d'une motion de censure par l'Assemblée nationale contre le Gouvernement dirigé par Georges Pompidou. Les élections législatives ont pour résultat la victoire des gaullistes de l'UNR-UDT et de leurs alliés RI (268 sièges sur 482).
30 mai 1968 : Charles de Gaulle, pour dénouer la crise de mai 1968. Les élections législatives offrent une victoire large aux gaullistes qui obtiennent à eux seuls la majorité absolue (l'UDR obtient 293 sièges sur 487).
22 mai 1981 : François Mitterrand, après sa victoire à l'élection présidentielle, pour disposer d'une majorité à l'Assemblée nationale. Les élections législatives lui envoient une majorité absolue (le PS obtient 285 sièges sur 491).
14 mai 1988 : François Mitterrand, après sa réélection, pour la même raison qu'en 1981. Les élections législatives débouchent sur une victoire de la gauche, mais la majorité n'est plus que relative (le PS obtient 275 sièges sur 575).
21 avril 1997 : Jacques Chirac, pour des questions de calendrier politique. Les élections législatives s'achèvent avec la victoire de la « Gauche plurielle », coalition des socialistes, des radicaux, des écologistes et des communistes (319 sièges sur 577).

Questions à choix multiple

▶ **Répondre aux dix questions suivantes.**

Les questions peuvent appeler plusieurs réponses qui ne figurent pas toutes dans les fiches qui précèdent. L'exercice est ainsi l'occasion de développer encore les connaissances du lecteur.

1. Quelle Constitution a instauré pour la première fois l'élection du Président de la République au suffrage universel direct ?

a. la Constitution de la IIe République (1848)
b. la Constitution de la IIIe République (1875)
c. la Constitution de la IVe République (1946)
d. la Constitution de la Ve République (1958)

2. Lequel de ces Présidents de la République n'a jamais été élu au suffrage universel direct ?

a. Louis-Napoléon Bonaparte
b. Charles de Gaulle
c. Georges Pompidou
d. Alain Poher

3. Qui fut le premier Président de la République à initier une procédure de révision tendant à faire passer de sept à cinq ans la durée du mandat présidentiel ?

a. Georges Pompidou
b. Valéry Giscard d'Estaing
c. François Mitterrand
d. Jacques Chirac

4. Dans quel délai le nouveau Président de la République doit-il être élu avant l'expiration des pouvoirs du Président en exercice ?

a. vingt jours au moins et trente-cinq jours au plus
b. vingt jours au moins
c. trente-cinq jours au plus
d. aucun délai n'est fixé par la Constitution

5. Quelle est la date limite du dépôt des parrainages des candidats ?

a. le vendredi précédant la date du premier tour
b. 18 jours avant la date du premier tour
c. le sixième vendredi précédant la date du premier tour
d. six mois avant la date du premier tour

6. **Que fait le Conseil constitutionnel au cas où un candidat dépose plus de 500 parrainages ?**
   a. la candidature est irrégulière et doit être écartée
   b. les noms des 500 parrains à publier au *JORF* sont tirés au sort
   c. le candidat est appelé à supprimer lui-même les noms des parrains en surnombre
   d. les noms de tous les parrains sont publiés

7. **Quel est le mode de scrutin pour l'élection présidentielle ?**
   a. le scrutin proportionnel à deux tours
   b. le scrutin majoritaire à deux tours
   c. le scrutin binominal à deux tours
   d. le scrutin uninominal à deux tours

8. **Qui peut financer une campagne électorale ?**
   a. les personnes physiques
   b. les partis politiques
   c. les entreprises
   d. les États étrangers

9. **Pendant combien de temps un candidat doit-il tenir un compte de campagne qui retrace ses recettes, leur origine et leur nature, ainsi que les dépenses qu'il a effectuées ou qui ont été effectuées pour son compte ?**
   a. trois mois avant l'élection
   b. six mois avant l'élection
   c. neuf mois avant l'élection
   d. douze mois avant l'élection

10. **Qui peut saisir le Conseil constitutionnel dans un délai de 48 heures suivant la clôture du scrutin en vue de contester la régularité de l'ensemble des opérations électorales concernant l'élection présidentielle ?**
    a. un électeur
    b. un parlementaire
    c. un candidat
    d. un préfet

Corrigé

- **Question 1 :** a
- **Question 2 :** d
- **Question 3 :** a
- **Question 4 :** a
- **Question 5 :** c
- **Question 6 :** b
- **Question 7 :** b et d
- **Question 8 :** a et b
- **Question 9 :** d
- **Question 10 :** c

PARTIE V

Le Gouvernement

Fiche 11

La composition du Gouvernement

Les objectifs de la fiche

- Connaître la composition-type d'un Gouvernement
- Distinguer le Premier ministre, les ministres et les secrétaires d'État
- Maîtriser les règles de nomination et de démission du Gouvernement

1. Le Premier ministre

Sous la Vᵉ République, c'est le titre porté par le chef du Gouvernement (sous les IIIᵉ et IVᵉ Républiques, il portait le titre de Président du conseil). Il est le deuxième personnage de l'État dans l'ordre protocolaire (*cf.* décret n° 89-655 du 13 septembre 1989 relatif aux cérémonies publiques, préséances, honneurs civils et militaires). En qualité de chef du Gouvernement, le Premier ministre dirige l'action du Gouvernement et exerce une autorité sur ses membres (art. 21, al. 1ᵉʳ, de la Constitution). Pour remplir ces missions, le Premier ministre peut compter sur l'assistance d'une centaine de services, tels que le Secrétariat général du Gouvernement (SGG), le Secrétariat général des affaires européennes (SGAE) ou le Secrétariat général de la défense et de la sécurité nationale (SGDSN). Le SGG, par exemple, assure le bon fonctionnement, la coordination et la légalité de l'action gouvernementale.

2. Les ministres et les autres membres du Gouvernement

En principe, chaque ministre est responsable d'une ou de plusieurs missions. Le titre complet d'un ministre (et de son ministère) reprend bien souvent le nom de la ou des missions dont il est responsable (par ex., le ministre de l'Éducation nationale). Le titre du ministre peut aussi afficher une priorité politique du Gouvernement (par ex., le ministre du redressement productif dans le Gouvernement Ayrault entre 2012 et 2014). Un ministre peut se voir honorer du titre complémentaire de ministre d'État. Il s'agit d'une distinction purement honorifique qui permet de mettre en valeur la mission d'un ministre, la personne du ministre, voire une priorité politique du Gouvernement (par ex., Nicolas Hulot, ministre d'État, ministre de la Transition écologique et solidaire, dans le Gouvernement Philippe de mai 2017 à septembre 2018).

Un ministre, voire même le Premier ministre, peut être entouré d'un ou de plusieurs ministres délégués et, ou, secrétaires d'État. Ils sont chacun chargés d'une des missions du ministre auquel ils sont rattachés, voire d'une mission à laquelle le Premier ministre porte un intérêt particulier. À titre d'illustration, un ministre délégué ou secrétaire d'État aux Affaires européennes est généralement placé sous l'autorité du ministre des

Affaires étrangères. Pour une mission plus spécifique et ponctuelle, un haut-commissaire peut être nommé, à l'instar de Jean-Paul Delevoye, haut-commissaire aux retraites de septembre à décembre 2019.

Il faut signaler que le secrétaire d'État, contrairement aux autres membres du Gouvernement, n'assiste au Conseil des ministres que si l'ordre du jour du Conseil contient une question concernant l'un de ses dossiers.

3. La nomination

La nomination du Premier ministre est un choix discrétionnaire du Président de la République (art. 8, al. 1er, de la Constitution). Sous la IVe République, l'investiture de l'Assemblée nationale était nécessaire. Sous la Ve République, elle ne l'est plus, mais le Premier ministre peut lire un programme ou une déclaration de politique générale aux parlementaires (art. 49, al. 1er et 4). À cette occasion, l'Assemblée nationale peut renverser le Gouvernement et donc le Premier ministre (art. 50).

La nomination des autres membres du Gouvernement est un pouvoir du Président de la République exercé sur « *proposition* » du Premier ministre (art. 8, al. 2). En théorie, le Premier ministre joue un rôle dans la composition du Gouvernement. Toutefois, en période de majorité présidentielle, l'influence du Premier ministre est faible. En période de cohabitation, son influence est déterminante (*cf.* fiche 10).

4. La démission du Gouvernement

Le Premier ministre peut remettre la démission de son Gouvernement au Président de la République (art. 8, al. 1er, de la Constitution).

La démission du Gouvernement peut être volontaire. En 1976, le Premier ministre Jacques Chirac se sentait trop contraint dans son action politique par le Président de la République Valéry Giscard d'Estaing.

La démission du Gouvernement est obligatoire en cas de renversement par l'Assemblée nationale. La Ve République n'a connu à ce jour qu'une seule motion de censure adoptée. Elle a été votée en 1962 (*cf.* fiche 16, not. schéma).

Bien qu'aucune règle constitutionnelle ne le prévoie, Charles de Gaulle et ses successeurs ont estimé avoir le droit de révoquer le Premier ministre et tout ou partie du reste du Gouvernement, sauf en période de cohabitation. En 1991, le Premier ministre Michel Rocard l'a reconnu en ces termes : « *j'ai été viré* ».

Enfin, par tradition républicaine, le Premier ministre remet la démission de son Gouvernement au Président de la République à la suite d'une élection présidentielle ou d'un renouvellement de l'Assemblée nationale.

Éléments d'approfondissement

- DESCLODURES Harold, TOULEMONDE Gilles, « Les décrets relatifs à la composition du Gouvernement », *RDP*, n° 1, 2014, pp. 33-66.
- MATUTANO Edwin, « La nomination et la révocation du Premier ministre en France », *Politeia*, n° 25, 2014, pp. 447-468.
- MAUS Didier, « Démissions et révocations des ministres sous la Ve République », *Pouvoirs*, n° 36, 1986, pp. 117-134.

Les indispensables

- Le chef du Gouvernement est le Premier ministre.
- Le Premier ministre, les ministres d'État et les ministres peuvent se voir rattacher des ministres délégués et des secrétaires d'État.
- Le Secrétariat général du Gouvernement (SGG) assure notamment la coordination du travail gouvernemental.
- Le Premier ministre est nommé par le Président de la République.
- Les membres du Gouvernement autres que le Premier ministre sont nommés par le Président de la République sur proposition du Premier ministre.
- La démission du Gouvernement est remise par le Premier ministre au Président de la République.
- Le Gouvernement démissionne en cas de renversement par l'Assemblée nationale et, en période de majorité présidentielle, lorsque le Président de la République le demande au Premier ministre.
- Un membre du Gouvernement peut présenter sa démission à titre individuel à tout moment.

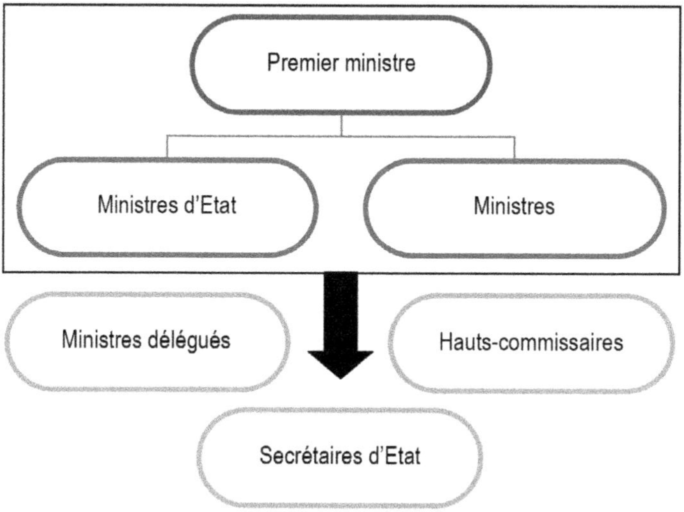

LA COMPOSITION-TYPE DU GOUVERNEMENT

Fiche 12

Le statut des membres du Gouvernement

Les objectifs de la fiche

- Comprendre la place et le rôle des membres du Gouvernement
- Maîtriser les règles relatives à la déontologie et aux incompatibilités
- Connaître l'étendue de la responsabilité gouvernementale

1. La déontologie

Dans un premier temps, une « charte de déontologie » a été publiée en mai 2012 sur le site Internet de la Présidence de la République. Dans un second temps, le Premier ministre Édouard Philippe a rédigé et publié en mai 2017 au *JORF* une circulaire « *relative à une méthode de travail gouvernemental exemplaire, collégiale et efficace* ». Deux principes en ressortent notamment : la solidarité (ou collégialité) et la dignité (ou exemplarité).

Le principe de solidarité implique un soutien réciproque des membres du Gouvernement. Ainsi, « *un ministre, ça ferme sa gueule ; si ça veut l'ouvrir, ça démissionne* » clamait publiquement Jean-Pierre Chevènement lorsqu'il a démissionné à cause d'un désaccord avec la ligne gouvernementale à propos de la politique de rigueur économique (en 1983), l'engagement militaire en Irak (en 1991) ou la politique territoriale en Corse (en 2000).

Le principe de dignité suppose qu'un membre du Gouvernement mis en examen présente sa démission. En 2013, un ministre du Budget impliqué dans une affaire de fraude fiscale le concernant a présenté sa démission. En 2017, quatre ministres fraîchement nommés ont démissionné préventivement. Ils ont finalement été mis en examen en 2019.

À la suite de l'affaire de 2013, la loi n° 2013-907 du 11 octobre 2013 relative à la transparence de la vie publique a créé une Haute autorité de la transparence de la vie publique (art. 19). Les membres du Gouvernement doivent remettre au président de la Haute autorité un état de leur patrimoine et une déclaration d'intérêts, dans les deux mois qui suivent leur nomination, ainsi qu'à l'occasion de tout changement substantiel de leur patrimoine ou de leurs intérêts (art. 4). Ces documents sont rendus publics (art. 5). Par ailleurs, les membres du Gouvernement font l'objet d'une vérification de leur situation fiscale (art. 9). Gare aux omissions ! En 2019, le haut-commissaire aux retraites n'avait pas correctement rempli sa déclaration d'intérêts. Il a présenté sa démission. La HATVP a signalé les manquements au procureur de la République de Paris. Une enquête préliminaire a été immédiatement ouverte.

2. L'incompatibilité limitée

L'article 23 de la Constitution prévoit que les fonctions gouvernementales sont incompatibles avec l'exercice :

- de toute fonction de représentation professionnelle à caractère national ;
- de tout emploi public et, plus généralement, toute activité professionnelle ;
- de tout mandat parlementaire, y compris le mandat de député européen.

Le député ou sénateur qui devient membre du Gouvernement (ou le membre du Gouvernement qui devient parlementaire) dispose d'un délai d'un mois pour choisir entre ces deux positions. Passé ce délai, le membre du Gouvernement perd son mandat parlementaire. Il est remplacé par son suppléant ou, pour certains sénateurs, par le premier candidat non élu de sa liste. Depuis la loi constitutionnelle du 23 juillet 2008, l'ancien membre du Gouvernement retrouve son mandat parlementaire un mois après avoir quitté ses fonctions gouvernementales. L'entrée au Gouvernement ne fait désormais plus perdre définitivement le siège de député ou de sénateur.

Aucun texte n'interdit de conserver un mandat local. Toutefois, entre 1997 et 2007 et depuis 2012, le Premier ministre exige la démission des membres du Gouvernement de leurs fonctions de maire, de président d'un département ou d'une région (avec parfois des dérogations, comme pour Nicolas Sarkozy, ministre de l'Économie, puis de l'Intérieur, président du département des Hauts-de-Seine entre 2004 et 2007 ; Jean-Yves Le Drian, ministre de la Défense, président de la région Bretagne entre 2015 et 2017 ; Gérald Darmanin, ministre de l'Action et des comptes publics, puis de l'Intérieur, maire de Tourcoing pour de brèves périodes en 2017 et 2020).

3. La responsabilité politique

Elle implique que le Gouvernement réponde de son action politique devant un organe de contrôle susceptible de mettre fin à ses fonctions. La responsabilité politique de l'exécutif permet de distinguer les deux principales catégories de régime politique. En régime présidentiel (par ex., les États-Unis, Chypre, la Corée du Sud), l'exécutif n'est pas responsable politiquement devant l'organe législatif. En revanche, dans les régimes parlementaires (par ex., les États membres de l'Union européenne, sauf Chypre), le Gouvernement est responsable politiquement devant le Parlement.

En France, l'article 20, alinéa 3, de la Constitution prévoit la responsabilité du Gouvernement, à titre collectif, devant le Parlement (*cf.* fiche 16). Les ministres et les autres membres du Gouvernement sont aussi responsables, à titre individuel, devant le Premier ministre. En période de majorité présidentielle à l'Assemblée nationale, le Premier ministre et les autres membres du Gouvernement sont également responsables devant le Président.

4. La responsabilité pénale

Elle implique que tout membre du Gouvernement réponde, à titre individuel, de ses crimes ou délits devant une juridiction.

Le titre X de la Constitution est consacré à la responsabilité pénale des membres du Gouvernement. Une juridiction spéciale, la Cour de justice de la République (CJR), a été créée par la loi constitutionnelle du 27 juillet 1993. Elle est composée de douze parlementaires (six députés et six sénateurs) et trois magistrats du siège à la Cour de cassation. L'un des magistrats préside la CJR. L'initiative des poursuites est « déparlementarisée ». Une Commission des requêtes reçoit les plaintes de « *toute personne* ». Elle est composée de quatre membres élus par la Cour de cassation, trois par le Conseil d'État et trois par la Cour des comptes. La Commission classe la plainte ou la transmet au procureur général près la Cour de cassation pour qu'il saisisse la CJR. Le procureur peut aussi saisir d'office la juridiction sur avis conforme de la Commission. La CJR juge l'affaire en appliquant le droit pénal et les règles de procédure pénale, comme le fait un juge pénal pour tout justiciable.

En revanche, les infractions sans « *rapport direct avec la conduite des affaires de l'État* », commises pendant ou en dehors des fonctions gouvernementales, relèvent des tribunaux de droit commun (Cass. crim., 26 juin 1995, *Alain Carignon*, pourvoi n° 95-82333). Comme François Hollande son prédécesseur, le Président de la République Emmanuel Macron souhaite la suppression de la CJR au profit des tribunaux de droit commun.

Enfin, comme le Président de la République (*cf.* fiche 9), tout membre du Gouvernement peut être poursuivi devant la Cour pénale internationale (CPI).

Les indispensables

- Deux principes déontologiques essentiels s'imposent à tout membre du Gouvernement : la solidarité et la dignité.
- Au moment de leur nomination, les membres du Gouvernement établissent un état de leur patrimoine et une déclaration d'intérêts.
- Les membres du Gouvernement ne peuvent exercer aucune fonction professionnelle ou parlementaire.
- Contrairement au régime présidentiel, le régime parlementaire repose sur la responsabilité politique du Gouvernement devant le Parlement.
- Hors période de cohabitation, les membres du Gouvernement sont également responsables politiquement devant le Président de la République.
- La responsabilité pénale des membres du Gouvernement français peut être mise en cause devant la Cour de justice de la République.

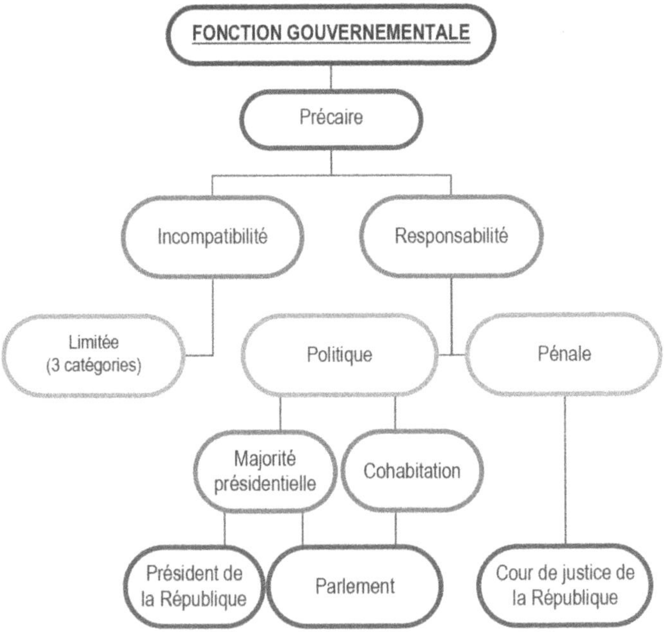

LES ÉLÉMENTS ESSENTIELS DU STATUT DU GOUVERNEMENT

Fiche 13

Les missions et pouvoirs du Gouvernement

Les objectifs de la fiche

- Connaître les missions et les principaux pouvoirs du Gouvernement
- Distinguer les rôles du Premier ministre et du Gouvernement
- Comprendre la place du Gouvernement par rapport à l'Administration

1. Les missions du Gouvernement

Le Gouvernement détermine et conduit la politique de la Nation (art. 20 de la Constitution). Autrement dit, les membres du Gouvernement ont la charge de gérer la vie en Société et de prendre les mesures nécessaires, notamment dans les domaines environnemental, économique et social. En France, il faut rappeler que ces missions n'appartiennent pleinement au Gouvernement qu'en période de cohabitation, ce qui reste exceptionnel. En cas de majorité présidentielle à l'Assemblée nationale, le Président de la République définit en grande partie la politique de la Nation et le Gouvernement la conduit. Le Président de la République Jacques Chirac avait dit à l'occasion d'un entretien télévisé le 14 juillet 2004 : « *Je décide [les mesures à prendre]* » et le ministre les « *exécute* » (*cf.* également fiche 10).

2. Les pouvoirs du Premier ministre

Le Premier ministre ne se limite pas à diriger l'action du Gouvernement, nommer et révoquer les membres du Gouvernement (*cf.* fiche 11). Cependant, les autres pouvoirs du chef du Gouvernement sont en principe des pouvoirs partagés avec les autres membres du Gouvernement, c'est-à-dire que les actes primo-ministériels sont contresignés par le ou les membres du Gouvernement concernés par le contenu de l'acte (art. 22 de la Constitution). Une partie de ces pouvoirs peut d'ailleurs être déléguée aux ministres (art. 21, al. 2).

Le Premier ministre exerce le pouvoir réglementaire (art. 21, al. 1er). Il est habilité à prendre des mesures applicables sur tout le territoire et à toute la population, sous réserve qu'elles ne méconnaissent pas les normes supérieures, à savoir les lois, les traités et la Constitution.

Le chef du Gouvernement est également chargé de prendre les décrets d'application des lois (art. 21, al. 1er). Il s'agit des mesures qui permettent de préciser les dispositions législatives pour qu'elles puissent être mises en œuvre concrètement.

Enfin, le Président de la République est le « *chef des armées* » (art. 15), mais le Premier ministre est « *responsable de la défense nationale* », ce qui lui donne voix au chapitre en ce qui concerne les questions militaires (art. 21, al. 1er).

3. Les pouvoirs du Gouvernement

Les pouvoirs du Gouvernement lui permettent, avec ceux du Premier ministre, de conduire la politique de la Nation.

Pour mener à bien son programme, le Gouvernement peut recourir à la loi. Il peut proposer au Président de la République de recourir au référendum en vue d'adopter un projet de loi (art. 11 de la Constitution). Il peut demander au Parlement de l'autoriser à prendre des ordonnances qui seront considérées comme des lois après leur ratification par les deux assemblées parlementaires (art. 38). Enfin, il peut déposer un projet de loi au Parlement afin que les députés et les sénateurs le discutent puis l'adoptent (art. 39). En pratique, dans la plupart des régimes politiques, le Gouvernement maîtrise bien la procédure législative, car il peut influencer le Parlement.

Le Gouvernement dispose de l'Administration civile et militaire (art. 20, al. 2, de la Constitution). Chaque membre du Gouvernement est à la tête de services plus ou moins importants en fonction de la ou des missions dont il est responsable. À titre d'illustration, le ministre de la Culture dirige l'ensemble des services de son ministère, tels que le secrétariat général, la direction générale des patrimoines, la direction générale de la création artistique, la direction générale des médias et des industries culturelles et la délégation générale à la langue Française et aux langues de France (*cf.* fiche 22, not. schéma).

En leur qualité de chef de service, la jurisprudence administrative reconnaît aux membres du Gouvernement le pouvoir de réglementer le fonctionnement de leur service, comme par exemple la fixation des horaires d'ouverture au public (CE Section, 7 février 1936, *Jamart*, *Rec.*, p. 172).

Éléments d'approfondissement

- CHENOT Bernard, « Le ministre, chef d'une administration », *Pouvoirs*, n° 36, 1986, pp. 79-84.
- CHEROT Jean-Yves, « Le Premier Ministre exerce le pouvoir réglementaire », *RRJ*, n° spécial, 2001, pp. 2191-2201.
- DAVID Carine, « Le pouvoir d'organisation du service : une jurisprudence toujours en mouvement », *DA*, n° 2, 2006, pp. 11-17.
- PINI Joseph, « Le Premier ministre, clé de voûte de l'Exécutif ? », *RFDC*, n° HS, 2008, pp. 73-96.

Les indispensables

- Le Gouvernement détermine et conduit la politique de la Nation.
- Le Premier ministre exerce le pouvoir réglementaire, édicte les décrets d'application des lois, est responsable de la défense nationale.
- Les pouvoirs du Premier ministre sont en principe partagés avec les autres membres du Gouvernement.
- Le Gouvernement peut proposer au Président de la République un référendum sur un projet de loi.
- Le Parlement peut habiliter le Gouvernement à édicter des ordonnances.
- Le Gouvernement peut proposer au Parlement de discuter et d'adopter tout projet de loi.
- L'Administration est placée sous l'autorité du Gouvernement.
- Tout membre du Gouvernement dispose d'un pouvoir de réglementation du fonctionnement de ses services.

Période	Président de la Rép.	Premier ministre	Terme
1959-1962	Charles de Gaulle	Michel Debré	Révocation PR
1962-1968		Georges Pompidou	Révocation PR
1968-1969		Maurice Couve de Murville	Élection PR
1969-1972	Georges Pompidou	Jacques Chaban-Delmas	Révocation PR
1972-1974		Pierre Mesmer	Élection PR
1974-1976	Valéry Giscard d'Estaing	Jacques Chirac	Démission PM
1976-1981		Raymond Barre	Élection PR

Période	Président de la Rép.	Premier ministre	Terme
1981-1984	François Mitterrand	Pierre Mauroy	Révocation PR
1984-1986		Laurent Fabius	Élection AN
1986-1988		Jacques Chirac	Élection PR
1988-1991		Michel Rocard	Révocation PR
1991-1992		Édith Cresson	Révocation PR
1992-1993		Pierre Bérégovoy	Élection AN
1993-1995		Édouard Balladur	Élection PR
1995-1997	Jacques Chirac	Alain Juppé	Élection AN
1997-2002		Lionel Jospin	Élection PR
2002-2005		Jean-Pierre Raffarin	Révocation PR
2005-2007		Dominique de Villepin	Élection PR
2007-2012	Nicolas Sarkozy	François Fillon	Élection PR
2012-2014	François Hollande	Jean-Marc Ayrault	Révocation PR
2014-2016		Manuel Valls	Démission PM
2016-2017		Bernard Cazeneuve	Élection PR
2017-2020	Emmanuel Macron	Édouard Philippe	Démission PM
2020-…		Jean Castex	…

LES PREMIERS MINISTRES DE LA (V^E^) RÉPUBLIQUE FRANÇAISE

Question à réponse courte

▶ **Qu'est-ce qu'une ordonnance de l'article 38 de la Constitution?**
Le corrigé qui suit est volontairement long. Le contenu d'un certain nombre de dispositions est cité pour en faciliter la compréhension.

Corrigé

Pour mener à bien son programme politique, le Gouvernement peut déposer des projets de loi au Parlement. Le projet est alors discuté par les députés et sénateurs de chaque chambre. Il est finalement adopté par le Parlement dans un délai qui va de quelques semaines à plusieurs mois.

Pour gagner du temps, l'article 38 de la Constitution de la Ve République dispose que le Gouvernement peut être habilité par le Parlement à prendre des ordonnances. Une ordonnance de l'article 38 est un texte, rédigé et publié par le Gouvernement, qui contient des normes juridiques. Elle ressemble donc aux décrets que prend quotidiennement le Gouvernement. Cependant, l'ordonnance acquiert une valeur législative une fois ratifiée par une loi du Parlement.

Le recours aux ordonnances s'est intensifié depuis les années 1980. Entre 1984 et 2003 (soit 19 ans), 29 lois d'habilitation ont été adoptées et 155 ordonnances publiées, dont 98 ratifiées. Entre 2004 et 2013 (seulement 9 ans), on a dénombré 98 lois d'habilitation, 357 ordonnances publiées et 304 ratifications.

Il faut ainsi distinguer les trois phases que sont l'habilitation à prendre des ordonnances (I), la publication de l'ordonnance par le Gouvernement (II) et, enfin, la ratification par le Parlement (III).

I. L'habilitation à prendre des ordonnances

Conformément à l'article 38, alinéa 1er, de la Constitution, il revient au Gouvernement de demander au Parlement l'habilitation de prendre des ordonnances. Cette demande peut prendre la forme d'un amendement parlementaire ou d'un projet de loi (mais pas une proposition de loi). La demande doit être justifiée par des motifs relatifs à « *l'exécution de son programme* » par le Gouvernement. Bien souvent, l'urgence d'un texte ou sa technicité sont les motifs qui justifient la demande d'habilitation. Le Conseil constitutionnel estime également que l'article 38 « *fait obligation au Gouvernement d'indiquer avec précision au Parlement* [...] *la finalité des mesures qu'il se propose de prendre par voie d'ordonnances ainsi que leur domaine d'intervention* ». En revanche, le Gouvernement n'est pas tenu « *de faire connaître au Parlement la teneur des ordonnances qu'il prendra en vertu de cette habilitation* » (CC, 16 décembre 1999, *Loi portant habilitation du Gouvernement à procéder, par ordonnances, à l'adoption de la partie législative de certains codes,* déc. n° 99-421 DC, point 12). L'habilitation ne peut couvrir que des mesures du domaine de la loi, ce qui exclut les domaines réservés par la Constitution à la loi organique, aux lois de finances et aux lois de financement de la sécurité sociale (déc. n° 99-421 DC précitée, point 15). Enfin, la loi d'habilitation doit prévoir deux délais :

- un premier délai (d'habilitation) au cours duquel le Gouvernement peut publier des ordonnances (généralement entre trois mois et deux ans) ;
- un second délai (de ratification) au cours duquel le Gouvernement doit déposer au Parlement un projet de loi de ratification des ordonnances publiées.

À l'expiration du délai d'habilitation, le Gouvernement ne peut plus publier aucune ordonnance. L'article 38, alinéa 3, de la Constitution prévoit en ce sens que les ordonnances publiées peuvent être modifiées à tout moment par le Gouvernement tant que le délai d'habilitation n'est pas expiré.

C'est ce qui amène à l'étude de la phase suivante, celle de la publication d'une ordonnance par le Gouvernement.

II. La publication de l'ordonnance par le Gouvernement

Le projet d'ordonnance est rédigé par le ou les ministères compétents sur la matière qui fait l'objet de l'ordonnance. Cependant, d'après l'article 38, alinéa 2, de la Constitution, c'est le « *Conseil des ministres après avis du Conseil d'État* » qui est compétent pour adopter l'ordonnance. Les ordonnances « *entrent en vigueur dès leur publication* », c'est-à-dire dès leur parution au *Journal officiel de la République française* (*JORF*). Une fois publiée et tout le temps qu'elle n'a pas été ratifiée par le Parlement, une ordonnance est considérée comme un acte administratif unilatéral, plus précisément comme un acte réglementaire (CC, 29 février 1972, *Ordonnance relative à la participation des salariés aux fruits de l'expansion des entreprises*, déc. n° 72-73 L, point 3). À ce titre, l'ordonnance est susceptible de faire l'objet d'un recours pour excès de pouvoir devant le juge administratif. Comme pour les décrets, le Conseil d'État est compétent en premier et dernier ressort pour connaître d'un recours dirigé contre une ordonnance (CE Assemblée, 28 mars 1997, *Société Baxter*, *Rec.*, p. 115). Le juge administratif s'est estimé compétent dès le début de la Ve République (CE Assemblée, 24 novembre 1961, *Fédération nationale des syndicats de police de France et d'outre-mer*, *Rec.*, p. 658). À l'occasion de ce contrôle, le Conseil d'État vérifie notamment que l'ordonnance a été prise dans le respect :

- « *des règles et principes de valeur constitutionnelle, des principes généraux du droit qui s'imposent à toute autorité administrative ainsi que des engagements internationaux de la France* » (CE, 4 novembre 1996, *Association de défense des sociétés de course des hippodromes de province*, *Rec.*, p. 427) ;
- de la loi d'habilitation qui est le support de l'ordonnance (CE Assemblée, 3 juillet 1998, *Syndicat des médecins d'Aix et région*, *Rec.*, p. 267).

Une fois ratifiée, l'ordonnance acquiert une valeur législative et n'est donc plus susceptible de faire l'objet d'un recours pour excès de pouvoir devant le juge administratif. C'est ce qui amène à l'étude de la dernière phase : la ratification par le Parlement.

III. La ratification de l'ordonnance par le Parlement

Les ordonnances publiées par le Gouvernement doivent être ratifiées par le Parlement. En moyenne, la ratification d'une ordonnance a lieu un peu moins d'un an après sa publication. À défaut de ratification, les ordonnances deviennent caduques à l'expiration du délai relatif à la ratification (*cf. supra* I). Le simple dépôt du projet de loi de ratification devant le Parlement suffit à éviter la caducité (art. 38, al. 2, de la Constitution). Les effets de la caducité ont été précisés par le Conseil constitutionnel. Elle implique le rétablissement de l'état du droit tel qu'il se présentait avant la publication de l'ordonnance (CC, 1-2 juillet 1986, *Loi relative à l'élection des députés et autorisant le Gouvernement à délimiter par ordonnance les circonscriptions électorales*, déc. n° 86-208 DC, point 11). En outre, depuis la loi constitutionnelle du 23 juillet 2008, l'article 38, alinéa 2, de la Constitution prévoit que la ratification doit être « *expresse* ». Autrement dit, un article de loi doit explicitement ratifier une ordonnance visée de façon précise. L'ancienne pratique des ratifications implicites, admise par le Conseil constitutionnel (déc. n° 72-73 L précitée, point 3), est désormais contraire à la Constitution. Les effets de la ratification ont également été précisés par le Conseil d'État. La ratification donne à l'ordonnance « *valeur législative à compter de sa signature* » (CE, 17 mai 2002, *Hoffer*, *Tab.*, p. 583). Le recours pour excès de pouvoir contre une ordonnance introduit devant le juge administratif devient alors « *sans objet* » (CE, 23 octobre 2002, *Société Laboratoires Juva Santé, Tab.*, p. 881). L'ordonnance est désormais susceptible de faire l'objet d'une question prioritaire de constitutionnalité (QPC) d'un justiciable à l'occasion d'un procès devant le juge administratif ou judiciaire (en ce sens, CC, 10 février 2012, *Monsieur Patrick E.*, déc. n° 2011-219 QPC).

En conclusion, l'on signalera que d'autres dispositions de la Constitution permettent au Gouvernement de prendre des ordonnances dans des circonstances exceptionnelles. Ainsi, d'une part, les articles 47 et 47-1 de la Constitution autorisent la mise en vigueur par ordonnance d'un projet de loi de finances ou de loi de financement pour la sécurité sociale en cas de non-adoption par le Parlement dans les délais prévus par la Constitution. Ces dispositions n'ont encore jamais été utilisées. D'autre part, depuis la loi constitutionnelle du 28 mars 2003, l'article 74-1 habilite l'extension à l'outre-mer (avec les adaptations nécessaires) de lois applicables en métropole. Entre 2003 et 2019, seulement 31 ordonnances ont été publiées par le Gouvernement sur ce fondement. Enfin, l'article 92 de la Constitution, aujourd'hui abrogé, a permis l'adoption d'ordonnances organiques en vue de mettre en place les institutions de la Ve République (par ex., l'ordonnance du 7 novembre 1958 portant loi organique sur le Conseil constitutionnel).

PARTIE VI

Le Parlement

Fiche 14

La composition du Parlement

Les objectifs de la fiche

- Connaître la structure du Parlement français
- Maîtriser les conditions de candidature aux élections du Parlement
- Comprendre les règles et les étapes essentielles des élections du Parlement

1. Le Parlement en France : Assemblée nationale et Sénat

Les deux chambres du Parlement sous la Ve République sont l'Assemblée nationale et le Sénat (art. 24 de la Constitution). Le bicamérisme est une tradition constitutionnelle française depuis la Constitution de l'an III (1795).

L'Assemblée nationale compte 577 membres, le Sénat en compte 348 :

– 556 députés et 326 sénateurs élus dans les départements hexagonaux et d'outre-mer ;
– 10 députés et autant de sénateurs élus dans les collectivités d'outre-mer ;
– 11 députés et 12 sénateurs élus par les citoyens « *établis hors de France* ».

Un projet de révision constitutionnelle envisage depuis 2017 une réduction importante du nombre de parlementaires. Initialement fixée à 30 %, la baisse envisagée a été ramenée à 25 % en 2019 (433 députés et 261 sénateurs). Un tel projet est peut-être souhaitable d'un point de vue comptable. Il est discutable d'un point de vue démocratique.

La durée du mandat des députés est de cinq ans, sauf en cas de dissolution par le Président de la République. La durée du mandat des sénateurs est de six ans, mais le Sénat est renouvelé par moitié tous les trois ans.

2. Les conditions de candidature aux élections parlementaires

Les règles d'éligibilité aux élections parlementaires sont les mêmes que pour l'élection présidentielle (*cf.* fiche 8). À quelques exceptions près.

D'un côté, les candidats aux élections parlementaires ne sont pas restreints dans le nombre de mandats exercés antérieurement. Un projet de révision constitutionnelle envisage toutefois une limitation à trois mandats successifs. Les candidats ne sont pas tenus de déposer une déclaration de patrimoine ou de présenter une liste de parrainages.

De l'autre, certains citoyens ne sont pas éligibles aux fonctions parlementaires :

i. les citoyens contre lesquels le juge administratif ou le Conseil constitutionnel a prononcé une inéligibilité d'une durée maximale de trois ans du fait, par exemple, d'une irrégularité de leur compte de campagne lors d'une élection antérieure (art. L.O. 128 du Code électoral) ;

ii. le Défenseur des droits, ses adjoints et le Contrôleur général des lieux de privation de liberté sont inéligibles en tout lieu pendant la durée de leurs fonctions (art. L.O. 130) ;

iii. les fonctionnaires d'autorité de l'État (par ex., les préfets) et certains collaborateurs des exécutifs locaux (par ex., les membres du cabinet d'un maire d'une commune de plus de 20 000 habitants) sont inéligibles à l'endroit où ils exercent ou ont récemment exercé leurs fonctions (art. L.O. 132) ;

iv. un parlementaire ou son suppléant ne peut être le suppléant d'un candidat à une élection parlementaire (art. L.O. 134) ;

v. enfin, lorsqu'un parlementaire est nommé au Gouvernement, son suppléant qui le remplace dans l'hémicycle ne peut se présenter contre lui lors de la prochaine élection (art. L.O. 135).

Les conditions de candidature aux élections sénatoriales sont les mêmes que pour les élections législatives (les élections des députés). À une exception : nul ne peut être élu au Sénat s'il n'est pas âgé de 24 ans révolus (art. L.O. 296).

Le préfet enregistre les candidatures. Si les conditions de candidature ne sont pas remplies par un citoyen, le préfet peut dans un délai de 24 heures saisir le tribunal administratif qui statue dans les trois jours. Le jugement peut être contesté devant le Conseil constitutionnel (art. L. 159 et L.O. 160).

3. Les règles du scrutin

Les élections des députés ont lieu au suffrage universel direct. Le territoire est divisé en autant de circonscriptions que de députés à élire. L'élection d'un député a lieu dans chaque circonscription au scrutin uninominal majoritaire à deux tours, comme pour l'élection présidentielle depuis 1962. Toutefois, chaque député est élu avec un suppléant dont l'unique rôle est de le remplacer en cours de mandat si nécessaire.

Les élections des sénateurs ont lieu au suffrage universel indirect par un collège de « grands électeurs », comme pour l'élection présidentielle entre 1958 et 1962. Toutefois, la composition du collège est plus large. Les électeurs sont les députés, les conseillers régionaux, les conseillers départementaux et des délégués des conseils municipaux, soit environ 100 000 citoyens. L'élection a lieu, soit au scrutin uninominal majoritaire à deux tours (départements élisant 1 ou 2 sénateurs et collectivités d'outre-mer), soit à la représentation proportionnelle (autres départements et citoyens établis hors de France).

En cas de contestation de l'élection d'un député ou d'un sénateur, le Conseil constitutionnel est le juge compétent pour statuer sur le litige (art. 59).

Éléments d'approfondissement

- BLACHER Philippe, *Le Parlement en France*, LGDJ, coll. Systèmes, Paris, 2012, 205 p.
- GICQUEL Jean-Éric, « Le Conseil constitutionnel et le mandat parlementaire », *Les nouv. CCC*, n° 38, 2013, pp. 69-83.
- GRANDEMANGE Jean-Pierre, « Quel mode de scrutin pour l'élection des députés ? », *RA*, n° 364, 2008, pp. 391-399.

Les indispensables

- Le Parlement français est composé de l'Assemblée nationale et du Sénat.
- L'Assemblée nationale compte 577 députés élus pour un mandat de cinq ans.
- Le Sénat compte 348 sénateurs élus pour un mandat de six ans; le renouvellement du Sénat est effectué par moitié tous les trois ans.
- En principe, tout citoyen âgé de 18 ans au moins peut être candidat aux élections à l'Assemblée nationale; il faut être âgé de 24 ans au Sénat.
- Il n'existe aucune condition de parrainages limitant le nombre de candidats aux élections législatives et sénatoriales.
- Les élections des députés ont lieu au suffrage universel direct; celles des sénateurs au suffrage universel indirect (collège électoral).
- Le Conseil constitutionnel veille à la régularité des élections parlementaires.

L'Assemblée nationale élue en 2017

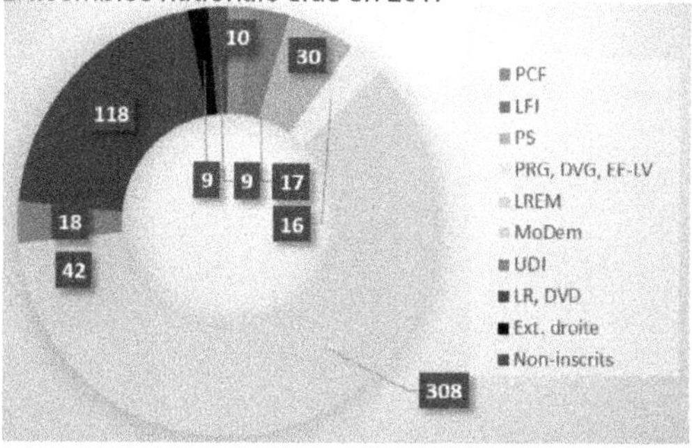

Le Sénat après l'élection de 2020

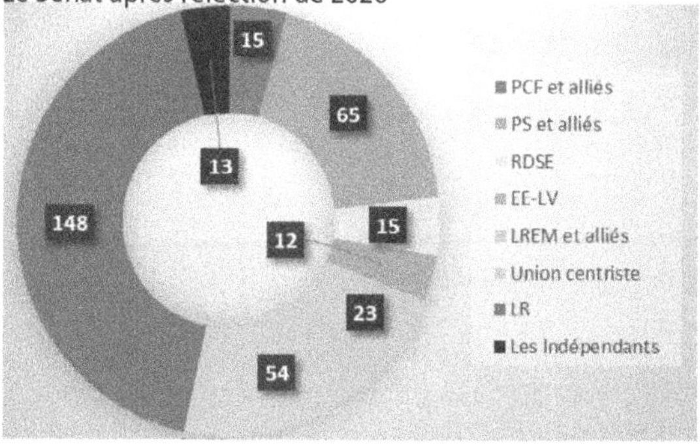

LA COMPOSITION POLITIQUE DU PARLEMENT

Fiche 15

Le statut des parlementaires

Les objectifs de la fiche

- Comprendre la place et le rôle des parlementaires
- Maîtriser les règles relatives à la déontologie et aux incompatibilités des membres du Parlement
- Connaître l'étendue de la responsabilité des parlementaires

1. La déontologie

À l'Assemblée nationale, un Code de déontologie a été adopté par décision du bureau du 6 avril 2011. Il rappelle six principes à respecter : agir dans « *l'intérêt général* », en toute « *indépendance* », avec « *objectivité* », « *responsabilité* », « *probité* » et « *exemplarité* ». Depuis lors, un Déontologue de l'Assemblée nationale reçoit les déclarations d'intérêts des députés, les conseille sur toute situation délicate et alerte le bureau en cas de manquement.

Au Sénat, un Comité de déontologie du Sénat a été créé par un arrêté du bureau du 25 novembre 2009. Ses fonctions sont similaires à celles du Déontologue de l'Assemblée nationale. Ce n'est que depuis le 1er octobre 2018 que l'article 91 *bis* du règlement du Sénat dispose : « *Dans l'exercice de leur mandat, les sénateurs font prévaloir, en toutes circonstances, l'intérêt général sur tout intérêt privé. Ils veillent à rester libres de tout lien de dépendance à l'égard d'intérêts privés ou de puissances étrangères. Ils exercent leur mandat dans le respect du principe de laïcité et avec assiduité, dignité, probité et intégrité* ».

Enfin, la loi n° 2013-907 du 11 octobre 2013 relative à la transparence de la vie publique intéresse aussi les parlementaires (*cf.* fiche 12). La loi a consacré l'existence de « *l'organe chargé de la déontologie parlementaire* » à l'Assemblée nationale et au Sénat (art. 3). Si une simple loi peut imposer des obligations aux membres du Gouvernement, une loi *organique* est nécessaire en ce qui concerne les parlementaires (*cf.* art. 25 de la Constitution). C'est donc une loi *organique* n° 2013-906 du 11 octobre 2013 relative à la transparence de la vie publique qui prévoit à l'égard des parlementaires des obligations sensiblement identiques à celles des membres du Gouvernement (*cf.* art. L.O. 135-1 et 135-2 du Code électoral).

2. L'incompatibilité limitée

On ne reviendra pas sur l'article 23 de la Constitution qui interdit le cumul des fonctions parlementaires et gouvernementales (*cf.* fiche 12).

Un parlementaire peut poursuivre une activité professionnelle dans le secteur public ou privé. En revanche, les fonctions parlementaires sont incompatibles, d'une part, avec les fonctions de membre du Conseil constitutionnel (art. 57 de la Constitution), de Défenseur des droits (art. 71-1), de membre du Conseil économique, social et environnemental (art. L.O. 139 du Code électoral) et, d'autre part, avec un emploi de militaire (art. L. 46), de juge (art. L.O. 140), de fonctionnaire (art. L.O. 142) ou de dirigeant dans certains établissements publics nationaux et certaines entreprises publiques ou privées (art. L.O. 145 et 146). Enfin, un parlementaire ne peut exercer aucune fonction rémunérée par un État étranger ou une organisation internationale, telle que l'Organisation des Nations-Unies (art. L.O. 143). La loi organique n° 2017-1338 du 15 septembre 2017 pour la confiance dans la vie politique a par ailleurs renforcé les restrictions concernant l'exercice par un parlementaire d'activités de conseil et d'avocat (par ex., un parlementaire ne peut plus débuter une activité de conseil à compter de son élection).

Un parlementaire peut exercer d'autres mandats électoraux. Toutefois, d'une part, les fonctions parlementaires sont incompatibles avec d'autres mandats parlementaires ou des fonctions de suppléant d'un parlementaire (art. L.O. 137 à 138). D'autre part, un parlementaire peut cumuler son mandat avec un seul des mandats locaux suivants : conseiller régional ou départemental, conseiller municipal d'une commune de 1 000 habitants et plus (art. L.O. 141). La loi organique n° 2014-125 du 14 février 2014 a interdit le cumul des fonctions parlementaires avec des fonctions exécutives locales (par ex., président de région, président de département ou maire). Ces dispositions s'appliquent depuis le 31 mars 2017 (art. L.O. 141-1).

3. L'irresponsabilité et l'inviolabilité de principe

L'article 26 de la Constitution prévoit l'irresponsabilité et l'inviolabilité des parlementaires.

Les parlementaires ne sont pas responsables pour les opinions ou votes émis au Parlement. Autrement dit, ils ne peuvent pas être poursuivis pour de tels actes. En revanche, les parlementaires sont responsables des actes qu'ils accomplissent en dehors de leurs fonctions parlementaires (par ex., dans la vie privée).

Néanmoins, les parlementaires sont inviolables en matière de crime ou de délit. En aucun cas un parlementaire ne peut être arrêté ou privé de toute ou partie de sa liberté. L'objectif est d'éviter que les juges ne cherchent à intimider les membres du Parlement (ou ne soient poussés à les intimider). Par exception, l'inviolabilité ne joue pas : (i) si le bureau de la chambre à laquelle appartient le parlementaire accepte de la lever ; (ii) en cas de crime ou délit flagrant ; (iii) en cas de condamnation définitive par un juge.

Éléments d'approfondissement

- ANZIANI Alain, « La déontologie, condition de renouveau du Parlement », *Pouvoirs*, n° 146, 2013, pp. 93-105.
- BERGOUGNOUS Georges, « Le statut de parlementaire : de l'application souveraine à la souveraineté du droit », *RDP*, n° 1, 2002, pp. 340-362.
- MUYLLE Koen, « L'autonomie parlementaire à l'abri des droits de l'Homme », *RTDH*, n° 83, 2010, pp. 705-731.

Les indispensables

- Six principes déontologiques s'imposent à tout parlementaire : l'intérêt général, l'indépendance, l'objectivité, la responsabilité, la probité et l'exemplarité.
- La loi du 11 octobre 2013 a consacré l'existence d'un organe chargé de la déontologie parlementaire au sein de chaque chambre du Parlement.
- Au moment de leur élection, les parlementaires établissent un état de leur patrimoine et une déclaration d'intérêts et d'activités.
- Les parlementaires ne peuvent exercer certaines fonctions publiques, professionnelles, internationales et toute autre fonction parlementaire.
- À compter de 2017, les fonctions parlementaires deviendront incompatibles avec toute fonction exécutive locale.
- Les membres du Parlement ne sont pas responsables de leurs opinions ou votes émis au Parlement.
- L'inviolabilité des parlementaires en matière criminelle ou correctionnelle peut être levée.

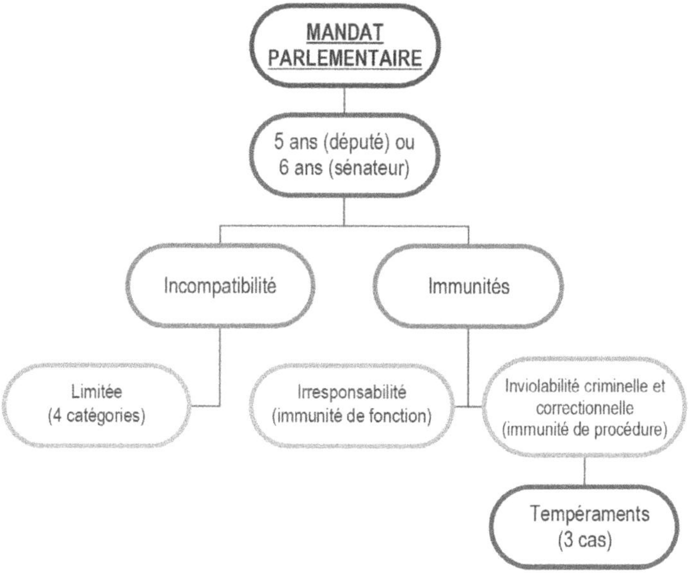

LES ÉLÉMENTS ESSENTIELS DU STATUT DU PARLEMENTAIRE

Fiche 16

Les missions et pouvoirs du Parlement

Les objectifs de la fiche

- Connaître les missions et les principaux pouvoirs des parlementaires
- Distinguer le rôle de l'Assemblée nationale et celui du Sénat
- Comprendre la place du Parlement par rapport au Gouvernement

1. Les missions du Parlement

Elles sont triples: voter la loi, contrôler le Gouvernement, évaluer les politiques publiques (art. 24 de la Constitution).

En France, comme dans la plupart des régimes parlementaires, le Gouvernement maîtrise bien souvent la procédure parlementaire, car il exerce une influence sur le Parlement. On stigmatise parfois le Parlement en le qualifiant de « godillot » pour critiquer sa tendance à voter en faveur de tout projet du Gouvernement et ne pas contrôler effectivement et efficacement son action. Il ne faut toutefois pas minorer l'action de certains députés ou groupes de députés d'opposition, notamment à l'occasion de commissions d'enquête (*cf. infra* n° 3).

Les missions de l'Assemblée nationale et du Sénat sont identiques. Mais les pouvoirs de l'Assemblée nationale sont plus importants (*cf. infra* n° 2 et 3).

2. Les pouvoirs relatifs au vote de la loi

La loi est le texte adopté par le Parlement qui fixe les règles générales et impersonnelles de la vie en Société.

Le Parlement ne peut pas légiférer sur tout sujet. Le domaine de la loi est limité à quatorze matières (par ex., les principes fondamentaux de l'enseignement). Les autres matières sont du domaine du pouvoir réglementaire (art. 34 et 37 de la Constitution), lequel appartient au Premier ministre (*cf.* fiche 13). En pratique, la Constitution est interprétée souplement. La loi peut donc couvrir un domaine plus étendu (*cf.* CC, 2 juillet 1965, *Régime de retraite des marins du commerce*, déc. n° 65-34 L).

En premier lieu, les propositions de loi (des parlementaires) et les projets de loi (du Gouvernement) sont examinés par une commission permanente de la chambre saisie du texte (art. 43 de la Constitution). Il y a huit commissions permanentes à l'Assemblée nationale et sept au Sénat (par ex., la commission des affaires économiques). En second lieu, le texte vient en séance plénière pour être voté par les parlementaires de la chambre concernée.

Une fois voté par une chambre (par ex., l'Assemblée nationale), la proposition ou le projet de loi suit le même circuit devant l'autre chambre (dans l'ex., le Sénat). Les deux chambres doivent parvenir à l'adoption d'un texte identique. La proposition ou le projet fait « la navette » entre les deux chambres tant qu'elles ne sont pas d'accord sur le texte. En cas de désaccord persistant, l'Assemblée nationale peut avoir le dernier mot après la réunion d'une commission composée de 7 députés et 7 sénateurs : la commission mixte paritaire (art. 45 de la Constitution).

3. Les pouvoirs relatifs au contrôle de l'action du Gouvernement

À titre collectif, les commissions permanentes peuvent créer des missions d'information sur une action du Gouvernement en vue de la publication d'un rapport. Des commissions d'enquête peuvent aussi être créées en vue d'apporter des informations, soit sur des faits déterminés, soit sur la gestion d'un service public. De son côté, la Cour des comptes assiste le Parlement, notamment par la publication de rapports d'information (art. 47-2 et 51-2 de la Constitution).

À titre individuel, un parlementaire peut interroger un membre du Gouvernement. Il peut poser une question écrite publiée au *Journal officiel de la République française* (*JORF*). La réponse, donnée en principe quelques mois plus tard, est également publiée au *JORF*. Une question orale peut être posée au cours de la séance des « questions d'actualité » qui a lieu au moins une fois par semaine. La réponse est donnée immédiatement (art. 48, al. 6, de la Constitution).

Seule l'Assemblée nationale peut renverser le Gouvernement, soit en désapprouvant le programme ou la déclaration de politique générale du Gouvernement, soit en adoptant une motion de censure (*cf.* art. 49 et 50 de la Constitution et schéma *infra*).

4. Les pouvoirs relatifs à l'évaluation des politiques publiques

Les commissions permanentes ou d'enquête ont aussi vocation à évaluer les politiques publiques (*cf. supra* n° 3). En outre, une résolution de l'Assemblée nationale du 27 mai 2009 a créé un Comité d'évaluation et de contrôle des politiques publiques (CEC). Le Comité peut effectuer toute évaluation de sa propre initiative ou à la demande d'une commission permanente de l'Assemblée nationale. Aucun organe équivalent n'existe au Sénat.

Toute institution, y compris le Gouvernement et l'Administration, peut être appelée par le Parlement à contribuer à l'évaluation des politiques publiques. Ainsi, en vue d'une évaluation *ex ante*, le Gouvernement doit fournir une étude d'impact sur tout projet de loi lorsqu'il le soumet au Parlement. La participation d'un prestataire privé à la rédaction de l'étude d'impact n'est pas contraire à la Constitution (CC, 20 décembre 2019, *Loi d'orientation des mobilités*, déc. n° 2019-794 DC, point 6). Le document doit comprendre un exposé précis de « *l'évaluation des conséquences économiques, financières, sociales et environnementales* » du projet de loi (art. 8 de la loi organique n° 2009-403 du 15 avril 2009). En vue d'une évaluation *ex post*, les lois prévoient souvent que le Gouvernement remet au Parlement avant une certaine date un rapport sur leur application. La Cour des comptes assiste le Parlement par la réalisation d'enquêtes sur la gestion de l'argent public (art. L. 132-5 du Code des juridictions financières).

Éléments d'approfondissement

- CAMBY Jean-Pierre, SERVENT Pierre, *Le travail parlementaire sous la Vᵉ République*, 5ᵉ éd., Montchrestien, Paris, 2011, 158 p.
- MATHIEU Bertrand, *La loi*, Dalloz, coll. Connaissance du droit, Paris, 2010, 138 p.
- TURK Pauline, *Le contrôle parlementaire en France*, LGDJ, coll. Systèmes, Paris, 2011, 256 p.

Les indispensables

- Le Parlement vote la loi, contrôle l'action du Gouvernement et évalue les politiques publiques.
- La loi est le texte adopté par le Parlement et promulgué par le Président de la République.
- La Constitution limite le domaine de la loi à quatorze matières.
- La « navette parlementaire » correspond à l'échange d'une proposition ou d'un projet de loi entre les deux chambres du Parlement tant que celles-ci ne parviennent pas à adopter un texte identique.
- Les parlementaires peuvent poser des questions écrites ou orales aux membres du Gouvernement.
- L'Assemblée nationale peut renverser le Gouvernement en désapprouvant le programme ou la déclaration de politique générale du Gouvernement ou en adoptant une motion de censure contre le Gouvernement.
- Le Gouvernement fournit une étude d'impact sur tout projet de loi lorsqu'il le soumet au Parlement.
- La Cour des comptes a notamment pour mission d'assister le Parlement dans le contrôle de l'action du Gouvernement et l'évaluation des politiques publiques.

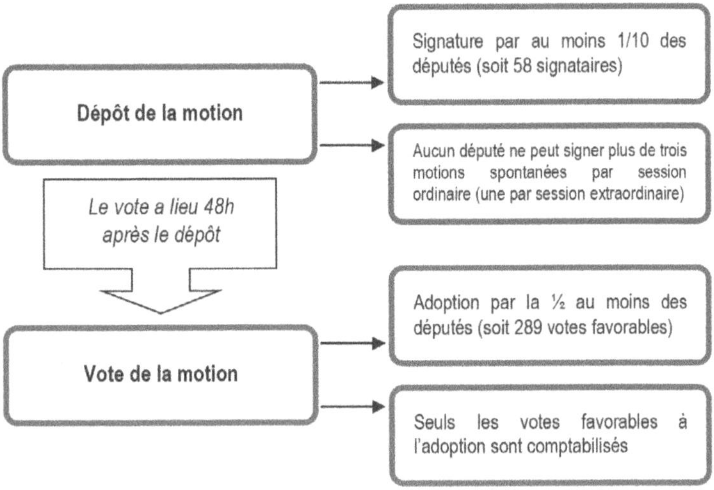

L'ADOPTION D'UNE MOTION DE CENSURE PAR L'ASSEMBLÉE NATIONALE

Dissertation

▶ Les droits de l'opposition parlementaire en France

Corrigé

L'opposition parlementaire est une garantie de la démocratie. Elle permet à une partie du peuple d'être reconnue dans ses opinions alors même qu'elles ne sont pas majoritaires. En effet, la démocratie, c'est-à-dire l'organisation sociale dans laquelle le peuple (*demos* en grec) commande (*cratos*), implique la participation de tous les citoyens à l'élaboration et à l'exécution de la loi. Dans les États où la population est nombreuse, la participation des citoyens s'effectue par l'intermédiaire de représentants. Ces représentants sont désignés à l'occasion d'élections qui se déroulent à intervalles réguliers. En France, les représentants du peuple sont les membres du Parlement. Ils sont en principe élus tous les cinq ans (les députés) ou six ans (les sénateurs). Les représentants du peuple sont généralement divisés en deux grands ensembles: la majorité, d'une part, l'opposition, d'autre part. Font partie de la majorité les membres d'une chambre du Parlement qui, tout en partageant la même sensibilité politique, sont les plus nombreux au sein de cette chambre.

Si dans certains États, comme au Royaume-Uni, l'opposition parlementaire est reconnue depuis longtemps, tel n'est pas le cas en France. Ce n'est que depuis la loi constitutionnelle du 23 juillet 2008 que l'article 51-1 de la Constitution reconnaît l'existence de l'opposition et ouvre la voie à la reconnaissance de droits spécifiques en sa faveur. Dans la période antérieure, l'opposition n'était pas dépourvue de tout droit. Mais ces droits étaient offerts à tous les parlementaires (de la majorité comme de l'opposition). Le Conseil constitutionnel refusait en effet que des différences soient faites entre les parlementaires, par exemple pour reconnaître des droits spécifiques à l'opposition (CC, 22 juin 2006, *Résolution modifiant le règlement de l'Assemblée nationale*, déc. n° 2006-537 DC, not. point 13). En même temps, la révision de 2008 ne constitue pas tant un point d'arrivée qu'un point de départ pour les droits de l'opposition parlementaire. Des progrès doivent en effet être réalisés pour que ces droits soient plus nombreux et, surtout, effectifs. En plus de son actualité, le thème de l'opposition parlementaire mérite qu'on s'y intéresse pour faire le point sur l'état des droits reconnus.

Des droits ont été historiquement (I) et récemment (II) reconnus en faveur de l'opposition, mais ces droits pourraient être plus approfondis qu'ils ne le sont (III).

I. Des droits historiquement reconnus en faveur de l'opposition parlementaire

A. Des droits d'expression politique

Les parlementaires de l'opposition peuvent critiquer l'action politique du Gouvernement par le bais d'interventions orales ou écrites. Trois procédés existent.

En premier lieu, l'opposition peut déposer une motion de censure (art. 49, al. 1er, de la Constitution). Le dépôt d'une motion est effectué par un dixième des membres de l'Assemblée nationale (58 députés). Mais la motion de l'opposition n'aboutit jamais au renversement du Gouvernement puisqu'il faut pour cela que la moitié des députés lui apportent leur vote favorable.

En deuxième lieu, les membres de l'opposition peuvent déposer des amendements en vue de modifier toute proposition ou tout projet de loi en discussion (art. 44, al. 1er, de la

Constitution). Cependant, comme pour la censure, l'adoption de l'amendement est soumise à la règle du vote à la majorité. Les chances d'adoption d'un amendement de l'opposition sont faibles lorsque la majorité ne partage pas son contenu.

Enfin, des questions orales ou écrites peuvent être posées au Gouvernement par les parlementaires de l'opposition (art. 48, al. 6, de la Constitution).

Ces droits d'expression politique sont complétés par des droits de contestation juridique.

B. Des droits de contestation juridique

L'opposition peut exercer des recours devant le Conseil constitutionnel pour critiquer une loi votée par la majorité sous l'impulsion, bien souvent, du Premier ministre ou du Président de la République. Depuis la loi constitutionnelle du 29 juillet 1974, 60 députés ou 60 sénateurs peuvent saisir le Conseil constitutionnel afin qu'il contrôle la constitutionnalité d'une loi votée par le Parlement (art. 61 de la Constitution). Depuis la loi constitutionnelle du 25 juin 1992, ce contrôle peut porter sur la constitutionnalité d'un traité international (art. 54 de la Constitution).

Dans la période antérieure à ces réformes, seuls le Président de la République, le Premier ministre et les Présidents des chambres parlementaires pouvaient saisir le Conseil constitutionnel. La consécration de ces droits a permis à l'opposition de s'exprimer à travers les requêtes déposées auprès du Conseil. Elle a aussi, et même surtout, permis de censurer totalement ou partiellement de nombreuses lois contraires à la Constitution.

Finalement, les droits historiquement reconnus en faveur de l'opposition parlementaire restaient limités à quelques droits d'expression politique et de contestation juridique. Mais des droits nouveaux lui ont été récemment reconnus.

II. Des droits récemment reconnus en faveur de l'opposition parlementaire

A. Des droits de participation

La révision constitutionnelle de 2008 a inséré dans la Constitution des droits de participation en faveur de l'opposition. L'ordre du jour d'une séance plénière par mois est désormais fixé par l'opposition au sein de chaque chambre. Cette disposition lui permet de discuter une proposition de loi, qui n'arriverait peut-être jamais en séance s'il fallait compter sur la volonté de la majorité (art. 48, al. 6, de la Constitution).

Depuis 2008, la Constitution autorise également les chambres à se doter d'une réglementation réservant des droits à l'opposition. À cet effet, les règlements de l'Assemblée nationale et du Sénat ont fait l'objet de modifications (résolution de l'Assemblée nationale n° 292 du 27 mai 2009 et résolution du Sénat n° 85 du 2 juin 2009). Des droits de participation ont été consacrés en faveur de l'opposition. L'article 47 du règlement de l'Assemblée nationale et l'article 29 du règlement du Sénat disposent désormais que la conférence des présidents de chaque chambre regroupe l'ensemble des présidents de groupe parlementaire, qu'ils soient de la majorité ou de l'opposition. Cette représentation permet à l'opposition de participer aux décisions de la conférence des présidents en ce qui concerne la détermination de l'ordre du jour de la chambre.

B. Des droits de contrôle

La révision de 2008 a aussi créé des droits de contrôle en faveur de l'opposition.

D'une part, chaque groupe politique de l'opposition a la faculté de demander, à raison d'une fois par session ordinaire, que soit créée une commission d'enquête parlementaire. La demande ne peut être rejetée que par un vote des 3/5 des membres de la chambre concernée. Le rôle d'une commission d'enquête n'est pas négligeable : « *recueillir [ ] des éléments d'information* » dans le cadre du contrôle de l'action du Gouvernement et de l'évaluation des politiques publiques (art. 51-2 de la Constitution).

D'autre part, l'attribution de la présidence de la commission permanente chargée des finances à un membre de l'opposition est consacrée par l'article 39, alinéa 3, du règlement de l'Assemblée nationale. Jusqu'à la réforme du règlement par la résolution n° 292 de 2009, cette attribution dépendait du bon vouloir de la majorité. Ainsi, de 2007 à 2012, la présidence de la commission des finances avait été confiée à Didier Migaud (député de gauche). Depuis 2012, la fonction est occupée par des députés de droite : Gilles Carrez (jusqu'en 2017) et Eric Woerth (depuis 2017).

Aucune disposition concernant la présidence d'une commission permanente par un membre de l'opposition n'a en revanche été inscrite dans le règlement du Sénat. On entrevoit que les droits de l'opposition parlementaire mériteraient d'être approfondis.

III. Des droits à approfondir en faveur de l'opposition parlementaire

A. Des droits à reconnaître

Des droits nouveaux pourraient être reconnus en faveur de l'opposition.

Plusieurs projets de réforme ont été évoqués. L'un d'eux mérite une attention particulière : le « Gouvernement de l'opposition ». Au Royaume-Uni, le « *shadow cabinet* », est reconnu par la loi depuis 1937. On le trouve également en Afrique-du-Sud, en Australie, au Canada et en Nouvelle-Zélande. À sa tête, le chef de l'opposition est le chef du parti arrivé en deuxième position lors des élections législatives. Les membres du « Gouvernement fantôme » (« *shadow ministers* ») ont chacun pour mission de surveiller un membre du Gouvernement. Des droits spécifiques leur sont attribués. En 2016-2017, le Premier ministre britannique de l'ombre, Jeremy Corbin, a perçu une rémunération annuelle de 49 191 £ (soit un peu plus de 57 000 €) en complément de sa rémunération de parlementaire (78 697 £, soit environ 92 000 €). Le Gouvernement de l'ombre dispose également d'un crédit de 17 jours de débats qui lui sont réservés chaque mois au sein de la Chambre des communes (l'équivalent de l'Assemblée nationale en France).

L'opposition au sein du Parlement français dispose quant à elle d'une seule journée mensuelle. En plus de la consécration de nouveaux droits, il apparaît déjà que les droits existants en faveur de l'opposition pourraient être rendus plus effectifs.

B. Des droits à rendre plus effectifs

L'effectivité des droits reconnus à l'opposition pourrait être améliorée.

En l'état, les droits de l'opposition ne lui permettent pas d'exercer un véritable contre-poids. L'opposition est souvent représentée en fonction de son seul poids politique, qui est nécessairement minoritaire. La majorité peut donc imposer sa volonté (parfois guidée par le Gouvernement ou le Président de la République). Pour être plus effectifs, certains droits de l'opposition devraient être exercés à parité avec la majorité.

Ainsi, l'élection du Bureau de l'Assemblée nationale « *a lieu en s'efforçant de reproduire la configuration politique de l'Assemblée* » (art. 10, al. 2, du règlement de l'Assemblée nationale). La même règle s'applique à la composition des commissions permanentes (art. 39, al. 2) et d'enquête (art. 143, al. 1er), mais aussi à celle du tout nouveau Comité d'évaluation et de contrôle des politiques publiques créé en 2009 (art. 146-2, al. 2).

Cependant, il faut reconnaître qu'au sein du Comité d'évaluation et de contrôle une des deux fonctions de rapporteur est réservée à un membre de l'opposition (art. 146-3, al. 3). Dans les commissions d'enquête, les fonctions de président « *ou* » de rapporteur sont attribuées à un membre de l'opposition (art. 143, al. 2).

PARTIE VII

Le Conseil constitutionnel

Fiche 17

La composition du Conseil constitutionnel

Les objectifs de la fiche

- Distinguer les différentes catégories de membre du Conseil constitutionnel
- Maîtriser les règles de nomination des conseillers constitutionnels
- Comprendre la place et le rôle du Président du Conseil constitutionnel

1. Les membres « nommés » du Conseil constitutionnel

Le Conseil constitutionnel compte neuf membres nommés (*cf.* art. 56, al. 1er, de la Constitution). Trois sont désignés par le Président de la République, trois par le Président du Sénat et trois par le Président de l'Assemblée nationale. Les membres nommés ont un mandat de neuf ans. Ce mandat n'est pas renouvelable. Le remplacement des membres nommés par de nouveaux membres est effectué par tiers (donc tous les trois ans). Le Président de la République et les présidents de chambre nomment chacun un membre tous les trois ans. Le roulement triennal assure le bon fonctionnement de l'institution et, notamment, la cohérence de la jurisprudence.

Les membres nommés sont souvent d'anciens élus (parlementaires), des hauts fonctionnaires et des juristes (professeurs, avocats, magistrats). Néanmoins, les nominations des membres du Conseil constitutionnel sont parfois critiquées pour leur manque de transparence et leur caractère politique. Le Conseil d'État estime qu'il n'est pas compétent en cas de recours contre la décision de nomination d'un membre (CE Assemblée, 9 avril 1999, *Ba*, *Rec.*, p. 124).

Pour répondre à ces critiques, la loi constitutionnelle du 23 juillet 2008 a modifié la procédure de nomination. Désormais, les nominations peuvent faire l'objet d'un veto de la commission de l'Assemblée nationale ou du Sénat compétente en matière de nominations. Le veto est acquis lorsque l'addition des votes négatifs de chaque commission représente au moins 3/5 des suffrages exprimés. Les nominations des présidents de chaque assemblée sont soumises au seul avis de la commission compétente de l'assemblée concernée. Dans les autres États européens, les assemblées parlementaires effectuent elles-mêmes la désignation des membres des cours constitutionnelles par un vote qui a souvent lieu à la majorité qualifiée (2/3 en Allemagne, 3/5 en Espagne).

2. Les membres « de droit » du Conseil constitutionnel

Certains membres du Conseil constitutionnel n'ont pas besoin d'être nommés et sont membres à vie du Conseil constitutionnel (*cf.* art. 56, al. 2, de la Constitution). Tous les anciens Présidents de la République sont membres de droit à partir du jour où ils quittent leurs fonctions présidentielles. Seul René Coty a siégé de façon permanente.

Les membres de droit sont réputés bien connaître le fonctionnement de l'État, ce qui justifie leur présence. Cependant, on le sait (*cf.* fiche 10), les anciens Présidents de la République ont influencé le vote de certaines lois ou affiché leurs opinions politiques, ce qui peut créer un doute, au moins en apparence, sur leur impartialité.

Lors de la campagne pour l'élection présidentielle de 2012, le candidat François Hollande avait promis de supprimer la catégorie des membres de droit. Un projet de loi constitutionnelle a été déposé à la présidence de l'Assemblée nationale le 14 mars 2013. Il est resté lettre morte. Au cours de la campagne pour l'élection de 2017, Emmanuel Macron avait fait la même promesse. Un projet a été déposé à la présidence de l'Assemblée en 2018, puis un autre encore en 2019. À suivre, mais une chose est certaine : la catégorie des membres « de droit » du Conseil constitutionnel est vouée à disparaître.

3. Le Président du Conseil constitutionnel

Le Président de la République nomme le Président du Conseil constitutionnel parmi les membres nommés et les membres de droit du Conseil constitutionnel (*cf.* art. 56, al. 3, de la Constitution). En pratique, il est toujours choisi parmi les membres nommés.

Le Président du Conseil constitutionnel exerce une certaine influence au sein du Conseil. En premier lieu, le Président choisit parmi les membres le rapporteur chargé de présenter le dossier aux autres membres du Conseil. En deuxième lieu, il préside les séances et, à ce titre, dirige les débats. En troisième lieu, le Président du Conseil constitutionnel a une voix prépondérante. En cas d'égalité entre les votes favorables et défavorables à un projet de décision, la voix du Président est prépondérante.

Enfin, un secrétaire général dirige les services administratifs du Conseil constitutionnel sous l'autorité du Président du Conseil constitutionnel. Le secrétaire général peut conseiller le Président et les autres membres au cours de la préparation des décisions. Bien qu'il ne soit pas membre du Conseil constitutionnel, on l'appelle parfois le « dixième membre nommé » en raison de l'influence qu'il est susceptible d'exercer sur les membres.

Éléments d'approfondissement

- Dossier « Réformer la composition du Conseil constitutionnel », *RD Assas*, n° 5, 2012, pp. 88-118.
- ETIEN Robert, « Le Président du Conseil constitutionnel », *RA*, n° 271, 1993, pp. 36-41.
- ROUSSEAU Dominique, « Pour un nouveau mode de désignation des membres du Conseil constitutionnel, Ultime plaidoirie », *JCP (G)*, n° 26, 2011, pp. 23-26.

Les indispensables

- Le Conseil constitutionnel est composé de neuf membres nommés et de membres de droit (les anciens Présidents de la République).
- Le Président de la République, le Président du Sénat et le Président de l'Assemblée nationale nomment chacun un membre tous les trois ans.
- Les commissions de l'Assemblée nationale et du Sénat compétentes en matière de nominations ont un droit de veto sur les nominations des membres (3/5).
- Le Conseil d'État estime qu'il n'est pas compétent en cas de recours contre la décision de nomination d'un membre.
- Les membres nommés ont un mandat de neuf ans; les membres de droit le sont à vie.
- Le Président du Conseil constitutionnel est nommé par le Président de la République parmi l'ensemble des membres.
- Le secrétaire général dirige les services administratifs du Conseil constitutionnel.

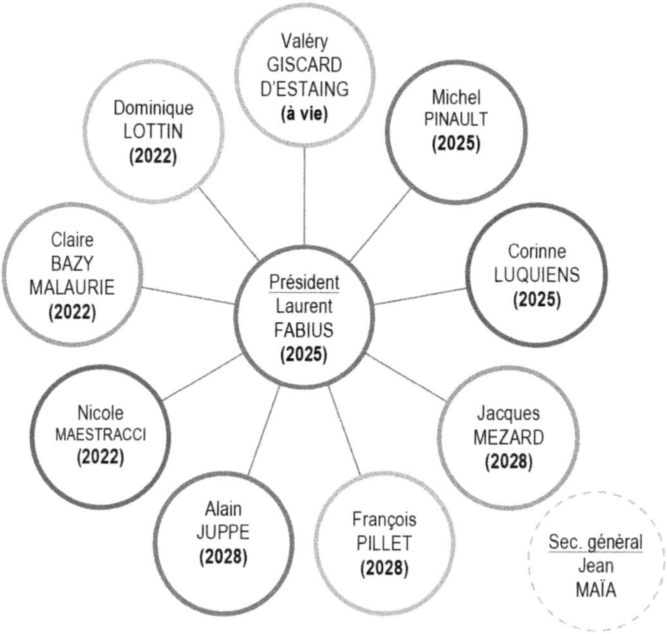

LA COMPOSITION DU CONSEIL CONSTITUTIONNEL

Fiche 18

Le statut des membres du Conseil constitutionnel

Les objectifs de la fiche

- Comprendre la place et le rôle des membres du Conseil constitutionnel
- Maîtriser les règles relatives à la déontologie et aux incompatibilités des conseillers constitutionnels
- Connaître l'étendue des droits des membres du Conseil constitutionnel

1. La déontologie

Les membres nommés prêtent serment devant le Président de la République au moment de leur nomination. Les membres de droit, anciens Présidents de la République eux-mêmes, sont exemptés de ce serment. Le contenu du serment est prévu par l'article 3 de l'ordonnance du 7 novembre 1958 portant loi organique sur le Conseil constitutionnel.

Tout d'abord, les conseillers «*jurent de bien et fidèlement remplir leurs fonctions* [...] *dans le respect de la Constitution*».

Ensuite, les membres sont tenus au secret. Ils ne doivent communiquer aucune information sur le contenu des dossiers et, en particulier, sur les votes des membres lors des séances, y compris leur propre vote.

Par ailleurs, les conseillers ont une obligation d'impartialité. Ils doivent exercer leurs fonctions de juge de façon objective.

Enfin, les membres ont une obligation de réserve. Ils doivent s'abstenir de prendre position en public ou en privé sur des questions relevant de la compétence du Conseil, par exemple sur une décision rendue ou susceptible d'être rendue. En 2005, Valéry Giscard d'Estaing et Simone Veil ont fait campagne en faveur du traité établissant une Constitution pour l'Europe.

2. L'incompatibilité limitée

L'article 57 de la Constitution et l'article 4 de l'ordonnance du 7 novembre 1958 prévoient que les fonctions de membre du Conseil constitutionnel sont incompatibles avec l'exercice:

- de tout mandat électoral (par ex., mandat européen, national ou local);
- de toute fonction publique et, plus généralement, de toute activité professionnelle indépendante ou salariée.

La Constitution et l'ordonnance disposent, en particulier, qu'un membre ne peut exercer les quatre fonctions suivantes : membre du Gouvernement ; Défenseur des droits ; membre du Conseil économique, social et environnemental ; avocat.

Lorsqu'une personne exerce un mandat ou une fonction incompatible et qu'elle est nommée au Conseil constitutionnel (par ex., un parlementaire devient membre du Conseil), elle est réputée avoir choisi les fonctions de conseiller constitutionnel si elle n'exprime pas une volonté contraire dans les huit jours suivant la publication de sa nomination. À l'inverse, les conseillers élus pour un mandat ou nommés à des fonctions incompatibles sont remplacés au sein du Conseil.

Les membres du Conseil constitutionnel peuvent toutefois se livrer à des travaux scientifiques, littéraires ou artistiques. À titre d'illustration, Valéry Giscard d'Estaing est membre de l'Académie française depuis 2003.

3. L'irresponsabilité, l'irrévocabilité, mais l'absence d'inviolabilité

Les membres du Conseil constitutionnel ont une protection statutaire plus importante que les membres du Gouvernement, mais moindre par rapport au Président de la République et aux parlementaires.

Bien que cette règle ne soit pas écrite, les membres du Conseil ne sont pas responsables des décisions qu'ils prennent en cette qualité. En revanche, les conseillers sont responsables des actes qu'ils accomplissent en dehors de leurs fonctions (par ex., dans la vie privée). Ils ne bénéficient d'aucune immunité sur ce point (par ex., une inviolabilité).

Les membres du Conseil sont irrévocables, c'est-à-dire que l'autorité qui les a nommés ne peut pas mettre fin à leurs fonctions (*cf.* fiche 17). Seuls les membres du Conseil sont compétents pour prononcer la démission d'office de l'un des leurs (art. 10 et 11 de l'ordonnance du 7 novembre 1958). La procédure peut être mise en œuvre dans les cas suivants :

- incompatibilité ;
- perte de jouissance des droits civils et politiques ;
- incapacité physique permanente empêchant définitivement l'exercice des fonctions.

La procédure n'a jamais été mise en œuvre. La pratique veut plutôt qu'un membre du Conseil démissionne spontanément lorsque les circonstances l'y incitent fortement. À titre d'illustration, le 23 mars 1999, le président du Conseil constitutionnel Roland Dumas, poursuivi pour complicité et recel d'abus de biens sociaux dans l'affaire « Elf Aquitaine », annonce dans un communiqué qu'il se met « *en congé* » du Conseil jusqu'à la fin des procédures judiciaires. Renvoyé devant le tribunal correctionnel le 8 février 2000, Roland Dumas démissionne du Conseil constitutionnel le 1er mars. Il sera condamné par le tribunal correctionnel de Paris en mai 2001 avant d'être finalement relaxé par la cour d'appel de Paris en janvier 2003.

Éléments d'approfondissement

- DEUMIER Pascale, « Le Conseil constitutionnel, juridiction impartiale et indépendante ? », *RTD Civ.*, n° 3, 2012, pp. 481-487.
- ROUSSILLON Henry, *Le Conseil constitutionnel*, 7e éd., Dalloz, coll. Connaissance du droit, Paris, 2011, 218 p.

Les indispensables

- Les membres du Conseil constitutionnel prêtent serment devant le Président de la République, à l'exception des membres de droit.
- Quatre obligations déontologiques s'imposent à tout conseiller constitutionnel : le respect de la Constitution ; le secret ; l'impartialité ; la réserve.
- Les fonctions de membre du Conseil constitutionnel sont incompatibles avec tout mandat électoral et toute activité professionnelle.
- Les conseillers constitutionnels peuvent se livrer à des travaux scientifiques, littéraires ou artistiques.
- Les membres du Conseil constitutionnel ne sont pas responsables des décisions qu'ils prennent en cette qualité.
- L'irrévocabilité des conseillers constitutionnels signifie que l'autorité qui les a nommés ne peut pas mettre fin à leurs fonctions.
- Un membre du Conseil constitutionnel peut être démis de ses fonctions par ses collègues dans des cas très précis.

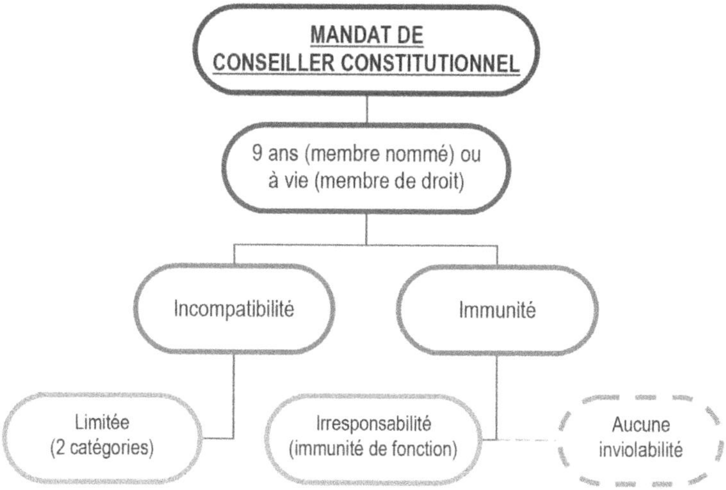

LES ÉLÉMENTS ESSENTIELS DU STATUT DU CONSEILLER CONSTITUTIONNEL

Fiche 19

Les missions et pouvoirs du Conseil constitutionnel

Les objectifs de la fiche

- Connaître les missions et principaux pouvoirs du Conseil constitutionnel
- Comprendre la place du Conseil constitutionnel par rapport au Parlement, au Gouvernement et au Président de la République
- Distinguer le rôle du Conseil constitutionnel et celui des autres juges

1. Les missions du Conseil constitutionnel

Le Conseil constitutionnel exerce des missions de contrôle juridique. Il apprécie si les normes juridiques sont correctement appliquées, mais ne porte aucune appréciation politique. Par exemple, il ne pourrait juger inconstitutionnelle une loi au seul motif qu'elle pourrait avoir des conséquences négatives d'un point de vue économique, social ou environnemental. Autrement dit, le Conseil ne détient pas « *un pouvoir général d'appréciation et de décision identique à celui du Parlement* » (CC, 15 janvier 1975, *Loi relative à l'IVG*, déc. n° 74-54 DC). Les décisions du Conseil résultent d'un vote des membres présents lors de la séance. Sept membres doivent être présents pour que le Conseil puisse délibérer. Les décisions sont publiées au *Journal officiel de la République Française* (*JORF*) et ne sont pas susceptibles de recours.

2. Le contrôle *a priori* de constitutionnalité des traités et des lois

Avant qu'un traité ne soit ratifié, sa conformité à la Constitution peut être contrôlée par le Conseil constitutionnel (art. 54 de la Constitution). Il en est de même pour les lois avant leur promulgation (art. 61).

Le Conseil constitutionnel ne peut pas s'autosaisir. Il doit être saisi par le Président de la République, le Premier ministre, le Président de l'Assemblée nationale, le Président du Sénat, 60 députés ou 60 sénateurs. Toutefois, le Conseil constitutionnel est obligatoirement saisi (i) des lois organiques, (ii) des règlements des chambres parlementaires (avant mise en application) et, enfin, (iii) des propositions de loi à l'initiative de 20 % des parlementaires, soutenues par 10 % des citoyens électeurs, prévues par l'article 11, alinéa 3, de la Constitution (avant soumission au référendum).

Le traité contraire à la Constitution ne peut être ratifié qu'après une révision de la Constitution (*cf.* CC, 9 avril 1992, *TUE*, déc. n° 92-308 DC). La loi contraire à la Constitution ne peut pas être promulguée. Le Président de la République peut demander au Parlement une nouvelle délibération pour remédier à l'inconstitutionnalité de la loi.

3. Le contrôle *a posteriori* de constitutionnalité des lois

Après promulgation d'une loi, tout justiciable peut poser une question prioritaire de constitutionnalité (QPC) à l'occasion d'un procès (art. 61-1 de la Constitution).

Le Conseil constitutionnel n'est pas saisi directement par le justiciable. Le juge devant-lequel a lieu le procès doit saisir le Conseil d'État s'il s'agit d'un procès administratif ou la Cour de cassation s'il s'agit d'un procès judiciaire. La QPC est transmise au Conseil constitutionnel à trois conditions : (i) la loi est applicable au litige ; (ii) elle n'a jamais été déclarée conforme à la Constitution ; (iii) la question de constitutionnalité est sérieuse ou nouvelle. L'objectif de ce filtrage est d'éviter l'encombrement du Conseil constitutionnel. Il permet aussi au Conseil d'État et à la Cour de cassation de contrôler les questions posées.

La loi contraire à la Constitution est abrogée dès la publication de la décision du Conseil constitutionnel ou à une date ultérieure fixée par cette décision.

4. Le contrôle des élections et des référendums nationaux

Le Conseil constitutionnel veille à la régularité des élections présidentielle (*cf.* fiche 8) et parlementaires (*cf.* fiche 14), ainsi qu'à la régularité des référendums nationaux (art. 11 et 89 de la Constitution). L'article 46 de l'ordonnance du 7 novembre 1958 prévoit que le Conseil est consulté par le Gouvernement sur l'organisation du référendum. Le Conseil s'estime compétent pour contrôler la régularité des actes préparatoires, tels que le décret décidant de soumettre un projet de loi au référendum, le décret concernant l'organisation du référendum ou le décret relatif à la campagne référendaire (CC, 25 juillet 2000, *Hauchemaille*, déc. n° 2000-21 REF). En revanche, le Conseil ne contrôle pas la constitutionnalité de la loi adoptée par référendum (CC, 23 septembre 1992, *Loi autorisant la ratification du TUE*, déc. n° 92-313 DC). Enfin, le Conseil proclame les résultats du scrutin référendaire (art. 60 de la Constitution).

5. Le contrôle du Parlement, du Gouvernement et du Président de la République

Le Conseil constitutionnel exerce d'autres contrôles dans des cas très précis.

i. Le Conseil est chargé de constater l'empêchement du Président de la République (art. 7, al. 4, de la Constitution).
ii. Il est consulté par le Président de la République dans le cadre des pouvoirs exceptionnels de l'article 16 de la Constitution.
iii. Le Conseil veille à la protection du domaine du règlement par rapport au domaine de la loi (art. 41 de la Constitution).

Éléments d'approfondissement

- Actes de colloque, « La QPC, une question pour la démocratie », *JCP (G)*, n° 29-34 (supplément), 2013, 40 p.
- FATIN-ROUGE Marthe, *Le contrôle du référendum par la justice constitutionnelle*, Thèse Aix-Marseille, PUAM, Paris, 2004, 381 p.

Les indispensables

- Les contrôles exercés par le Conseil constitutionnel ont une nature juridique et non politique.
- Les décisions du Conseil constitutionnel ne sont pas susceptibles de recours devant le juge administratif ou le juge judiciaire.
- Avant leur ratification ou leur promulgation, seuls le Président de la République, le Premier ministre, le Président d'une chambre parlementaire, 60 députés ou 60 sénateurs peuvent déférer un traité ou une loi au Conseil constitutionnel.
- Après la promulgation d'une loi, tout justiciable peut, sous certaines conditions, demander au Conseil constitutionnel d'examiner la constitutionnalité de cette loi.
- Le Conseil constitutionnel veille à la régularité des opérations référendaires, mais ne contrôle pas la constitutionnalité de la loi adoptée par référendum.
- L'empêchement du Président de la République est constaté à la majorité absolue des membres qui composent le Conseil constitutionnel.
- Le Président de la République consulte le Conseil constitutionnel avant de mettre en œuvre les pouvoirs exceptionnels de l'article 16 de la Constitution.
- Le Conseil constitutionnel départage le Parlement et le Gouvernement en cas de litige sur les frontières entre le domaine de la loi et le domaine du règlement.

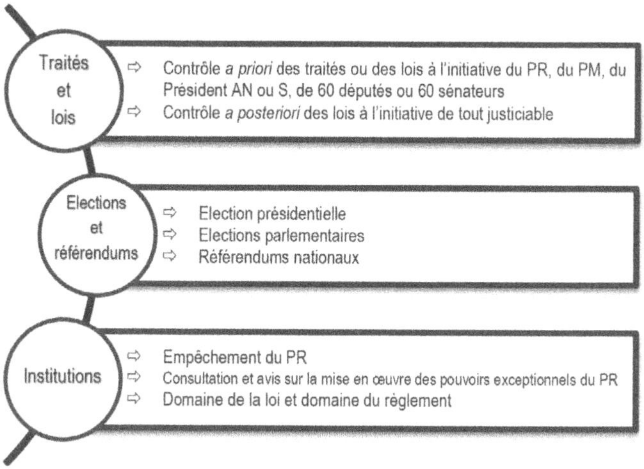

LES CONTRÔLES EXERCÉS PAR LE CONSEIL CONSTITUTIONNEL

Dissertation

▶ **Le Conseil constitutionnel est-il un juge constitutionnel ?**

Corrigé

Un an après l'entrée en vigueur de la question prioritaire de constitutionnalité (QPC), « *La Constitution est désormais l'affaire des citoyens* » indiquait Jean-Louis Debré dans un entretien accordé au journal *Le Monde* publié les 7 et 8 mars 2011. Le président du Conseil constitutionnel précisait qu'elle était auparavant « *l'affaire des politiques, pas des citoyens* ». En effet, avant la création de la QPC, les citoyens ne pouvaient pas saisir le Conseil constitutionnel au cas où ils soupçonnaient une loi de violer la Constitution. Seuls le Président de la République, le Premier ministre, le Président de l'Assemblée nationale ou du Sénat et 60 députés ou 60 sénateurs pouvaient critiquer la constitutionnalité d'une loi avant sa promulgation (art. 61 de la Constitution). Avec la QPC, les citoyens peuvent eux-mêmes saisir le Conseil constitutionnel pour qu'il contrôle la constitutionnalité d'une loi après sa promulgation. Et pas que les citoyens d'ailleurs. La Constitution dispose que le Conseil peut être saisi « *à l'occasion d'une instance en cours devant une juridiction* ». Ainsi, la Constitution ne limite pas la faculté de saisine aux seuls citoyens. Le texte constitutionnel est aussi l'affaire plus générale des justiciables (art. 61-1 de la Constitution).

Cependant, arrivé devant le Conseil constitutionnel, le justiciable auteur d'une QPC a-t-il toujours affaire à un véritable juge ? Par définition, un juge est une autorité établie par la loi chargée de trancher des litiges en appliquant les règles de droit. Apparemment, le Conseil constitutionnel est un juge puisque la Constitution lui assigne de trancher des litiges concernant la constitutionnalité des lois en appliquant le droit constitutionnel.

En revanche, et le traitement du sujet laissera de côté ces pouvoirs, le Conseil constitutionnel n'est un juge constitutionnel que dans le cadre du contrôle d'un traité ou d'une loi au regard de la Constitution. À titre d'illustration, le Conseil n'est pas un juge constitutionnel lorsqu'il contrôle les scrutins présidentiels, parlementaires et référendaires. Il est « *juge de l'élection* ». Les pouvoirs du Conseil sont, certes, prévus par la Constitution. Toutefois, ils n'habilitent pas le Conseil à exercer un contrôle de constitutionnalité à cette occasion (CC, 21 octobre 1988, *Élection législative dans le Val-d'Oise*, déc. n° 88-1082/1117 AN, point 3).

Un juge doit apporter certaines garanties aux justiciables. L'article 6, paragraphe 1, de la Convention européenne de sauvegarde des droits de l'Homme et des libertés fondamentales en énonce quatre : (i) une audience publique (sauf circonstances particulières) ; (ii) un jugement dans un délai raisonnable ; (iii) l'indépendance et l'impartialité du juge ; (iv) un jugement rendu publiquement.

Le Conseil constitutionnel remplit les critères de définition pour être qualifié de juge dans le cadre du contrôle de constitutionnalité. Mais des garanties doivent encore être apportées aux justiciables afin que le Conseil soit pleinement un juge constitutionnel.

Il apparaît en effet que le Conseil constitutionnel a des attributs lui donnant la qualité de juge constitutionnel (I), mais que des éléments lui manquent pour être pleinement un juge (II).

I. Les attributs donnant au Conseil constitutionnel la qualité de juge

A. Le contrôle *a posteriori* de constitutionnalité des lois (la QPC)

Après leur promulgation par le Président de la République, les lois peuvent faire l'objet d'un contrôle de constitutionnalité à la demande de tout justiciable engagé dans un procès devant le juge judiciaire ou administratif. Il s'agit de la QPC prévue à l'article 61-1 de la Constitution et issue de la loi constitutionnelle du 23 juillet 2008.

La loi organique du 10 décembre 2009 relative à l'application de l'article 61-1 de la Constitution précise la procédure applicable à la QPC. Il ressort des dispositions de cette loi organique que la QPC est un contrôle effectué par un juge, en raison notamment des garanties apportées aux justiciables :

- « *Le Conseil constitutionnel statue dans un délai de trois mois à compter de sa saisine* » ;
- « *Les parties sont mises à même de présenter contradictoirement leurs observations* » ;
- « *L'audience est publique, sauf* [...] *cas exceptionnels* » ;
- « *La décision du Conseil constitutionnel est publiée au* Journal officiel ».

Outre ces garanties apportées aux justiciables dans le cadre de la QPC, le statut des membres du Conseil constitutionnel apporte également des garanties.

B. Le statut des membres du Conseil constitutionnel

Le statut des Conseillers constitutionnels apporte des garanties d'indépendance et d'impartialité aux justiciables. L'article 3 de l'ordonnance du 7 novembre 1958 prévoit que les membres du Conseil prêtent serment. À ce titre, les Conseillers jurent d'exercer leurs fonctions « *en toute impartialité* » et « *de ne prendre aucune position publique* ». Cette dernière obligation, d'après l'article 7, est de nature à « *garantir l'indépendance* » des Conseillers. Elle implique, en outre, que les membres du Conseil respectent le secret du délibéré, ce qui est un devoir généralement applicable aux magistrats (par ex., aux juges judiciaires et administratifs).

En outre, les membres du Conseil constitutionnel ont généralement occupé d'importantes fonctions qui leur ont donné des réflexes d'indépendance. Les membres nommés sont généralement d'anciens magistrats, professeurs, avocats ou hauts-fonctionnaires. Ces professions impliquent des qualités d'indépendance.

Pour améliorer les garanties d'indépendance et d'impartialité, l'article 4 de l'ordonnance prévoit que les fonctions de membre du Conseil sont incompatibles avec toute une série de fonctions ou d'activités. En particulier, un Conseiller constitutionnel ne peut exercer, ni fonction publique, ni aucune autre activité professionnelle.

Si le Conseil constitutionnel apparaît comme un véritable juge constitutionnel lorsque l'on s'intéresse à la QPC et au statut des membres du Conseil, le constat est plus nuancé en ce qui concerne les autres contrôles de constitutionnalité et la nomination des membres.

II. Les éléments manquant au Conseil constitutionnel pour être pleinement un juge

A. Le contrôle *a priori* de constitutionnalité des traités et des lois

Contrairement au contrôle de constitutionnalité des lois après promulgation (la QPC), le contrôle des lois avant promulgation ou des traités avant ratification (contrôle *a priori*) est dépourvu de certaines garanties. Certes, l'article 61 de la Constitution prévoit un jugement dans un délai raisonnable (un mois, voire huit jours sur demande du Gouvernement en cas d'urgence). Mais ni la Constitution, ni l'ordonnance du 7 novembre 1958 ne prévoient une audience publique ou un échange contradictoire entre les personnes intéressées par la procédure de contrôle *a priori*. Cependant, depuis l'annonce faite par un communiqué du 24 mai 2019, le Conseil constitutionnel rend publiques les contributions extérieures (auteur et contenu) qu'il reçoit dans le cadre du contrôle *a priori* des lois. Mais qu'en est-il du contrôle des traités ?

Le développement de la publicité et du contradictoire devrait se poursuivre. En effet, les décisions rendues dans le cadre du contrôle *a priori* sont susceptibles de faire jurisprudence. Elles peuvent être invoquées pour rejeter une QPC déposée par un justiciable à l'occasion d'un procès devant le juge judiciaire ou administratif. Il est donc regrettable que les décisions du contrôle *a priori* ne soient toujours pas rendues dans les mêmes conditions que les décisions rendues sur QPC.

Outre ces insuffisances du contrôle *a priori*, la nomination et l'absence de nomination des membres du Conseil constitutionnel sont discutables.

B. La nomination (ou non) des membres du Conseil constitutionnel

Le Conseil constitutionnel n'est pas un juge comme les autres lorsque l'on s'intéresse :

- aux autorités de nomination de ses membres ;
- aux membres nommés ;
- et, enfin, aux autres membres qui ne sont pas nommés (les membres de droit).

En effet, les autorités de nomination des membres du Conseil sont des autorités politiques (Président de la République, Président de l'Assemblée nationale ou Président du Sénat). Leurs nominations ne sont soumises à aucun critère, par exemple en ce qui concerne la compétence des membres nommés. Le Conseil d'État ne contrôle pas ces nominations (CE Assemblée, 9 avril 1999, *Ba*, *Rec.*, p. 124). Il faut bien admettre que le caractère non renouvelable du mandat des membres les dissuade de chercher à plaire aux autorités de nomination (*cf.* art. 56 de la Constitution). Les Conseillers constitutionnels sont par ailleurs irrévocables. Cependant, plusieurs nominations ont défrayé la chronique en raison de la proximité politique de l'autorité de nomination et du conseiller nommé. Certes, comme l'a indiqué Robert Badinter, ancien Président du Conseil constitutionnel, les membres ont un « devoir d'ingratitude » qu'ils exerceraient à l'égard de ceux qui les ont nommés. Toutefois, l'invocation de ce devoir est plutôt une sorte d'aveu de l'existence d'un problème autour des nominations. En outre, personne ne peut réellement contrôler le respect de ce devoir.

La révision constitutionnelle de 2008 a tenté d'améliorer la procédure de nomination. Les membres nommés sont désormais préalablement auditionnés par une commission de l'Assemblée nationale (nomination du Président de l'Assemblée nationale), une commission du Sénat (Président du Sénat) ou par ces deux commissions (Président de la République). L'existence de cette audition est de nature à modérer politiquement le choix des autorités de nomination. Toutefois, la proposition de l'autorité de nomination doit être rejetée par 3/5 des membres de la ou des commissions. Une telle condition de majorité est difficile à atteindre.

Enfin, l'existence même de membres de droit du Conseil constitutionnel, les anciens Présidents de la République, est discutée depuis longtemps. Au moment de leur élection, les Présidents sont soutenus par un ou plusieurs partis politiques. Au cours de leur mandat, outre ce soutien, les Présidents affichent souvent une orientation politique. Tant et si bien qu'en fin de mandat ils demeurent marqués politiquement.

PARTIE VIII

L'administré

Fiche 20

Le statut de l'administré

Les objectifs de la fiche

- Maîtriser la définition de la notion d'administré
- Connaître les enjeux du statut d'administré
- Situer la place et le rôle de l'administré par rapport à l'Administration

1. La notion d'administré

L'administré est toute personne soumise aux pouvoirs de l'Administration en raison de sa seule présence sur le territoire de l'État.

Il faut distinguer la notion d'administré par rapport à celle, plus étroite, d'usager. L'administré est un usager lorsqu'il bénéficie d'une prestation de service public (par ex., les transports publics, les théâtres municipaux, l'enseignement public). En cette qualité, l'usager est soumis à un statut spécifique (*cf.* fiche 33). Mais tous les administrés ne bénéficient pas d'une prestation de service public (par ex., les contribuables des impôts, les prévenus en justice, les détenus en prison).

Il faut distinguer la notion d'administré par rapport à celle, plus étroite encore, de citoyen. L'administré est un citoyen lorsqu'il a la nationalité de l'État. En cette qualité, le citoyen est soumis à un statut spécifique qui lui confère, notamment, des droits que les administrés n'ont pas (*cf.* fiche 7). Mais tous les administrés ne sont pas des citoyens (par ex., les étrangers en situation régulière ou irrégulière).

2. Les rapports de l'Administration avec les administrés

L'Administration domine les administrés pour une raison essentielle qui est d'ordre sociologique : l'Administration a un pouvoir important et, en tout cas, plus important que celui de n'importe quel administré. En outre, l'Administration est dotée d'agents qui travaillent à son service. En comparaison, lorsque l'administré s'adresse à l'Administration, il est généralement seul.

À titre d'illustration, l'Administration de l'économie et des finances, qui a son siège dans la « forteresse » de Bercy, exerce son pouvoir sur l'ensemble des administrés (plus de 66 millions d'individus et environ 5 à 6 millions d'entreprises et d'associations) et sur tout le territoire de l'État (600 000 km^2 environ). Elle est l'un des plus gros employeurs de l'État (près de 130 000 agents en 2020). Ainsi que l'a écrit un ancien ministre de l'Économie et des finances, « *C'est donc une administration nombreuse, hiérarchisée, couvrant l'ensemble du territoire, capable* [...] *de percevoir l'impôt et d'en contrôler l'utilisation qui donne sa force première à Bercy*» (SAPIN Michel, «Le vrai pouvoir de Bercy», *Pouvoirs*, n° 68, 1994, p. 56).

Pour rééquilibrer les rapports entre l'Administration et les administrés, des textes juridiques et des décisions du Conseil d'État sont venus conférer des droits à l'administré. Ces droits diminuent la faiblesse de l'administré par rapport à l'Administration.

3. L'évolution du statut de l'administré

Jusqu'au XIXe siècle, l'administré avait pour fonction essentielle d'obéir à l'Administration. On le qualifiait de «sujet» ou d'«assujetti». En cette qualité, l'administré ne disposait d'aucun droit, sauf ceux que l'Administration voulait bien lui reconnaître.

À partir du milieu du XIXe siècle, des prestations de service public vont être proposées à l'administré. On le qualifie alors d'«usager». En cette qualité d'usager, l'administré bénéficie de nouveaux droits qu'il peut opposer au gestionnaire du service public, tels que le bon fonctionnement du service, l'égalité devant le service et la mutabilité du service (*cf.* fiche 33).

Depuis la fin du XXe siècle, des droits sont reconnus à l'administré indépendamment de toute prestation de service public. Ainsi, même le détenu en prison peut désormais critiquer certaines mesures administratives le concernant (*cf.* CE Assemblée, 14 décembre 2007, *Boussouar*, *Rec.*, p. 495). La loi n° 2000-321 du 12 avril 2000 a consacré le statut désormais plus privilégié de l'administré. Cette loi est relative aux «droits» des «citoyens» dans leurs «relations» avec l'Administration. Ainsi, elle tend à faire de l'administré un citoyen titulaire de droits vis-à-vis de l'Administration. Cette qualification n'est pas sans perturber un peu plus la définition de la notion de citoyen (*cf.* fiche 6).

Quoi qu'il en soit, le statut de l'administré-citoyen est bien loin de celui de l'administré-assujetti d'antan.

Éléments d'approfondissement

- BOURDON Pierre, «L'administré au cœur de la stratégie de lutte contre le covid-19», *AJDA*, 2020, p. 969.
- CHEVALLIER Jacques, «La transformation de la relation administrative: mythe ou réalité?», *D.*, 2000, D., pp. 575-584.
- DARNOUX Roland, *L'évolution du statut de l'administré en droit administratif français*, Thèse Lyon 3, 1992, 214 p.
- DUMONT Gilles, *La citoyenneté administrative*, Thèse Paris 2, 2002, 749 p.
- SPANOU Calliope, *Citoyens et Administration: les enjeux de l'autonomie et du pluralisme*, L'Harmattan, coll. Logiques politiques, Paris, 2003, 270 p.

Les indispensables

- L'administré est la personne soumise aux pouvoirs de l'Administration du seul fait de sa présence sur le territoire de l'État.
- Un usager est un administré bénéficiant d'une prestation de service public.
- Un citoyen est un administré qui a la nationalité de l'État.
- L'Administration domine l'administré en raison de l'importance de ses pouvoirs.
- Les pouvoirs de l'Administration s'exercent en principe sur l'ensemble des administrés situés sur le territoire de l'État.
- Des droits ont été conférés aux administrés pour rééquilibrer leurs rapports avec l'Administration.
- En raison du développement de ses droits, le statut de l'administré se rapproche de celui du citoyen.

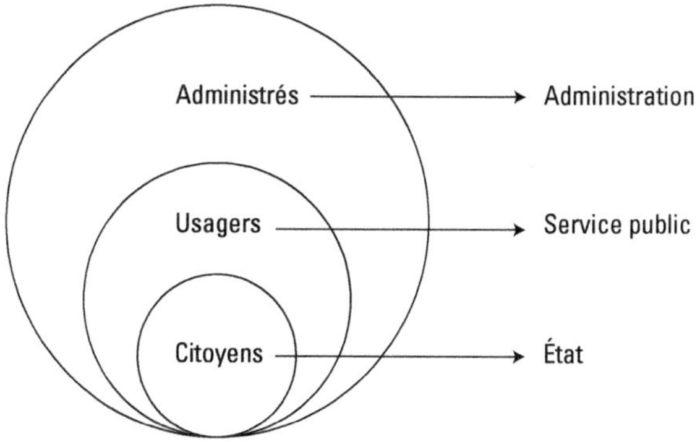

LES RAPPORTS DES ADMINISTRÉS, DES USAGERS ET DES CITOYENS

Fiche 21

Les pouvoirs de l'administré

Les objectifs de la fiche

- Distinguer les sources, notamment les textes, concernant les pouvoirs de l'administré
- Connaître le contenu des droits et devoirs des administrés
- Comprendre les droits et devoirs de l'administré

1. Les sources des pouvoirs de l'administré

Les pouvoirs de l'administré sont des droits limités par des devoirs. Formellement, les sources des pouvoirs de l'administré sont identiques à celles du citoyen (Constitution, traités, lois, décrets, décisions de justice). Cependant, à l'intérieur de ces sources, les dispositions concernant les administrés ne sont pas nécessairement les mêmes que celles relatives aux citoyens.

Au niveau constitutionnel, les trois textes cités dans le préambule de la Constitution de 1958 (la déclaration de 1789, le préambule de 1946 et la charte de l'environnement de 2004) traitent notamment des pouvoirs de l'administré.

Au niveau international, outre les textes déjà cités à propos des citoyens (*cf.* fiche 7), on peut mentionner ici le Pacte international relatif aux droits économiques, sociaux et culturels de 1966 (PIDESC) ou la Convention internationale des droits de l'enfant de 1989 (CIDE).

Aux niveaux législatif et réglementaire, des pouvoirs de l'administré figurent dans la loi n° 78-753 du 17 juillet 1978 relative à l'accès aux documents administratifs et la loi n° 79-587 du 11 juillet 1979 relative à la motivation des actes administratifs. Ces textes ont été réunis avec d'autres dans le Code des relations entre le public et l'Administration (CRPA) entré en vigueur le 1er janvier 2016.

Enfin, les décisions de justice forment une source importante des pouvoirs de l'administré. Les textes juridiques sont parfois muets sur les règles applicables aux administrés. Le juge administratif comble le vide juridique grâce, notamment, à la technique des principes généraux du droit (PGD). Les PGD sont des règles de droit consacrées par le juge et applicables sans texte. Si tous ne les concernent pas, nombreux sont quand même les PGD relatifs aux droits et devoirs des administrés (*cf.* tableau *infra*).

2. Les droits essentiels de l'administré

D'une part, l'administré dispose d'un droit à l'information :

- le droit de consulter les documents administratifs sur demande auprès de l'Administration (loi du 17 juillet 1978 codifiée au CRPA, art. L. 300-1 et s.) ;

– le droit d'être informé des motifs d'une décision sur demande auprès de l'Administration, et sinon sur demande auprès du juge administratif (en ce sens, CE Assemblée, 28 mai 1954, *Barel*, *Rec.*, p. 308) ;
– le droit d'être informé des motifs de certaines décisions par ces mêmes décisions, par exemple lorsqu'il s'agit d'une mesure de police, d'une sanction ou d'une autorisation donnée sous conditions (loi du 11 juillet 1979 codifiée au CRPA, art. L. 211-2 et s.).

L'administré dispose, d'autre part, de droits de participation :
– le droit d'être consulté sur les projets de décision les plus importants (*cf.* not. art. 7 de la charte de l'environnement de 2004) ;
– le droit de présenter des observations avant toute décision motivée au sens de l'article L. 211-2 précité du CRPA (art. 24 de loi du 12 avril 2000 codifié au CRPA, art. L. 121-1) ;
– le droit de se défendre contre un projet de sanction le concernant (CE Section, 5 mai 1944, *Trompier-Gravier*, *Rec.*, p. 133).

Par ailleurs, la loi et la jurisprudence reconnaissent des droits aux administrés dans des domaines précis. Ainsi, la loi n° 2007-290 du 5 mars 2007 a instauré un « *droit au logement opposable* » qui garantit à l'administré un logement décent et indépendant.

3. Le devoir essentiel de l'administré

L'administré doit obéir à l'Administration.

En ce sens, l'article 7 de la déclaration de 1789 prévoit que tout administré « *appelé ou saisi en vertu de la loi doit obéir à l'instant : il se rend coupable par la résistance* ». Corollairement, le Conseil d'État a affirmé que le « *caractère exécutoire* » d'une décision de l'Administration est « *la règle fondamentale du droit public* » (CE Assemblée, 2 juillet 1982, *Huglo*, *Rec.*, p. 258). Ainsi, lorsque l'Administration prend une décision exécutoire (par ex., une sanction), l'administré qui en est le destinataire doit l'exécuter immédiatement. Cette obligation vaut même si l'administré conteste la légalité de la décision et qu'il dépose à cette fin un recours en annulation devant le juge administratif (*cf.* fiche 30).

En droit privé, lorsqu'une personne privée prend une décision, l'individu qui en est le destinataire n'est pas tenu de l'exécuter immédiatement, sauf s'il s'y est préalablement engagé par le biais d'un contrat (par ex., le contrat de travail organise la soumission du salarié aux ordres de son employeur).

Éléments d'approfondissement

– FOULQUIER Norbert, *Les droits publics subjectifs des administrés*, Thèse Paris 1, Dalloz, coll. NBT, Paris, 2003, XVIII-805 p.
– MERINO Muriel, *L'obligation d'informer dans l'action administrative*, Thèse Aix-Marseille, PUAM, Aix-en-Provence, 2006, 381 p.
– SALON Serge, SAVIGNAC Jean-Charles, *Le citoyen et l'administration*, Berger-Levrault, Paris, 2006, 287 p.

Les indispensables

- Les administrés ont des droits et des devoirs inscrits dans la Constitution, les textes internationaux, les lois et les décrets.
- Les PGD sont des règles de droit consacrées par le juge et applicables sans texte.
- Le juge administratif peut énoncer un PGD pour combler un vide juridique concernant les règles applicables aux administrés.
- Les droits essentiels de l'administré sont le droit à l'information sur l'action administrative et le droit à la participation à l'action administrative.
- L'administré a le devoir essentiel d'exécuter immédiatement les décisions de l'Administration dont il est destinataire : elles sont exécutoires.
- Le caractère exécutoire d'une décision administrative est la règle fondamentale du droit public.

Principes généraux du droit	Décisions du Conseil d'État
Liberté du commerce et de l'industrie	CE Assemblée, 22 juin 1951, *Daudignac, Rec.*, p. 362
Égalité devant l'impôt	CE Assemblée, 22 février 1974, *AMF, Rec.*, p. 136
Égalité devant les charges publiques	CE Assemblée, 7 février 1958, *Syndicat des propriétaires de forêts de chênes-lièges d'Algérie*, *Rec.*, p. 74
Droit des étrangers de mener une vie familiale normale	CE Assemblée, 8 décembre 1978, *GISTI, CFDT et CGT*, *Rec.*, p. 493
Interdiction d'extrader un réfugié à destination du pays qu'il a fui	CE Assemblée, 1er avril 1988, *Bereciartua-Echarri*, *Rec.*, p. 135
Interdiction d'extrader un étranger en cas de risques graves	CE, 13 octobre 2000, *Kozirev*, *Rec.*, p. 419
Droits de la défense en matière administrative	CE Section, 5 mai 1944, *Trompier Gravier*, *Rec.*, p. 133
Principe de non-rétroactivité des actes administratifs	CE Assemblée, 25 juin 1948, *Société du Journal « l'Aurore »*, *Rec.*, p. 289

LES DROITS DES ADMINISTRÉS PROTÉGÉS PAR LES PRINCIPES GÉNÉRAUX DU DROIT

Commentaire d'images

▶ **Commentez cette campagne d'information menée pour la première fois en 2014 par la Ville de Paris à propos de son « budget participatif ».**

Image A

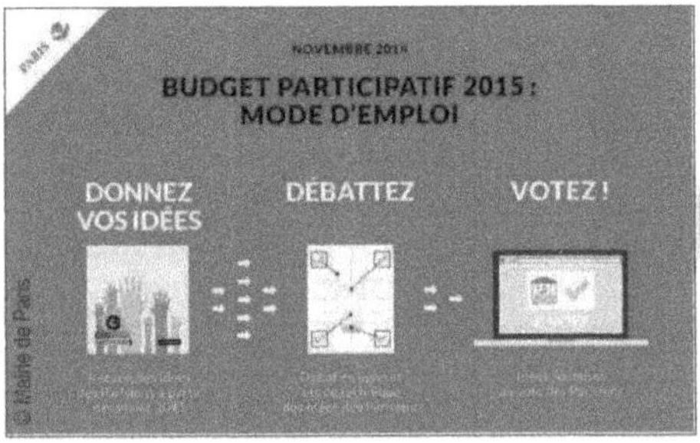

Image B

Corrigé

En principe, l'Administration décide et l'administré se plie à la décision administrative. Toutefois, l'essor des outils de participation des administrés laisse plus de place à ces derniers dans le processus de décision. Le principe de participation est d'ailleurs consacré depuis 2004 dans la charte de l'environnement (art. 7).

Le « budget participatif » est une technique récente de participation des administrés. Il permet à l'Administration de faire directement participer les administrés à l'élaboration et au vote de certaines décisions concernant le budget de la collectivité. La première ville ayant mis en place un « budget participatif » est Porto Alegre (Brésil) en 1989. Le phénomène a par la suite pris de l'ampleur en Amérique latine. Il s'est enfin exporté sur les autres continents. Dans certains États, la loi impose même aux collectivités de recourir au « budget participatif » (par ex., en République Dominicaine, au Pérou et en Pologne). En France, la commune de Grigny (dans le département du Rhône) a été la première collectivité à mettre en place un « budget participatif » en 2004. Des régions ont suivi l'exemple (not. Poitou-Charentes et Nord-Pas-de-Calais). Mais ce n'est que dix ans plus tard, en 2014, que la Ville de Paris a mis en place son propre « budget participatif » (une initiative avait toutefois été prise dès 2011, mais dans le seul 12e arrondissement de la capitale).

Depuis 2014, la Ville de Paris propose chaque année aux Parisiens (les administrés qui résident à Paris, quels que soient leur âge et leur nationalité) de décider de l'affectation de plusieurs dizaines de millions d'euros d'investissement à réaliser. En vue de promouvoir cet outil, la Ville a lancé en novembre 2014 une campagne d'information. Une première affiche présente l'enjeu principal du « budget participatif » : permettre aux administrés de proposer une idée (image A). Une autre affiche explique la procédure du « budget participatif » (image B). Ces deux affiches ont été installées pendant plusieurs semaines sur des emplacements publicitaires dans Paris. Au total, près de 19 000 administrés ont transmis à la Ville un peu plus de 5 000 idées.

Des outils de consultation et de décision des administrés existaient déjà (par ex., l'enquête publique ou le référendum). La question se pose de savoir en quoi le « budget participatif » est utile par rapport aux autres outils de participation des administrés ? Le « budget participatif » est un outil novateur en ce qu'il permet de consulter les administrés et de les faire décider à la place de l'Administration.

Ainsi, le « budget participatif » permet aux administrés de participer au moment de l'élaboration (I) et de l'adoption (II) de certaines décisions de l'Administration en matière budgétaire.

I. Le « budget participatif », outil nouveau de consultation des administrés

A. L'existence d'outils anciens de consultation des administrés

Les collectivités territoriales doivent bien souvent réunir les administrés pour les informer et les consulter. C'est tout l'objet des instruments suivants : les conseils de quartier ; les comptes rendus oraux de mandat ; les permanences d'élus ; les réunions de concertation.

Certes, un autre procédé d'information et de consultation, l'enquête publique, n'implique pas nécessairement d'organiser une réunion des administrés. Un registre d'enquête permet aux administrés d'écrire leurs observations, lesquelles peuvent aussi être adressées par courrier (art. R. 112-17 du Code de l'expropriation pour cause d'utilité publique et art. R. 134-10 du Code des relations entre le public et l'Administration). Néanmoins, la procédure d'enquête publique manque de souplesse. Elle est à la fois très codifiée et complexe.

Le « budget participatif » s'ajoute à ces outils. Il reprend d'ailleurs certaines de leurs caractéristiques, mais présente également des caractéristiques nouvelles.

B. L'utilité d'un outil moderne de consultation des administrés

Le « budget participatif » est un outil d'information et de consultation moderne.

Chaque affiche ici commentée appelle ainsi directement les administrés à donner leurs idées (« *Madame le maire, j'ai une idée !* » sur l'image A ; « *proposez votre projet* » sur la même image ; « *Donnez vos idées* » sur l'image B). À trois reprises, une ampoule lumineuse tenue par deux doigts d'une main semble illustrer la main de l'administré qui propose son idée (sur l'image A). L'adresse du site Internet dédié au « budget participatif » contient d'ailleurs le mot « idée » (« *www.idee.paris* » sur l'image A). La consultation des administrés s'effectue en deux temps.

Dans un premier temps, du mois de janvier (*cf.* image B) jusqu'au 15 mars (*cf.* image A), les idées des administrés peuvent être adressées à la Ville de Paris. Un envoi par courrier est possible. Mais les idées peuvent également être déposées sur le site Internet dédié. La campagne d'information met en avant cet élément de modernité. Aucune adresse postale n'est d'ailleurs indiquée sur les affiches. Seule l'adresse du site Internet dédié est mentionnée en gros caractères (« *www.idee.paris* » sur l'image A).

Dans un second temps, qui commence au printemps, un « *débat en ligne* » est organisé. Il permet d'approfondir la consultation des administrés grâce à la discussion de leurs idées (*cf.* image B). L'Administration participe aussi au « budget participatif ». L'une des affiches indique qu'est prévue une « *étude technique des idées des Parisiens* ». Cette étape du « budget participatif » peut permettre à la Ville d'écarter, plus ou moins discrètement, certaines idées (*cf.* image B).

Ainsi, le « budget participatif » est un outil moderne et complémentaire de consultation des administrés. Un autre de ses intérêts est son caractère décisoire.

II. Le « budget participatif », nouvel outil de décision des administrés

A. L'existence d'un outil ancien de décision des administrés : le référendum

Les outils classiques d'information et de consultation des administrés cités plus haut sont souvent critiqués pour leur manque de caractère décisoire. Juridiquement, les élus ne sont en principe pas tenus de suivre l'avis exprimé par les administrés. Pire, l'on dit parfois que cet avis n'est jamais pris en compte. L'on dit aussi que les décisions sont souvent déjà entièrement prises avant que les administrés soient informés et consultés.

Pour pallier cette critique, un outil ancien, le référendum, a été adapté aux collectivités territoriales pour leur permettre de consulter les administrés en donnant un caractère décisoire à une telle consultation. D'abord, la loi n° 92-125 du 6 février 1992 a réservé le référendum aux seules communes, sans lui conférer un caractère décisoire (art. 21). La révision constitutionnelle du 28 mars 2003 a mis le référendum à la disposition de toutes les collectivités et lui a conféré un caractère décisoire (art. 72-1 de la Constitution).

Toutefois, le référendum ne suppose pas nécessairement la participation des administrés en amont du vote, contrairement au « budget participatif ».

B. L'utilité d'un outil moderne de décision des administrés

Le « budget participatif » est un nouvel outil de décision des administrés. Il est cependant plus sophistiqué que le référendum en ce qu'il permet et même implique la participation des administrés en amont du vote.

Pour le reste, il se déroule presque comme un référendum. Le « budget participatif » s'appuie sur une procédure de vote simplifiée par rapport au référendum. Lors du référendum, l'électeur doit se déplacer jusqu'à son bureau de vote à une date précise. Il peut éventuellement ne pas se déplacer lui-même et donner une procuration à un autre électeur pour qu'il effectue la démarche à sa place. Plus souple, le « budget participatif » n'implique pas nécessairement un déplacement de l'électeur à une date précise.

« *Votez !* » énonce ainsi l'une des deux affiches. Internet est, ici encore, mis en avant. En effet, pour illustrer l'ultime étape du vote des administrés, l'affiche montre un ordinateur portable sur l'écran duquel on peut lire « *A voté* » (*cf.* image B). La possibilité de voter par Internet permet, non seulement d'éviter à l'administré de se déplacer, mais aussi de voter sur une période plus longue qu'un jour unique.

PARTIE IX

L'administration de l'État

Fiche 22

L'administration centrale de l'État

Les objectifs de la fiche

- Maîtriser la définition de la notion d'administration centrale
- Connaître l'organisation et les fonctions de l'administration centrale
- Comprendre la place et le rôle de l'administration centrale par rapport au Gouvernement et aux autres administrations

1. La notion d'administration centrale

L'administration centrale de l'État est l'administration directement rattachée au ministre dont elle dépend. Si bien que l'administration centrale a généralement son siège au sein du ministère. En France, les services administratifs centraux et les ministres ont leur siège à Paris. Il existe des exceptions: le service central des pensions du ministère des Armées est localisé à La Rochelle; le service central d'état civil du ministère des Affaires étrangères est localisé à Nantes. D'ici 2021-2022, des «*services de gestion localisés à Paris*» de la direction générale des finances publiques (DGFIP) devraient être transférés, notamment à Béthune et à Lens dans le département du Pas-de-Calais.

L'administration centrale est composée essentiellement de fonctionnaires. En règle générale, le recrutement des fonctionnaires a lieu sur concours afin de départager le ou les candidats en fonction de leurs seuls mérites. Il s'agit d'une exigence de l'article 6 de la déclaration de 1789 d'après lequel «*tous les Citoyens* [...] *sont également admissibles à toutes dignités, places et emplois publics, selon leur capacité, et sans autre distinction que celle de leurs vertus et de leurs talents*».

Le cabinet du Premier ministre ou d'un ministre ne fait pas à proprement parler partie de l'administration centrale. Il s'en distingue même sur plusieurs points. Les membres du cabinet, qui conseillent directement le Premier ministre ou le ministre, ne sont pas nécessairement des fonctionnaires. Les conseillers ministériels sont recrutés en fonction des seules affinités politiques qu'ils entretiennent avec les membres du Gouvernement. Les membres du cabinet quittent leurs fonctions en même temps que le Premier ministre ou le ministre pour lequel ils travaillent.

2. L'organisation de l'administration centrale

En principe, une administration centrale est hiérarchisée en trois niveaux. Tous sont placés sous l'autorité du Premier ministre ou d'un ministre.

Le niveau d'organisation le plus élevé est constitué de directions (parfois appelées « directions générales » ou « directions centrales »). Un directeur est à la tête de chaque direction. Le directeur n'est pas nommé par le seul membre du Gouvernement dont il dépend. Il est nommé par décret en Conseil des ministres. Certaines directions sont en charge d'une partie des missions dont le Premier ministre ou le ministre est responsable. D'autres sont en charge de missions fonctionnelles du ministère, telles que les ressources humaines, les affaires juridiques, les questions financières. Les missions fonctionnelles sont parfois toutes regroupées au sein d'un secrétariat général.

Les activités de chaque direction sont distribuées entre plusieurs sous-directions (parfois appelées « services » ou « divisions »). Chaque sous-direction est dirigée par un sous-directeur.

Enfin, les activités de chaque sous-direction sont réparties entre plusieurs bureaux. À la tête de chaque bureau, un chef de bureau a notamment pour fonction d'animer le travail des agents placés sous son autorité.

3. Les fonctions de l'administration centrale

Les fonctions sont précisées dans le décret n° 2015-510 du 7 mai 2015.

Les administrations centrales ont une compétence sur tout le territoire français. Elles se voient confiées les seules fonctions, plutôt généralistes, qui ont vocation à être exercées sur l'ensemble du territoire.

D'une part, les administrations centrales participent, dans leur domaine de compétence, à l'élaboration des projets de loi et de décret.

D'autre part, les administrations centrales préparent et mettent en œuvre les décisions du Gouvernement, du Premier ministre ou du ministre dont elles dépendent. Elles apportent leur concours dans les trois domaines suivants :

i. la définition – parfois l'impulsion – des politiques gouvernementales (par ex., les politiques économique, sociale, environnementale), leur financement éventuel, le contrôle de leur application, l'évaluation de leurs effets ;
ii. l'organisation générale des services de l'État et la gestion des personnels ;
iii. la détermination des objectifs de l'action des services de l'État, l'appréciation de leurs besoins, la répartition des moyens alloués et, enfin, l'évaluation des résultats obtenus.

Enfin, les administrations centrales peuvent se voir confier des tâches plus opérationnelles (par ex., des études techniques, la formation des personnels, la gestion d'un service public). Ces tâches sont souvent confiées à un établissement public (par ex., la RATP, les hôpitaux, les Universités). L'établissement public bénéficie d'une personnalité juridique propre, mais demeure contrôlé par le ministre auquel il est rattaché. Depuis la fin des années 1990, les établissements publics ont tendance à être transformés en sociétés anonymes (par ex., ADP, EDF-GDF, La Poste, SNCF), voire privatisés (par ex., France-Télécom devenue Orange, GDF devenue Engie).

Éléments d'approfondissement

- Dossier, « Le rôle des administrations centrales dans la fabrication des normes », *Droit et société*, n° 79, 2011, pp. 551-665.
- CHEVALLIER Jacques, « La reconfiguration de l'administration centrale », *RFAP*, n° 116, 2005, pp. 715-726.

Les indispensables

- L'administration centrale de l'État est directement rattachée au ministre dont elle dépend.
- Le personnel d'une administration est composé essentiellement de fonctionnaires recrutés sur concours.
- Une administration centrale est hiérarchisée en directions, services (également appelés sous-directions ou divisions) et bureaux.
- Les administrations centrales ont une compétence sur tout le territoire de l'État.
- Des fonctions généralistes sont souvent confiées aux administrations centrales.
- Les administrations centrales participent à l'élaboration des projets de loi et de décret.
- Les décisions du Gouvernement sont préparées et mises en œuvre par les administrations centrales.
- Une administration centrale peut se voir confier une tâche opérationnelle, telle que la gestion d'un service public.

Source : site Internet du ministère de la Culture, septembre 2020.

L'ORGANIGRAMME D'UNE DIRECTION GÉNÉRALE AU SEIN DU MINISTÈRE DE LA CULTURE

Fiche 23

L'administration déconcentrée de l'État

Les objectifs de la fiche

- Maîtriser la définition de la notion d'administration déconcentrée
- Connaître l'organisation et les fonctions de l'administration déconcentrée
- Comprendre la place et le rôle de l'administration déconcentrée par rapport au Gouvernement et à l'administration centrale

1. La notion d'administration déconcentrée

Dans les États ayant une population ou un territoire réduit, l'administration centrale peut mettre en œuvre, seule, les politiques gouvernementales et ses propres décisions (par ex., Monaco, Singapour, le Vatican). Mais dans les États plus importants, l'administration centrale ne pourrait pas, seule et depuis le siège du ministère dont elle dépend, administrer l'ensemble de la population et du territoire. L'administration déconcentrée de l'État a vocation à mettre en œuvre les politiques gouvernementales et les décisions de l'administration centrale au plus près d'une partie de la population et du territoire.

L'administration déconcentrée a son siège dans des circonscriptions réparties sur l'ensemble du territoire de l'État. Elle est un relais du Gouvernement et de l'administration centrale dont elle dépend. En France, environ 95 % des agents de l'administration de l'État exercent dans des services déconcentrés.

2. L'organisation de l'administration déconcentrée

Globalement, le territoire est divisé en trois catégories de circonscriptions : les régions, les départements et les arrondissements. Un préfet de région, un préfet de département et un sous-préfet d'arrondissement sont respectivement placés à la tête de chacune de ces circonscriptions. Les préfets et sous-préfets sont les représentants du Gouvernement.

Chaque circonscription est organisée sur le même modèle que l'administration centrale. L'on y trouve des directions, des services et des bureaux. Le décret n° 2010-146 du 16 février 2010 recense huit directions régionales dans chaque région :

- la DIRECCTE, direction régionale des entreprises, de la concurrence, de la consommation, du travail et de l'emploi ;
- la DREAL, direction régionale de l'environnement, de l'aménagement et du logement ;

– la DRJSCS, direction régionale de la jeunesse, des sports et de la cohésion sociale;
– la DRAAF, direction régionale de l'alimentation, de l'agriculture et de la forêt;
– la DRAC, direction régionale des affaires culturelles;
– la DRFIP, direction régionale des finances publiques;
– le rectorat de région académique;
– l'ARS, agence régionale de santé.

Le décret n° 2009-1484 du 3 décembre 2009 prévoit trois directions départementales dans chaque département:

– la DDPP, direction départementale de la protection des populations;
– la DDCS, direction départementale de la cohésion sociale;
– la DDT, direction départementale des territoires.

En principe, les directions régionales et départementales sont interministérielles, c'est-à-dire qu'elles sont chargées des missions attribuées à plusieurs ministères. En pratique, les gros ministères (par ex., l'Économie) ont des relais dans les régions et les départements. Les autres ministères (par ex., la Culture) ont des relais dans les seules régions.

Des ministères ont des circonscriptions spécifiques. Ainsi, l'administration déconcentrée des ministères des Armées et de l'Intérieur est découpée en douze zones de défense et de sécurité (7 dans l'hexagone, 5 en outre-mer).

3. Les fonctions de l'administration déconcentrée

Les fonctions sont précisées dans le décret n° 2015-510 du 7 mai 2015. Elles sont spécialisées.

D'une part, l'administration départementale met en œuvre les politiques gouvernementales et les décisions de l'administration centrale définies par le Gouvernement et dans les ministères. Par exception, c'est l'administration régionale qui met en œuvre les politiques et décisions dans les sept matières suivantes: emploi, innovation, recherche, culture, statistiques publiques, développement économique et social et, enfin, aménagement du territoire.

D'autre part, lorsqu'un ministère a des relais, à la fois, dans le département et la région, l'administration régionale de l'État coordonne l'action des administrations départementales de l'État.

Enfin, les administrations déconcentrées sont les interlocuteurs principaux des collectivités territoriales (*cf.* fiches 25 à 27). En particulier, l'administration régionale de l'État a pour fonction de négocier les contrats de plan État-région (CPER) avec le conseil régional de son territoire. Les contrats de plan sont conclus entre l'État et chacune des régions. Ils contiennent des engagements de l'État pour aider les régions et les autres collectivités territoriales à financer des projets importants (par ex., des infrastructures routières ou ferroviaires). Les contrats conclus en 2014 ont pris fin en 2020. De nouveaux contrats conclus en 2020 doivent prendre fin en 2027.

Éléments d'approfondissement

- Actes de colloque, *Le préfet d'hier à aujourd'hui*, CREDI, Châteauroux, 2001, 211 p.
- VILLENEUVE Pierre, « Réformes de l'administration territoriale de l'État », *AJDA*, n° 38, 2013, pp. 2190-2195.
- WASSIM Kamel, « La nouvelle organisation de l'État en région », *RFAP*, n° 136, 2010, pp. 1011-1022.

Les indispensables

- L'administration déconcentrée de l'État est un relais du Gouvernement et de l'administration centrale.
- Les sièges des administrations déconcentrées sont situés dans des circonscriptions réparties sur l'ensemble du territoire de l'État (régions, départements, arrondissements).
- Les préfets et sous-préfets représentent le Gouvernement et sont chacun à la tête des administrations déconcentrées de leur circonscription.
- Environ 95 % des agents de l'administration de l'État exercent leurs fonctions dans les services déconcentrés.
- Huit directions régionales et trois directions départementales structurent les administrations déconcentrées dans chaque région et chaque département.
- Des fonctions spécialisées sont confiées aux administrations déconcentrées.
- Les administrations déconcentrées de l'État ne doivent pas être confondues avec les conseils municipaux, les conseils départementaux ou les conseils régionaux.

DRAC d'Ile-de-France

9 services :

- Secrétariat général (SG)
- Service régional de la création (SRC)
- Service de l'économie culturelle (SEC)
- Service du développement et de l'action territoriale (SDAT)
- Conservation régionale des monuments historiques (CRMH)
- Service régional de l'archéologie (SRA)
- Service Musées (SM)
- Service Architecture (SA)
- Service Communication (SC)

X bureaux rattachés à chaque service

Source : site Internet de la DRAC d'Île-de-France du ministère de la Culture, septembre 2020

L'ORGANIGRAMME D'UNE DIRECTION RÉGIONALE DES AFFAIRES CULTURELLES DU MINISTÈRE DE LA CULTURE

Fiche 24

L'administration indépendante dans l'État : les AAI/API

Les objectifs de la fiche

- Maîtriser la définition de la notion d'administration indépendante
- Connaître l'organisation et les fonctions de l'administration indépendante
- Comprendre la place et le rôle de l'administration indépendante par rapport au Gouvernement et aux autres administrations

1. La notion d'administration indépendante

Une administration indépendante est une autorité administrative de l'État chargée d'exercer des missions spécialisées dans un domaine en toute indépendance par rapport au Gouvernement.

D'une part, les missions de l'administration indépendante concernent, soit la régulation d'une activité économique, soit la protection des droits des administrés (*cf.* tableau *infra*).

D'autre part, le Gouvernement ne dispose pas de l'administration indépendante, par exception aux dispositions de l'article 20 de la Constitution. Les administrations indépendantes, contrairement aux administrations centrales et déconcentrées, ne sont pas soumises à l'autorité hiérarchique du Premier ministre ou d'un ministre. Les membres du Gouvernement ne peuvent adresser aucun ordre, pas même un avis, aux administrations indépendantes.

Une administration indépendante est appelée « autorité *administrative* indépendante » lorsqu'elle n'a pas la personnalité juridique (par ex., l'ARJEL devenue ANJ en 2020, la CADA, la CNIL). Elle est dénommée « autorité *publique* indépendante » lorsqu'elle a la personnalité juridique (par ex., l'AFLD, l'AMF, l'ARAFER devenue ART en 2019).

La loi n° 78-17 du 6 janvier 1978 est le tout premier texte à avoir qualifié une autorité, la CNIL, d'« autorité administrative indépendante ». Dernièrement, la loi organique n° 2017-54 et la loi n° 2017-55 du 20 janvier 2017 ont doté les AAI et API d'un « *statut général* ».

2. L'organisation de l'administration indépendante

Les administrations indépendantes sont généralement composées d'un organe exécutif et d'un organe délibérant.

L'organe exécutif est le président de l'administration indépendante. Il la représente dans la vie quotidienne et, notamment, auprès du Gouvernement. Il dirige les services de l'administration indépendante et a autorité sur son personnel administratif.

Mis à part le Défenseur des droits, l'organe exécutif est toujours entouré d'un organe délibérant composé de plusieurs conseillers.

Les décisions de l'administration indépendante sont prises par les membres des organes exécutif et délibérant. Les réunions sont dirigées par le président de l'administration indépendante. Il a une voix prépondérante en cas de partage des voix.

Les membres des organes exécutif et délibérant de l'administration indépendante sont choisis, notamment, parmi les juges, les universitaires et les élus nationaux ou locaux. Ils sont généralement nommés par le Président de la République, le Président du Sénat ou le Président de l'Assemblée nationale. La durée du mandat varie entre trois et six ans. Le renouvellement du mandat est souvent impossible ou limité à une fois. Les membres ne sont pas révocables. Un décret mettant fin avant son terme au mandat du président de la Commission de la concurrence a été annulé par le juge administratif (CE Assemblée, 7 juillet 1989, *Ordonneau*, *Rec.*, p. 161). Ces règles ont pour objectif de garantir l'indépendance de l'administration indépendante.

3. Les pouvoirs de l'administration indépendante

Les administrations indépendantes ont des pouvoirs variés et adaptés, mais « *de portée limitée* » à leurs missions spécialisées (CC, 28 juillet 1989, *Loi relative à la sécurité et à la transparence du marché financier*, déc. n° 89-260 DC).

i. Les autorités ont un pouvoir de conseil. Elles peuvent rendre des avis et des recommandations, parfois de leur propre initiative. Des conseils peuvent être indiqués dans leur rapport d'activité publié annuellement et remis par le président de l'autorité au Président de la République (*cf.* not. art. 36, II, de la loi organique n° 2011-333 du 29 mars 2011 relative au Défenseur des droits).
ii. Des autorités ont également un pouvoir de décision réglementaire spécialisé dans leur domaine. Par exemple, la Commission de régulation de l'énergie (CRE) peut réglementer les conditions de raccordement et d'accès aux réseaux d'électricité et de gaz, ainsi que leurs conditions d'utilisation (art. L. 134-1 du Code de l'énergie).
iii. Certaines autorités ont aussi un pouvoir de décision individuelle. Les autorités chargées de réguler une activité économique peuvent prononcer des mises en demeure, des injonctions, voire des sanctions à l'encontre des administrés qui ne respectent pas les règles de droit. À titre d'illustration, le Conseil supérieur de l'audiovisuel (CSA) peut suspendre pour un mois au plus l'autorisation d'émettre d'une radio qui a méconnu ses devoirs (art. 42-1 de la loi n° 86-1067 du 30 septembre 1986 relative à la liberté de communication).

Éléments d'approfondissement

- Actes de colloque, « Les autorités administratives indépendantes », *RFDA*, n° 5, 2010, pp. 873-935.
- BRUNET François, « De la procédure au procès : le pouvoir de sanction des autorités administratives indépendantes », *RFDA*, n° 1, 2013, pp. 113-126.
- DARRIOUMERLE Guillaume, « Les AAI et l'élection présidentielle », *RFDC*, n° 119, 2019, pp. 623-639.
- EDCE, *Les autorités administratives indépendantes*, La Documentation française, Paris, 2001, 470 p.

Les indispensables

- Une administration indépendante exerce des missions spécialisées en toute indépendance par rapport au Gouvernement.
- Les membres du Gouvernement ne peuvent adresser aucun ordre, ni aucune directive, aux administrations indépendantes.
- Les administrations indépendantes n'ont pas toutes une personnalité juridique propre.
- L'organe exécutif de l'administration indépendante est son président; il est généralement entouré de conseillers qui forment l'organe délibérant.
- Le mandat des membres de l'organe exécutif ou délibérant a une durée de trois à six ans; le nombre de mandats est limité; les membres sont irrévocables.
- Les autorités ont un pouvoir de conseil et parfois des pouvoirs de décision réglementaire, voire de décision individuelle.
- Le président de l'administration indépendante remet chaque année un rapport d'activité au Président de la République.

LES PRINCIPALES ADMINISTRATIONS INDÉPENDANTES DANS L'ÉTAT	
Régulation d'une activité économique	Protection des droits des administrés
Autorité de contrôle prudentiel (ACP)	Agence française de lutte contre le dopage (AFLD)
Autorité de la concurrence (ADLC)	Autorité de sûreté nucléaire (ASN)
Autorité de régulation des transports (ART)	Commission du secret de la défense nationale (CSDN)
Autorité de régulation des communications électroniques et des postes (ARCEP)	Commission d'accès aux documents administratifs (CADA)
Autorité des marchés financiers (AMF)	Commission nationale de l'informatique et des libertés (CNIL)
Autorité nationale des jeux (ANJ)	Commission nationale des comptes de campagne et des financements politiques (CNCCFP)
Commission de régulation de l'énergie (CRE)	Commission nationale du débat public (CNDP)
Haute autorité pour la diffusion des œuvres et la protection des droits sur Internet (HADOPI)	Conseil supérieur de l'audiovisuel (CSA)
	Contrôleur général des lieux de privation de liberté (CGLP)
	Défenseur des droits

Question à réponse courte

▶ **Le préfet**

Le corrigé qui suit est volontairement long. Le contenu d'un certain nombre de dispositions est cité pour en faciliter la compréhension.

Corrigé

La réforme des régions issue de la loi n° 2015-29 du 16 janvier 2015 n'a pas seulement eu des conséquences sur le nombre de régions. Elle a également entraîné des conséquences sur la plupart des institutions en lien avec les régions, telles que les préfets de régions. En effet, ce ne sont pas les seules régions en tant que collectivités territoriales (avec leur conseil régional et à sa tête le président de région) qui sont passées de 22 à 13 en France hexagonale. Les régions en tant qu'administrations déconcentrées (avec à leur tête le préfet de région) ont vu leur nombre réduit d'autant. Pour coordonner ces opérations, des « préfets préfigurateurs » ont été nommés fin avril 2015 parmi les préfets de région alors en fonction.

Le mot préfet vient du terme latin *præfectus* (« celui qui a été mis à la tête de quelque chose »). Le préfet est une institution de l'État créée par la loi du 28 pluviôse an VIII (17 février 1800). À l'époque, Napoléon Bonaparte, Premier consul (après le coup d'État du 18 brumaire an VIII), veut renforcer le contrôle de l'État dans les départements et y assurer le maintien de l'ordre. Ces deux objectifs perdurent encore aujourd'hui et laissent entrevoir l'importance du rôle du préfet.

Le préfet est un élément important dans le rouage des administrations déconcentrées de l'État, c'est-à-dire des administrations qui ont leur siège dans des circonscriptions réparties sur l'ensemble du territoire de l'État. Le préfet est même un élément central des administrations déconcentrées puisqu'il est placé à leur tête dans le département (le préfet de département) et dans la région (le préfet de région). En plus de la direction des services de l'État dans les départements et régions, le préfet y représente l'État et, en particulier, le Gouvernement.

L'on compte un préfet dans chacun des 101 départements et un par région. Au total, on dénombre donc 101 préfets (hexagone et outre-mer inclus), puisque le préfet de région est en même temps le préfet du département dans lequel se situe le chef-lieu de la région (art. 7 du décret n° 2004-374 du 29 avril 2004 relatif aux pouvoirs des préfets). À côté des préfets de département et de région, on trouve cinq autres catégories de préfets :

- les préfets de police ;
- les préfets maritimes ;
- les préfets délégués pour la défense et la sécurité ;
- les préfets délégués pour l'égalité des chances ;
- les représentants de l'État dans les collectivités d'outre-mer (par ex., le Haut-commissaire de la République en Polynésie-Française).

Malgré ces diverses catégories de préfets, le préfet de département détient, à la fois, une place historique puisqu'il a été créé, de façon inédite, en 1800. Il dispose également d'un rôle important en raison des missions qui lui sont attribuées. C'est la raison pour laquelle il convient de se concentrer sur le préfet de département dans le traitement du sujet.

Le statut (I) et les missions (II) du préfet font de celui-ci un fonctionnaire – et même un haut fonctionnaire – très particulier.

I. Le statut du préfet

Conformément à l'article 13 de la Constitution, le préfet est nommé par un décret du Président de la République délibéré en Conseil des ministres sur proposition du Premier ministre et du ministre de l'Intérieur (art. 1er du décret n° 64-805 du 29 juillet 1964 fixant les dispositions réglementaires applicables aux préfets). La solennité de la nomination du préfet s'explique par l'importance de ses missions (*cf. infra*).

Au cours de leurs fonctions, les préfets sont tenus de respecter les trois obligations essentielles suivantes :

- être absolument neutre, notamment d'un point de vue politique ;
- appliquer scrupuleusement la politique du Gouvernement ;
- assurer la continuité de l'État.

Ces obligations emportent plusieurs conséquences. Le préfet ne bénéficie pas des garanties généralement accordées aux autres fonctionnaires. Ainsi, il ne peut ni appartenir à un syndicat (seule une association peut unir des préfets), ni faire grève. Il ne peut pas être élu à des fonctions politiques (locales ou nationales). Il doit même s'abstenir de participer à toute manifestation publique. Le préfet doit être disponible en permanence pour représenter l'État.

Enfin, les préfets peuvent être révoqués de leurs fonctions discrétionnairement par le Gouvernement. Le préfet peut tout aussi librement être muté d'office, mis en disponibilité pendant cinq ans ou à la retraite sans motif et sans passage devant un organe disciplinaire.

Le statut du préfet est très strict, mais cette exigence est à la hauteur des missions qui lui sont confiées.

II. Les missions du préfet

Le préfet « *est dépositaire de l'autorité de l'État* » (art. 1er, al. 1er, du décret n° 2004-374 du 29 avril 2004). C'est pour cette raison que l'on dit parfois que le préfet est un « relais de l'État ». De cette position découlent les missions des préfets.

Les préfets de département et de région ont quatre catégories de missions inscrites dans le décret du 29 avril 2004 (art. 1er, al. 2 à 5).

En premier lieu, les préfets « *représentent le Premier ministre et chacun des ministres* » (art. 1er, al. 3). C'est la raison pour laquelle on dit aussi que les préfets sont des « relais du Gouvernement ». À ce titre, le préfet peut recevoir des délégations de la part des ministres pour prendre en leur(s) nom(s) certaines décisions dans la région (préfet de région) ou dans le département (préfet de département). Le préfet est aussi l'interlocuteur privilégié de toute personne physique ou morale qui souhaite évoquer une question intéressant le Premier ministre ou tout autre membre du Gouvernement.

En deuxième lieu, les préfets « *veillent à l'exécution des règlements et des décisions gouvernementales* » (art. 1er, al. 4). À cette fin, le préfet de région détermine les « *orientations* » nécessaires à la mise en œuvre dans la région des politiques nationales. Le préfet de département doit se conformer à ces « *orientations* » lorsqu'il met en œuvre les politiques nationales dans le département.

En troisième lieu, les préfets « *ont la charge des intérêts nationaux et du respect des lois* » (art. 1er, al. 2). À ce titre, les préfets exercent un contrôle de légalité sur les principales décisions (not., la plupart des délibérations et marchés publics) prises par les collectivités territoriales (les communes, départements et régions) et leurs établissements publics. Ces collectivités transmettent leurs décisions aux préfets qui peuvent, s'ils décèlent une irrégularité, les déférer au tribunal administratif compétent en vue de leur annulation éventuelle (*cf.* not. art. L. 2131-1 du Code général des collectivités territoriales).

En quatrième et dernier lieu, les préfets « *dirigent, sous l'autorité des ministres* [...], *les services déconcentrés des administrations civiles de l'État* » (art. 1er, al. 5, du décret du 29 avril 2004). Le préfet est assisté des responsables des services déconcentrés des administrations civiles de l'État. Le préfet de département préside le « collège des chefs de service ». Ce collège est composé des préfets (par ex., le préfet délégué pour l'égalité des chances), des sous-préfets et des chefs des services déconcentrés des administrations civiles de l'État placés sous son autorité. Les réunions du collège sont le moment où le préfet peut adresser des instructions aux services déconcentrés.

On remarquera, pour terminer, que ces quatre catégories de missions du préfet ont une valeur constitutionnelle. Une référence s'y trouve à l'article 72 de la Constitution : « *Dans les collectivités territoriales de la République, le représentant de l'État, représentant de chacun des membres du gouvernement, à la charge des intérêts nationaux, du contrôle administratif et du respect des lois* ».

PARTIE X

L'administration décentralisée

Fiche 25

La notion de collectivité décentralisée

Les objectifs de la fiche

- Maîtriser la définition de la notion de décentralisation
- Situer la place et le rôle des collectivités décentralisées (ou collectivités territoriales) par rapport à l'État et à l'administration de l'État
- Distinguer les différentes catégories de collectivités décentralisées

1. La notion de décentralisation

La décentralisation implique une organisation administrative dans laquelle des collectivités dotées de la personnalité juridique s'administrent elles-mêmes par des autorités élues, mais sous le contrôle de l'État. Ainsi, la décentralisation offre aux citoyens une autonomie par rapport au Gouvernement et à l'administration de l'État. Contrairement aux administrations centrales et déconcentrées, l'administration décentralisée n'est pas subordonnée au Gouvernement. Elle dépend de la seule autorité élue par la population locale. Toutefois, l'État exerce un contrôle de légalité sur les actes de l'administration décentralisée (*cf.* fiche 27).

La Constitution de la IVe République a été le premier texte constitutionnel français reconnaissant « *l'existence de collectivités territoriales* ». Depuis la révision constitutionnelle du 28 mars 2003, l'article 1er de la Constitution de la Ve République affirme que l'organisation de la République est « *décentralisée* ». Le texte constitutionnel prend ainsi acte d'un processus, la décentralisation, commencé avec la loi n° 82-213 du 2 mars 1982 relative aux droits et libertés des communes, des départements et des régions.

Au 1er janvier 2020, l'administration décentralisée emploie environ 1,9 million d'agents. En comparaison, l'administration de l'État en emploie environ 2,5 millions (3,7 millions en incluant la fonction publique hospitalière).

2. Les collectivités territoriales de droit commun

Les collectivités territoriales de droit commun sont toutes les communes, ainsi que les départements et les régions situés dans l'hexagone et en outre-mer (la Guadeloupe, la Guyane, la Martinique, Mayotte, la Réunion).

Les communes ont été créées par un décret de l'Assemblée nationale du 12 novembre 1789 sous le nom de « *municipalités* ». Par la suite, un décret de la Convention nationale du 10 brumaire an II (31 octobre 1793) leur a donné l'actuelle dénomination de « *commune* ». On en dénombre 35052 au 1er novembre 2020 (hexagone et DROM). Deux chiffres illustrent un déséquilibre : environ 80 % des communes ont moins de 1500 habitants, mais 81 % de la population vit dans une commune de plus de 1500 habitants.

Les départements ont aussi été créés à la Révolution par un décret de l'Assemblée nationale du 22 décembre 1789. On en compte actuellement 101.

Les régions sont des collectivités territoriales depuis la loi du 2 mars 1982 précitée. On en dénombrait 27. Leur nombre a été réduit à 18 à compter du 1er janvier 2016 en application de la loi n° 2015-29 du 16 janvier 2015.

Ainsi, la tendance actuelle est de regrouper ou fusionner les collectivités territoriales. Les communes sont désormais regroupées au sein d'établissements publics de coopération intercommunale (par ex., communautés de communes, communautés d'agglomérations, communautés urbaines, métropoles). La loi n° 2015-292 du 16 mars 2015 a encouragé les fusions de communes. Certains départements ont fusionné avec certaines régions pour former une collectivité territoriale unique (par ex., en 2010, les département et région de la Guyane, d'un côté, ceux de la Martinique, de l'autre). Le 1er janvier 2021, les deux départements du Bas-Rhin et du Haut-Rhin fusionneront au sein de la « *collectivité européenne d'Alsace* » créée par la loi n° 2019-816 du 2 août 2019. L'objectif principal des fusions et regroupements est de mettre en commun les moyens des collectivités pour réduire les coûts d'investissement et de fonctionnement des services publics.

3. Les collectivités territoriales à statut particulier et les collectivités d'outre-mer

Des collectivités territoriales ont des statuts et des pouvoirs adaptés aux particularités de leur population et de leur territoire.

Les collectivités d'outre-mer sont Saint-Barthélemy, Saint-Martin, Saint-Pierre-et-Miquelon, les îles Wallis et Futuna et la Polynésie-Française. Chaque collectivité d'outre-mer a un statut et des pouvoirs fixés par une loi organique (art. 74, al. 1er, de la Constitution). Les collectivités d'outre-mer peuvent bénéficier d'une autonomie renforcée qui leur permet de voter des actes « *dans le domaine de la loi* » (art. 74, al. 3). Seule la Polynésie-Française en bénéficie actuellement (*cf.* loi organique n° 2004-192 du 27 février 2004).

Les collectivités à statut particulier sont Paris, Marseille, Lyon, la métropole de Lyon, la Corse, les Terres australes et antarctiques françaises (TAAF) et Clipperton. La ville de Paris, par exemple, est à la fois une commune et un département (*cf.* art. 38 de la loi n° 82-1169 du 31 décembre 1982).

La Nouvelle-Calédonie est une collectivité d'outre-mer à statut « très » particulier. Le titre XIII de la Constitution lui est consacré. Il prévoit qu'une loi organique fixe son statut, ses pouvoirs, ainsi que « *les conditions et les délais dans lesquels les populations intéressées de la Nouvelle-Calédonie seront amenées à se prononcer sur l'accession à la pleine souveraineté* » (art. 77). En vertu de l'accord de Nouméa du 5 mai 1988, un référendum d'autodétermination a eu lieu en novembre 2018, puis un autre en octobre 2020 :

l'indépendance de la Nouvelle-Calédonie a été rejetée par 56,67 % des suffrages exprimés en 2018, puis 53,26 % en 2020. Un troisième et dernier référendum doit être organisé avant 2022.

Éléments d'approfondissement

- JANICOT Laetitia, VERPEAUX Michel, *Droit des collectivités territoriales*, LGDJ, coll. Manuel, Paris, 2019, 528 p.
- MARCOU Gérard, « L'État et les collectivités territoriales : où va la décentralisation ? », *AJDA*, n° 27, 2013, pp. 1556-1563.
- THIELLAY Jean-Philippe, *Le droit des outre-mers*, 2ᵉ éd., Dalloz, coll. Connaissance du droit, Paris, 2011, 166 p.
- VERPEAUX Michel, *Les collectivités territoriales en France*, 6ᵉ éd., Dalloz, coll. Connaissance du droit, Paris, 2020, 207 p.

Les indispensables

- La décentralisation est l'organisation dans laquelle des collectivités, dotées de la personnalité juridique, s'administrent librement par des autorités élues, mais sous le contrôle de l'État.
- L'article 1er de la Constitution reconnaît que l'organisation de la République française est « *décentralisée* ».
- L'administration décentralisée est directement rattachée aux autorités élues dont elle dépend.
- Les administrations décentralisées ont une compétence sur tout le territoire de leur collectivité.
- Les collectivités territoriales de droit commun sont les quelque 35 000 communes, les 101 départements et les 18 régions.
- Cinq départements et régions sont situés en outre-mer (la Guadeloupe, la Guyane, la Martinique, Mayotte, la Réunion).
- Six collectivités d'outre-mer ont un statut adapté à leur territoire et leur population (Saint-Barthélemy, Saint-Martin, Saint-Pierre-et-Miquelon, les îles Wallis et Futuna, la Polynésie-Française, la Nouvelle-Calédonie).

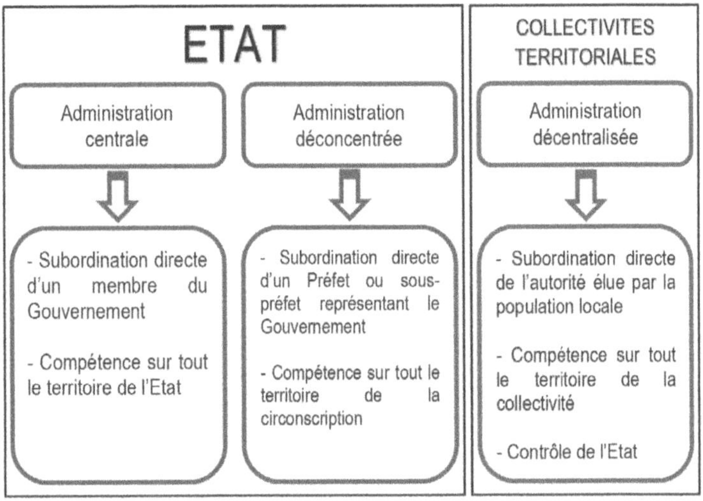

LES CARACTÉRISTIQUES COMPARÉES DES ADMINISTRATIONS CENTRALE, DÉCONCENTRÉE ET DÉCENTRALISÉE

Fiche 26

L'organisation des collectivités décentralisées

Les objectifs de la fiche

- Distinguer les deux catégories d'autorités élues par la population locale (autorité délibérante et autorité exécutive)
- Comprendre la place et le rôle des autorités décentralisées
- Maîtriser les règles de l'élection des autorités décentralisées

1. L'autorité délibérante de la collectivité territoriale

L'autorité délibérante de la collectivité territoriale est comparable à un « Parlement local », notamment parce qu'elle est composée de conseillers chargés de représenter la population locale qui les a élus. Dans les collectivités territoriales de droit commun, l'autorité délibérante est le conseil municipal, le conseil départemental ou le conseil régional.

L'autorité délibérante dispose d'une compétence générale pour gérer les affaires de la collectivité. C'est ce qu'on appelle la « clause générale de compétence » des autorités délibérantes. Autrement dit, l'organe délibérant est compétent pour régler toute affaire concernant la collectivité, à moins que la loi ne prévoie la compétence d'une autre autorité.

À titre d'illustration, l'autorité délibérante vote le budget de la collectivité et autorise la conclusion des contrats. Elle contrôle également l'action de l'autorité exécutive (*cf. infra* n° 2).

Les réunions de l'autorité délibérante se tiennent au moins une fois par trimestre. L'autorité exécutive préside les réunions. Elle exerce, à ce titre, un pouvoir de police des séances (par ex., la direction des débats). Les réunions sont ouvertes au public et peuvent même être retransmises sur Internet, sauf si l'autorité délibérante décide le huis clos. L'autorité exécutive peut également décider le huis clos en cas de nécessité (par ex., en cas d'agitation dans le public).

2. L'autorité exécutive de la collectivité territoriale

L'exécutif local est comparable à un « Président local », notamment parce qu'il est élu par l'autorité délibérante. Dans les collectivités de droit commun, l'autorité exécutive est le maire de la commune, le président du département ou le président de la région.

L'autorité exécutive dispose d'une compétence d'attribution pour gérer les affaires de la collectivité. Autrement dit, elle est compétente pour régler une affaire concernant la collectivité si la loi prévoit cette compétence.

À titre d'illustration, la loi dispose que l'autorité exécutive gère les services administratifs de la collectivité. En particulier, elle recrute et dirige le personnel dont elle est l'autorité hiérarchique. L'exécutif prépare l'ordre du jour des réunions de l'autorité délibérante, ainsi que les projets de décisions qui sont adoptés lors de ces réunions. Une fois les décisions votées par l'autorité délibérante, l'exécutif est chargé de les appliquer.

3. L'élection des autorités de la collectivité territoriale

Les élections locales ont lieu, tous les six ans (sexennat), en deux temps.

La première phase est celle de l'élection des membres de l'autorité délibérante. L'élection a lieu au suffrage universel direct. Les électeurs sont les citoyens français et ceux des autres États membres de l'Union européenne qui ont leur résidence au sein de la collectivité. L'élection se déroule au scrutin à deux tours. Les candidats qui obtiennent la majorité absolue au premier tour ou la majorité relative au second tour remportent l'élection. Seuls les candidats ayant obtenu 10 % des voix au premier tour peuvent accéder au second tour.

i. Les élections municipales ont lieu au scrutin majoritaire de liste. Dans les communes de moins de 1000 habitants, le panachage est autorisé : l'électeur peut voter pour des candidats issus de listes différentes. Dans les communes de plus de 1000 habitants, le scrutin n'est pas purement majoritaire : la moitié des sièges est attribuée à la liste ayant obtenu le plus de voix, l'autre est répartie à la proportionnelle entre les listes ayant obtenu plus de 5 % des voix au dernier tour de scrutin.
ii. Les élections départementales ont lieu au scrutin majoritaire binominal (liste de deux noms). Les départements sont divisés en cantons. Deux conseillers départementaux sont élus dans chaque canton. Les duos de candidats sont obligatoirement composés d'une femme et d'un homme.
iii. Les élections régionales ont lieu au scrutin proportionnel de liste. Le scrutin n'est pas purement proportionnel : le quart des sièges est attribué à la liste ayant obtenu le plus de voix, le reste est réparti à la proportionnelle entre toutes les listes ayant obtenu plus de 5 % des voix au dernier tour de scrutin.

La seconde phase est celle de l'élection de l'autorité exécutive. Les maires, présidents du département et présidents de la région sont élus, au suffrage universel indirect, par les membres de l'autorité délibérante. L'élection a lieu au scrutin majoritaire uninominal à deux tours.

Le juge administratif est compétent pour trancher tout litige de la première ou seconde phase des élections territoriales. Les dernières élections municipales ont eu lieu en 2020. Les dernières élections départementales et régionales ont eu lieu en 2015, les prochaines étant prévues en 2021. Leur report est envisagé du fait de la crise sanitaire liée à l'épidémie de covid-19.

Éléments d'approfondissement

- CASTANIE Sylvie, *La parlementarisation des assemblées délibérantes*, Thèse Pau, 2002, 538 p.
- CHAVRIER Géraldine, « Décentralisation et démocratie locale », *AJDA*, n° 23, 2013, pp. 1317-1320.
- JANICOT Laetitia, *Les droits des élus, membres des assemblées des collectivités territoriales*, Thèse Paris 2, LGDJ, coll. BDP, Paris, 2004, XIV-619 p.
- VERPEAUX Michel, « Les nouvelles élections locales sont arrivées », *RFDA*, n° 6, 2013, pp. 1161-1173.

Les indispensables

- L'autorité délibérante d'une collectivité territoriale est composée de conseillers élus par la population locale pour les représenter.
- L'autorité exécutive de la collectivité (maire de la commune, président du département ou de la région) est élue par l'autorité délibérante au scrutin majoritaire uninominal à deux tours.
- La « clause générale de compétence » autorise l'autorité délibérante à traiter toute question concernant la collectivité, à moins que la loi ne prévoie la compétence d'une autre autorité.
- L'autorité exécutive est compétente pour traiter une question concernant la collectivité si la loi prévoit la compétence de cette autorité.
- Les autorités exécutives et délibérantes sont élues tous les six ans.
- Les électeurs sont les citoyens français et ceux des autres États membres de l'Union européenne ayant leur résidence au sein de la collectivité.
- Le juge administratif est compétent pour trancher tout litige concernant les élections des autorités exécutives et délibérantes.

Commune	Département	Région
- Maire	- Président du département	- Président de la région
- Conseil municipal	- Conseil départemental	- Conseil régional
- Scrutin majoritaire de liste (avec une dose de proportionnelle si > 1 000 habitants)	- Scrutin majoritaire binominal par canton (1 représentant par sexe)	- Scrutin proportionnel de liste avec prime majoritaire (25% des sièges au vainqueur)

LES CARACTÉRISTIQUES COMPARÉES DES AUTORITÉS ÉLUES DANS LES COMMUNES, DÉPARTEMENTS ET RÉGIONS

Fiche 27

Les missions et pouvoirs des collectivités décentralisées

Les objectifs de la fiche

- Connaître les missions et les principaux pouvoirs des collectivités territoriales
- Situer la place et le rôle de l'administration décentralisée par rapport à l'État et à l'administration de l'État
- Percevoir les rapports du préfet et des collectivités territoriales

1. Les missions des collectivités territoriales

Les missions des collectivités territoriales ne sont pas *a priori* limitées à un domaine. Autrement dit, la collectivité territoriale est compétente pour régler toute question d'intérêt local la concernant, à moins que la loi ne prévoie la compétence d'une autre collectivité. C'est ce qu'on appelle la « clause générale de compétence » des collectivités territoriales. Elle a été consacrée pour la première fois en faveur de la commune (loi du 5 avril 1884). Elle a été étendue plus tardivement aux départements et aux régions (loi du 2 mars 1982). La loi n° 2015-911 du 7 août 2015 introduit des évolutions sur ce point : les compétences des départements et des régions font l'objet d'une énumération, mais elles demeurent plutôt générales.

La loi prévoit que les collectivités territoriales sont obligées d'exercer certaines compétences. À titre d'illustration, d'une part, les communes sont responsables de l'état civil et de la police municipale. D'autre part, les communes, les départements et les régions ont respectivement la charge des écoles, des collèges et des lycées (construction, entretien, équipement). Enfin, les communes et les départements sont responsables de la voirie communale, pour les unes, des routes départementales, pour les autres.

Du reste, les missions des collectivités territoriales sont essentiellement regroupées, avec leurs droits et leurs devoirs, dans le Code général des collectivités territoriales (CGCT). Il a été élaboré entre 1996 et 2000.

2. Les droits essentiels des collectivités territoriales

Les droits des collectivités territoriales sont dérivés du principe de libre administration des CT consacré par deux dispositions de la Constitution (art. 34 et 72). Trois droits garantis eux-mêmes par la Constitution en découlent.

i. Les collectivités territoriales disposent d'un pouvoir réglementaire pour l'exercice de leurs compétences (art. 72, al. 3). À ce titre, les collectivités peuvent définir les règles d'organisation et de fonctionnement de leurs services. Elles peuvent aussi définir certaines règles d'application d'une loi si le législateur les y autorise (CC, 17 janvier 2002, *Loi relative à la Corse*, déc. n° 2001-454 DC).

ii. Depuis la loi constitutionnelle du 28 mars 2003, les collectivités territoriales se sont vues reconnaître le droit d'organiser un référendum en vue de consulter leurs électeurs respectifs sur tout projet de délibération ou d'acte (art. 72-1).

iii. Enfin, les collectivités territoriales disposent d'un pouvoir financier (art. 72-2). À ce titre, les collectivités peuvent disposer librement des ressources issues de leurs activités. En outre, elles peuvent recevoir le produit de certains impôts. La loi peut les autoriser à en fixer l'assiette et le taux dans les limites qu'elle détermine. La fiscalité locale comprend principalement quatre impôts : la taxe d'habitation acquittée par les individus ; la taxe foncière sur les immeubles bâtis et la taxe foncière sur les immeubles non bâtis payées par les propriétaires ; la contribution économique territoriale versée par les entreprises. Ces quatre impôts représentent environ 75 % des recettes fiscales des collectivités territoriales. La suppression de la taxe d'habitation est prévue à l'horizon 2023.

3. Le devoir essentiel des collectivités territoriales

Comme l'administration de l'État, toute collectivité territoriale doit respecter le principe de légalité, c'est-à-dire à l'ensemble des normes juridiques en vigueur.

Toutefois, à la différence de l'administration de l'État, il existe un mécanisme administratif de contrôle de légalité des décisions de l'administration décentralisée. L'objectif est de surveiller que les collectivités territoriales respectent, en particulier, les lois votées par le Parlement.

Ainsi, l'article 72, alinéa 6, de la Constitution prévoit que « *Dans les collectivités territoriales de la République, le représentant de l'État, représentant de chacun des membres du Gouvernement, a la charge [ ] du contrôle administratif et du respect des lois* ». Les collectivités transmettent en préfecture ou sous-préfecture leurs actes administratifs les plus importants. Les marchés publics et les arrêtés de police sont notamment concernés. Ils ne sont pas exécutoires tant qu'ils n'ont pas été transmis (*cf.* fiche 21). Le préfet ou le sous-préfet est chargé d'exercer un contrôle de légalité sur les actes administratifs qui lui sont transmis. Il peut saisir le juge administratif dans un délai de deux mois suivant la transmission de l'acte lorsqu'il le suspecte d'être illégal et veut éventuellement le faire annuler.

Éléments d'approfondissement

- Actes de colloque, *Les contrôles de l'État sur les collectivités territoriales aujourd'hui*, L'Harmattan, coll. Logiques juridiques, Paris, 2007, 326 p.
- Dossier, « Trente ans de décentralisation », *AJDA*, n° 14, 2012, not. pp. 753-763.
- BRAUGE-DELAIRE Cécile, *Autonomie financière et collectivités territoriales*, Thèse Limoges, 2011, 542 p.

Les indispensables

- Les collectivités territoriales bénéficient d'une « clause générale de compétence ».
- Le CGCT regroupe l'essentiel des règles juridiques concernant les missions, droits et devoirs des collectivités.
- Les collectivités peuvent définir les règles d'organisation et de fonctionnement de leurs services et, si le législateur les y autorise, les règles d'application d'une loi.
- Un référendum peut être organisé par une collectivité en vue de consulter les électeurs sur tout projet de délibération ou d'acte.
- Les collectivités peuvent disposer librement des ressources issues de leurs activités et recevoir le produit de certains impôts.
- La fiscalité locale comprend principalement les impôts suivants : la taxe d'habitation (jusqu'en 2023), les deux taxes foncières et la contribution économique territoriale.
- L'administration décentralisée a le devoir essentiel d'obéir au principe de légalité.
- Les collectivités territoriales transmettent leurs actes administratifs les plus importants au préfet ou au sous-préfet pour qu'il effectue un contrôle de légalité.

Acte administratif de la collectivité

L'acte doit être transmis pour être exécutoire

↓

Contrôle de légalité du représentant de l'État

L'acte peut être attaqué dans les deux mois

↓

Contrôle de légalité du juge administratif

L'acte illégal est annulé par le juge

LE CONTRÔLE DE LÉGALITÉ DES ACTES ADMINISTRATIFS DES COLLECTIVITÉS TERRITORIALES

Cas pratique

Le contrôle de légalité d'un acte d'une collectivité territoriale

Le directeur général des services (DGS) d'une commune est bien embêté.

Le maire lui a demandé de commander une étude en vue de construire une piscine dans la commune. Cette étude a été réalisée par un cabinet spécialisé. Un appel d'offres a par la suite été lancé pour sélectionner le constructeur de la piscine. À l'issue de l'appel d'offres, une délibération du conseil municipal a autorisé le maire à signer le marché de construction de la piscine.

Toutefois, le préfet du département estime que la commune est trop petite (2 500 habitants) pour qu'il y soit construit un tel équipement. Le représentant de l'État invoque notamment l'absence d'intérêt pour la commune. Le préfet a donc demandé à la commune de renoncer à son projet, à peine de porter l'affaire devant le tribunal administratif.

Le maire s'est à nouveau tourné vers le DGS pour lui demander de rédiger une note explicative des solutions qui peuvent être envisagées à ces difficultés.

▶ **Vous êtes le DGS de cette collectivité et devez rédiger la note demandée par le maire.**

Corrigé

La note du DGS peut être présentée et rédigée de la façon suivante :

Date : le 30 mai 2015.

De : le directeur général des services de [la commune]

À : Monsieur le maire de [la commune]

Objet : analyse des solutions susceptibles d'être apportées à la contestation par le préfet du projet de construction d'une piscine dans la commune.

1. Rappel des faits : la contestation par le préfet du projet de construction d'une piscine dans la commune

Un marché de construction de la future piscine de la commune a été attribué à une entreprise à l'issue d'un appel d'offres. La délibération du conseil municipal autorisant le maire à signer le marché a été transmise au préfet pour que ce dernier en effectue le contrôle de légalité. À l'occasion de son contrôle, le préfet a estimé que le projet de construction était illégal. Deux arguments sont avancés :

- la commune serait trop petite pour qu'il y soit construit une piscine ;
- le projet serait sans intérêt pour la commune.

Le préfet menace de saisir le juge administratif pour que la délibération soit annulée. C'est à cette contestation que des solutions doivent être apportées.

2. Solutions susceptibles d'être apportées à la contestation

Il convient d'analyser tour à tour les arguments du préfet afin d'évaluer si la contestation est sérieuse.

En ce qui concerne l'argument relatif à la taille de la commune :

Le préfet estime que la commune doit renoncer à son projet de construction d'une piscine en raison du fait que cette commune serait « *trop petite* ».

En principe, les collectivités territoriales, notamment les communes, s'administrent librement en vertu des articles 34 et 72, alinéa 3, de la Constitution. Cependant, les collectivités doivent respecter le principe de légalité. Ainsi, les actes des collectivités ne doivent pas méconnaître les règles de droit.

Un contrôle de légalité est exercé par le préfet sur les actes qui lui sont obligatoirement transmis par les collectivités territoriales (art. L. 2131-1 du CGCT). Ce contrôle consiste à vérifier la conformité des actes des collectivités aux règles de droit. À défaut, « *Le représentant de l'État dans le département défère au tribunal administratif les actes [ ] qu'il estime contraires à la légalité dans les deux mois suivant leur transmission [par la collectivité territoriale]* » (art. L. 2131-6).

En revanche, le préfet ne peut exercer aucun contrôle qui n'aurait rien à voir avec la légalité. En particulier, le représentant de l'État ne vérifie pas l'opportunité pour la collectivité de prendre l'acte soumis à son contrôle. À titre d'illustration, le préfet n'examine pas le fait de savoir si un projet est plus ou moins coûteux et donc opportun pour la commune.

En l'espèce, le préfet estime que la commune est « *trop petite* » pour envisager la construction d'une piscine. Autrement dit, le préfet semble considérer que la commune ne dispose pas des moyens financiers (et peut-être techniques) suffisants pour construire un tel équipement. Le projet serait trop coûteux au regard de la petite taille de la commune. Une telle critique concerne l'opportunité du projet. Elle n'a donc rien à voir avec sa légalité.

En conséquence, l'argument du préfet concernant la taille de la commune devrait être rejeté par le juge administratif au cas où la délibération est attaquée.

En ce qui concerne l'argument relatif à l'intérêt du projet pour la commune :

Le préfet estime que la commune doit renoncer à son projet de construction d'une piscine en raison du fait qu'il serait sans intérêt.

En principe, les compétences des communes ne sont pas limitées à des matières précises. Une commune est compétente pour régler toute question d'intérêt local la concernant, à moins que la loi ne prévoie la compétence d'une autre collectivité. C'est ce qu'on appelle la « clause générale de compétence ». Cette « clause » figure à l'article L. 2121-29 du CGCT en ces termes : « *Le conseil municipal règle par ses délibérations les affaires de la commune* ».

Ainsi, une collectivité territoriale, telle qu'une commune, n'est pas compétente pour mettre en œuvre un projet dans les deux cas suivants :

- le projet ne poursuit pas un intérêt public local et, en l'occurrence, un intérêt public communal ;
- la loi prévoit la compétence d'une autre collectivité (par ex., la compétence du département ou de la région, comme pour les collèges et les lycées).

La jurisprudence admet depuis longtemps que de nombreux équipements de loisirs présentent un intérêt pour les communes qui les exploitent. Ainsi, le Conseil d'État a admis l'exploitation d'un théâtre (CE, 21 janvier 1944, *Léoni*, *Rec.*, p. 26).

S'agissant plus particulièrement des équipements de loisirs aquatiques, la jurisprudence admet que l'exploitation d'une plage présente un « *intérêt* », notamment en ce qu'elle permet le « *développement de la station balnéaire* » (CE, 21 juin 2000, *SARL Plage « Chez Joseph »*, *Rec.*, p. 282). Bien avant cette décision, le juge administratif a eu l'occasion d'admettre l'utilité de la construction d'une piscine municipale (CE Section, 23 juin 1972, *Société La plage de la forêt*, *Rec.*, p. 477).

En l'espèce, le préfet considère que le projet de piscine est sans intérêt pour la commune. Ce faisant, le préfet semble estimer que le projet ne remplit pas un intérêt public local. Cependant, une piscine municipale est un équipement de loisirs qui poursuit un intérêt communal. À l'instar d'une plage pour une station balnéaire, la piscine est de nature à permettre le développement de la commune (notamment, du point de vue de sa taille) en attirant de nouveaux habitants, voire de nouvelles activités économiques.

En conséquence, cet argument du préfet concernant l'intérêt du projet devrait, comme le précédent, être rejeté par le juge administratif au cas où la délibération est attaquée.

3. Conclusion

Un courrier adressé au préfet permettrait de répondre aux critiques émises contre le projet. Au cas où le préfet maintient sa contestation, Monsieur le maire pourrait choisir, avec l'accord du conseil municipal, d'abandonner le projet pour éviter un éventuel recours du préfet devant le juge administratif. Toutefois, un tel abandon aurait un coût pour la commune : l'étude préalable effectuée ne serait jamais rentabilisée ; le constructeur sélectionné à l'issue de l'appel d'offres pourrait réclamer des dommages et intérêts pour ses propres frais (*cf.* fiche 44). Finalement, il conviendrait plutôt de risquer le recours du préfet devant le juge et, le cas échéant, défendre le projet de construction de la piscine du point de vue de sa légalité.

PARTIE XI

Le juge administratif

Fiche 28

La notion de juge administratif

Les objectifs de la fiche

- Maîtriser l'organisation générale de la juridiction administrative
- Percevoir les compétences respectives du Conseil d'État, des cours administratives d'appel et des tribunaux administratifs
- Comprendre la place et le rôle du Conseil d'État dans le fonctionnement de l'État et de la juridiction administrative

1. La notion de juridiction administrative

La juridiction administrative n'est pas ancienne à l'échelle de l'Histoire. La juridiction administrative est apparue en plusieurs étapes. Les deux principales se situent vers le début et la fin du XIXe siècle.

L'article 52 de la Constitution du 22 frimaire an VIII (13 décembre 1799) crée le Conseil d'État et, peu après, la loi du 28 pluviôse an VIII (18 février 1800) crée les conseils de préfecture dans chaque département (ils prendront en 1953 le nom de « tribunaux administratifs »). Le Conseil d'État avait l'apparence d'un juge, mais il lui manquait l'indépendance propre à toute juridiction. En ce sens, l'article 41 de la Constitution de l'an VIII disposait que le pouvoir exécutif « *nomme et révoque à volonté les membres du Conseil d'État* ».

L'indépendance du Conseil d'État va s'accroître tout au long du XIXe siècle. L'article 9 de la loi du 24 mai 1872 consacre la règle d'après laquelle « *Le Conseil d'État statue souverainement sur les recours en matière contentieuse administrative* ». Cette loi marque le passage d'une « justice retenue », contrôlée par le pouvoir exécutif, à une « justice déléguée », indépendante du pouvoir exécutif. En 1980, le Conseil constitutionnel a élevé « *l'indépendance* » de la juridiction administrative au rang de principe fondamental reconnu par les lois de la République (CC, 22 juillet 1980, *Loi portant validation d'actes administratifs*, déc. n° 80-119 DC).

Au sein de la juridiction administrative, on distingue trois catégories de juge : un juge de première instance, un juge d'appel et le juge de cassation.

2. Les tribunaux administratifs et les cours administratives d'appel

Les TA et CAA sont les «juges du fond» du contentieux administratif. Cela signifie qu'ils sont compétents pour juger, à la fois, le droit et les faits du litige qui leur est soumis par un justiciable.

Le tribunal administratif est, en principe, juge de première instance. C'est vers lui que le justiciable se tourne en premier pour faire trancher un litige administratif. Les tribunaux administratifs ont été créés par le décret du 30 septembre 1953 en remplacement des conseils de préfecture. On en dénombre actuellement 42. Lorsqu'une partie au litige n'est pas satisfaite du jugement rendu par le tribunal administratif, elle peut interjeter appel. Toutefois, l'appel n'est pas permis dans certains litiges, par exemple en matière de permis de conduire ou de pension (art. R. 811-1 du Code de justice administrative).

La cour administrative d'appel est, en principe, juge d'appel. On se tourne vers elle en vue d'obtenir une solution au litige plus favorable par rapport à celle rendue par le tribunal administratif. Cinq cours administratives d'appel ont été créées par la loi du 31 décembre 1987. On en compte aujourd'hui huit et une neuvième doit ouvrir à Toulouse fin 2021. Lorsqu'une partie au litige n'est pas satisfaite de l'arrêt rendu par la cour administrative d'appel, elle peut se pourvoir en cassation devant le Conseil d'État.

3. Le Conseil d'État

Le CE est le «juge administratif suprême». La loi de 1872 a, d'ailleurs, consacré le pouvoir «*souverain [ ]*» du «*Conseil d'État*» (*cf. supra* n° 1).

Le Conseil d'État est «juge de cassation» du contentieux administratif (sauf pour certains litiges où il est juge de première instance ou d'appel). Comme la Cour de cassation dans le contentieux judiciaire, le Conseil d'État est compétent pour contrôler que les juges du fond ont correctement appliqué les règles de droit au litige dont ils étaient saisis. En revanche, le juge de cassation ne censure pas une erreur concernant les faits du litige, sauf dans certains cas ou si l'erreur de fait est grossière (on parle alors de «dénaturation»). En cas d'irrégularité du jugement du tribunal ou de l'arrêt de la cour, le Conseil peut l'annuler et renvoyer le litige au juge du fond pour qu'il soit à nouveau tranché. Au lieu de renvoyer l'affaire, le Conseil peut décider de régler lui-même le litige (art. L. 821-2 du Code de justice administrative).

Aux côtés de ses fonctions contentieuses, le Conseil d'État exerce également des fonctions de conseil auprès du Gouvernement et, dans une certaine mesure, auprès du Parlement. D'une part, le Gouvernement peut ou, si une loi le prévoit, doit demander au Conseil d'État son avis sur les projets de décret. Il est aussi obligatoirement consulté sur les projets de loi (art. 39, al. 2, de la Constitution). D'autre part, les présidents de l'Assemblée nationale et du Sénat peuvent demander au Conseil d'État son avis sur les propositions de loi depuis la loi constitutionnelle du 23 juillet 2008 (art. 39, al. 4).

Éléments d'approfondissement

- Actes de colloque, L'avenir des tribunaux administratifs, *JCP (A)*, 2005, n° 30-34, pp. 1171-1267.
- BOURDON Pierre (dir.), *La communication des décisions du juge administratif*, LexisNexis, Paris, 2020, 226 p.
- CAILLOSSE Jacques, « Le juge administratif et la question de l'"efficacité" », *RDP*, n° 1, 2013, pp. 27-51.
- LATOURNERIE Dominique, *Le Conseil d'État*, Dalloz, coll. Connaissance du droit, Paris, 2005, 156 p.

Les indispensables

- Le Conseil d'État et les conseils de préfecture (ancêtres des tribunaux administratifs) ont été respectivement créés en 1799 et 1800.
- Jusqu'à la fin du XIXe siècle, la justice administrative était « retenue » (contrôlée par le pouvoir exécutif) ; elle est depuis lors une « justice déléguée » (indépendante).
- Une décision du Conseil constitutionnel rendue en 1980 a élevé l'indépendance de la juridiction administrative au rang de « principe fondamental reconnu par les lois de la République ».
- Le juge de droit commun du contentieux administratif est en principe le tribunal administratif. Créés en 1953, on en compte 42.
- Les cours administratives d'appel peuvent annuler le jugement d'un tribunal administratif entaché d'une irrégularité. Créées en 1987, on en compte huit (neuf en 2021).
- Le Conseil d'État, en sa qualité de juge de cassation, contrôle que le juge du fond (TA ou CAA) a correctement appliqué les règles de droit au litige dont il était saisi.
- Le Conseil d'État exerce des fonctions contentieuses auprès des justiciables, ainsi que des fonctions consultatives auprès du Gouvernement et du Parlement.

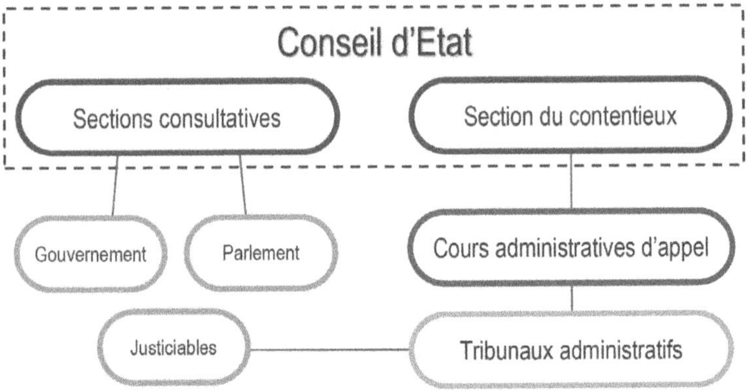

L'ORGANISATION DU CONSEIL D'ÉTAT ET DE LA JURIDICTION ADMINISTRATIVE

Fiche 29

La compétence du juge administratif

Les objectifs de la fiche

- Maîtriser le rôle du juge administratif par rapport au juge judiciaire
- Connaître les règles essentielles de compétence du juge administratif
- Comprendre le rôle et la place du Tribunal des conflits

1. Les domaines de compétence du juge administratif

Les compétences du juge administratif se rapportent à la puissance publique et au service public.

Les actes de l'Administration mettant en œuvre des prérogatives de puissance publique (par ex., des mesures de police) relèvent de la compétence du juge administratif. Le Conseil constitutionnel a érigé cette règle au rang de principe fondamental reconnu par les lois de la République (CC, 23 janvier 1987, *Loi transférant à la juridiction judiciaire le contentieux des décisions du Conseil de la concurrence*, déc. n° 86-224 DC).

Les actes de l'Administration mettant en œuvre une mission de service public (par ex., la fixation des jours et horaires d'ouverture du service) sont également de la compétence du juge administratif. Le Tribunal des conflits (*cf. infra* n° 3) a consacré cette règle (TC, 8 février 1873, *Blanco*, *Rec. TC*, p. 62).

En principe, la compétence du juge administratif a pour conséquence l'application du droit administratif (*cf.* not. fiche 2).

2. Les domaines de compétence du juge judiciaire

Les juridictions civiles et pénales (par ex., les tribunaux judiciaires, les cours d'appel, les cours d'assises, la Cour de cassation) jugent principalement les personnes privées. Les compétences du juge judiciaire concernent aussi l'Administration, sous réserve que ne soit pas en cause la puissance publique ou le service public. Toutefois, la jurisprudence et la loi ont donné compétence au juge judiciaire pour connaître de certains litiges relatifs à la puissance publique ou au service public. Le Conseil constitutionnel l'a admis dans sa décision du 23 janvier 1987 précitée.

Ainsi, d'une part, la jurisprudence a confié au juge judiciaire le contentieux des mesures de police « judiciaire » (*cf.* fiche 34) et les litiges relatifs aux services publics « industriels et commerciaux » (*cf.* fiche 31).

D'autre part, la loi a confié au juge judiciaire les affaires concernant certains actes des autorités administratives ou publiques indépendantes que sont l'Autorité de la concurrence (*cf.* loi n° 87-499 du 6 juillet 1987) et l'Autorité des marchés financiers (*cf.* art. L. 621-30 du Code monétaire et financier). La loi n° 2011-803 du 5 juillet 2011 a confié au juge des libertés et de la détention (JLD) le contentieux de la légalité des soins psychiatriques sans consentement. Enfin, le JLD du tribunal judiciaire de Paris, sur saisine d'un préfet de département, est compétent pour autoriser les visites et saisies dans les lieux où peuvent se trouver des personnes susceptibles de commettre un attentat (loi n° 2017-1510 du 30 octobre 2017).

En principe, la compétence du juge judiciaire a pour conséquence l'application du droit privé (par ex., le Code civil, le Code pénal).

3. Les conflits relatifs à la compétence du juge administratif ou judiciaire

Les conflits de compétence entre JA et JJ sont réglés en dernier ressort par un juge spécifique : le Tribunal des conflits. Il a été créé par l'article 89 de la Constitution du 4 novembre 1848 (IIe République). Le Tribunal est supprimé dès le Second Empire (1852-1870). Il a été recréé avec l'article 25 de la loi du 24 mai 1872.

Le Tribunal des conflits est composé paritairement : 4 conseillers d'État et 4 conseillers à la Cour de cassation. L'un d'eux assure la présidence du Tribunal depuis la réforme intervenue avec la loi n° 2015-177 du 16 février 2015. Auparavant, le ministre de la Justice présidait. Enfin, deux membres du Conseil d'État et deux avocats généraux à la Cour de cassation font office de « rapporteurs publics ». À ce titre, ils sont chargés d'exposer publiquement et en toute indépendance leur opinion sur les affaires dont le Tribunal est saisi.

Le Tribunal des conflits peut être saisi dans l'une des cinq hypothèses suivantes :

- 1er cas : au cours d'un procès devant le juge judiciaire, le préfet peut contester devant le Tribunal des conflits la compétence du juge judiciaire pour juger le litige (« conflit positif »).
- 2e et 3e cas : les parties à un litige peuvent saisir le Tribunal pour qu'il désigne la juridiction compétente, soit lorsque les juges administratif et judiciaire se sont déclarés successivement incompétents pour juger un même litige (« conflit négatif »), soit lorsque ces derniers ont, sans décliner leur compétence, rendu dans un même litige des décisions contraires (« conflit de décisions »).
- 4e cas : tout juge administratif ou judiciaire qui estime qu'un litige relève de la compétence de l'autre ordre de juridiction peut saisir le Tribunal lorsqu'un jugement rendu par l'autre ordre de juridiction s'est déclaré incompétent pour juger le même litige (« conflit sur renvoi d'un juge du fond »).
- 5e cas : le Conseil d'État ou la Cour de cassation peuvent demander au Tribunal de trancher toute question de compétence présentant une « difficulté sérieuse » (« conflit sur renvoi d'un juge suprême »).

Éléments d'approfondissement

- GONOD Pascale, CADIET Loïc (dir.), *Le tribunal des conflits*, Dalloz, coll. Thèmes et commentaires, Paris, 2009, 121 p.
- MOREAU Jacques, MOREAU Pierre, CAZIN Bernard, « Compétence : répartition entre le judiciaire et l'administratif », *Rép. contentieux administratif*, Dalloz, Paris, 2016.
- VAN LANG Agathe, *Juge judiciaire et droit administratif*, Thèse Paris 2, LGDJ, coll. BDP, Paris, 1996, X-359 p.

Les indispensables

- Le juge administratif est compétent pour juger les actes de l'Administration concernant la puissance publique et le service public.
- Une décision du Conseil constitutionnel rendue en 1987 a élevé au rang de « principe fondamental reconnu par les lois de la République » la compétence du juge administratif concernant les actes de puissance publique.
- Le juge judiciaire est compétent pour juger les autres actes de l'Administration et tous les actes des personnes privées.
- À titre exceptionnel, la loi et la jurisprudence peuvent confier au juge judiciaire certains litiges concernant la puissance publique et le service public.
- Le droit administratif est appliqué par le juge administratif pour résoudre le litige administratif qui lui est soumis; le juge judiciaire applique le droit privé.
- Le Tribunal des conflits (créé en 1848, supprimé en 1852, recréé en 1872) est chargé en dernier ressort de déterminer qui du juge judiciaire ou administratif est compétent pour traiter un litige.
- Le préfet, un juge du fond, un juge suprême (Conseil d'État ou Cour de cassation), voire les parties en litige peuvent saisir le Tribunal des conflits.

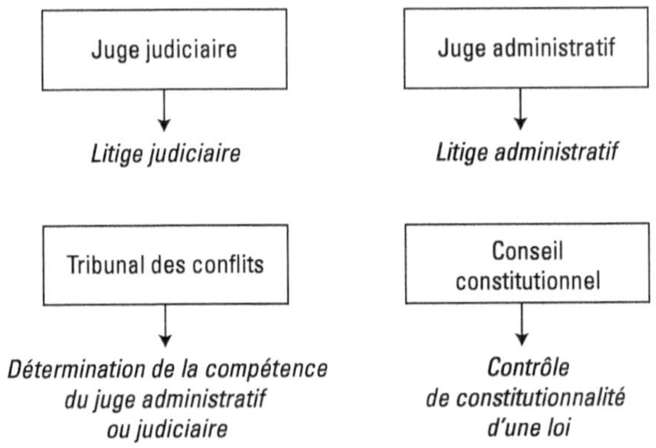

LES COMPÉTENCES DES PRINCIPALES JURIDICTIONS FRANÇAISES

Fiche 30

Le procès devant le juge administratif

Les objectifs de la fiche

- Maîtriser les règles essentielles du procès administratif
- Distinguer les principaux recours et référés ouverts devant le juge administratif
- Connaître les pouvoirs du juge administratif en fonction de l'objet du litige

1. Les recours devant le juge administratif

Les recours tendent (i) à l'interprétation d'un acte administratif, (ii) à l'appréciation de sa légalité, voire (iii) à l'administration d'un remède en cas d'illégalité de l'acte.

i. Le recours au juge peut avoir pour objet d'interpréter un acte administratif « obscur ». Pour prévenir l'apparition de tout litige, l'Administration ou un administré peut demander au juge administratif d'interpréter cet acte. À l'occasion d'un litige, le juge judiciaire peut aussi inviter les parties qui l'ont saisi à demander au juge administratif d'interpréter un acte. Le juge judiciaire et les justiciables peuvent ainsi être éclairés sur le contenu de l'acte concerné.

ii. Le juge judiciaire peut aussi inviter les parties au litige à saisir le juge administratif en cas de difficulté sérieuse à propos de l'appréciation de la légalité d'un acte administratif. La décision du juge administratif permet de constater la légalité ou l'illégalité de l'acte litigieux.

iii. Enfin, l'Administration (si elle n'est pas l'auteur de l'acte) ou un administré peut demander au juge de constater l'illégalité d'un acte administratif et, le cas échéant, de prononcer un remède à l'illégalité. Le « recours pour excès de pouvoir » permet de demander l'annulation de l'acte illégal. Le « recours de plein contentieux » permet de demander l'annulation, mais aussi l'abrogation ou la réformation de l'acte illégal, voire le versement d'une somme d'argent. Le recours de plein contentieux n'est possible (mais obligatoire) que dans certains contentieux (not. en matière de responsabilité, de contrats administratifs, d'élections, de fiscalité, de pensions, de sanctions administratives).

2. Les référés devant le juge administratif

Les référés permettent au justiciable d'obtenir, en cas d'« urgence », une décision du juge dans un délai plus rapide que dans le cadre des recours cités *supra* au n° 1. Les trois principaux référés méritent d'être cités.

i. Le référé-suspension permet à l'auteur d'un recours pour excès de pouvoir ou de plein contentieux de demander au juge administratif la « suspension » de l'acte administratif attaqué en cas de « doute sérieux » sur sa légalité (art. L. 521-1 du Code de justice administrative).
ii. Le référé-liberté permet à tout justiciable d'obtenir en 48 heures une ordonnance du juge administratif pour faire cesser « une atteinte grave et manifestement illégale » portée par l'Administration à une « liberté fondamentale » (art. L. 521-2).
iii. Le référé-conservatoire permet à tout justiciable d'obtenir une ordonnance du juge administratif prescrivant toutes « mesures utiles », y compris « en l'absence de décision administrative préalable » (art. L. 521-3).

3. Les règles essentielles de recevabilité de la requête (recours ou référé) adressée au juge administratif

Les règles de recevabilité concernent notamment la présentation de la requête par le requérant (i) et la représentation du requérant devant le juge (ii). À défaut de respecter ces règles, la requête est rejetée par le juge sans examen de sa part en ce qui concerne le fond du litige (les faits et le droit applicable).

iv. La requête (également appelée « le mémoire ») est, en principe, présentée au juge dans un délai de deux mois suivant la date à laquelle l'acte attaqué a été notifié ou publié par l'Administration (art. R. 421-1 du Code de justice administrative). La requête fait état du nom et du domicile des parties au litige (le demandeur et le défendeur). Elle contient aussi l'exposé des « moyens » (les arguments) et l'énoncé des « conclusions » (les demandes) soumises au juge (art. R. 411-1 et s.). La requête, ses pièces jointes, ainsi que l'acte attaqué sont adressés à la juridiction en cinq exemplaires lorsque deux parties sont en litige, six exemplaires lorsque trois parties sont en litige, etc. (art. R. 412-1 et s.). « Télérecours » est un site Internet permettant d'adresser au juge une requête et ses pièces-jointes de façon dématérialisée. En 2017, « Télérecours » est devenu obligatoire pour les justiciables représentés par un avocat et les grandes administrations (décret n° 2016-1481 du 2 novembre 2016). Depuis 2018, « Télérecours Citoyen » est proposé aux justiciables non représentés par un avocat.
v. Le requérant (comme son adversaire) est représenté par un avocat à la Cour. Devant le Conseil d'État et le Tribunal des conflits, seul un « avocat au Conseil d'État et à la Cour de cassation » peut représenter les parties au litige. Toutefois, il existe plusieurs exceptions à l'obligation de ministère d'avocat. À titre d'illustration, la règle ne s'applique pas dans le cadre des recours pour excès de pouvoir, en appréciation de légalité et en interprétation d'un acte administratif (art. R. 431-2).

Éléments d'approfondissement

- BAILLEUL David, *Le procès administratif*, LGDJ, coll. Systèmes, Paris, 2014, 244 p.
- CAILLE Pierre-Olivier, *Le juge administratif et les recours*, La Documentation française, Paris, 2014, 80 p.
- CASSIA Paul, *Les référés administratifs d'urgence*, LGDJ, coll. Systèmes, Paris, 2003, 198 p.
- LE BOT Olivier, *Le guide des référés administratifs*, Dalloz, coll. Guides Dalloz, Paris, 2013, 914 p.

Les indispensables

- Le recours pour excès de pouvoir permet au requérant d'obtenir l'annulation d'un acte administratif illégal.
- Seul un recours de plein contentieux est possible pour certains litiges (not. responsabilité, contrats administratifs, élections, fiscalité, pensions, sanctions administratives).
- Dans le recours de plein contentieux, le juge a des pouvoirs étendus : il peut annuler l'acte illégal ou s'en tenir à l'abroger, le réformer, voire condamner une partie au litige à verser des dommages-intérêts à l'autre partie.
- Le référé permet au justiciable d'obtenir une décision de justice dans un délai plus court que les recours classiques.
- Le délai de recours contre un acte administratif est en principe fixé à deux mois.
- Les moyens d'une requête sont les arguments juridiques qui cherchent à démontrer le bien-fondé de la demande (« les conclusions ») présentée au juge par le requérant.
- En principe, un avocat représente obligatoirement les parties, sauf dans les recours pour excès de pouvoir, en appréciation de légalité et en interprétation d'un acte administratif.

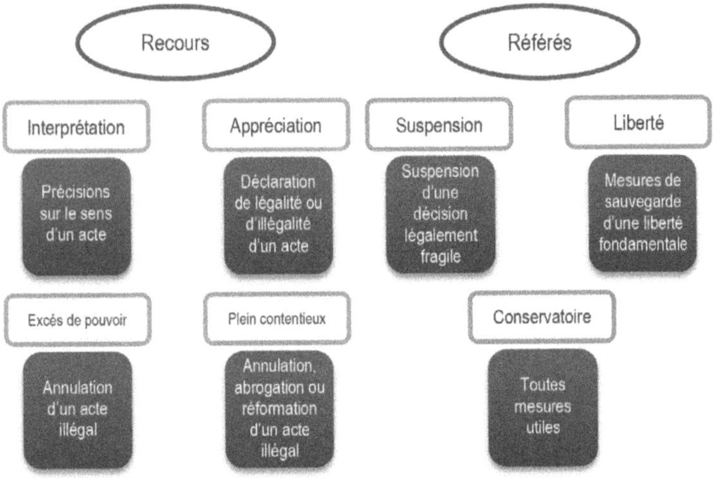

LES PRINCIPAUX RECOURS ET RÉFÉRÉS DEVANT LE JUGE ADMINISTRATIF

Questions à choix multiple

▶ **Répondre aux dix questions suivantes.**
Les questions peuvent appeler plusieurs réponses qui ne figurent pas toutes dans les fiches qui précèdent. L'exercice est ainsi l'occasion de développer encore les connaissances du lecteur.

1. Quel est le rôle du rapporteur public (anciennement appelé « commissaire du gouvernement ») devant les juridictions administratives ?
a. exercer le rôle de ministère public
b. analyser publiquement le litige et proposer une solution lors de l'audience
c. lire publiquement les décisions de justice après délibération
d. écrire les communiqués de presse des décisions de justice

2. Lesquelles de ces communes ne sont pas le siège d'une cour administrative d'appel ?
a. Nantes, Douai et Nancy
b. Versailles et Paris
c. Bordeaux, Marseille et Lyon
d. Lille et Strasbourg

3. Quelle est la partie d'une décision de justice dans laquelle se trouve la réponse du juge à la demande du requérant ?
a. Le dispositif
b. Les motifs
c. Les considérants
d. Les visas

4. Qu'est-ce que la cour nationale du droit d'asile ?
a. Une juridiction autonome
b. Une juridiction administrative de première instance spécialisée
c. Une juridiction administrative d'appel spécialisée
d. Une juridiction administrative de cassation spécialisée

5. Laquelle de ces sections n'est pas une section consultative du Conseil d'État ?
a. la section de l'intérieur
b. la section des finances
c. la section des travaux publics
d. la section sociale
e. la section du rapport et des études
f. la section de l'administration

6. **Quelles sont les conséquences de l'existence d'un recours administratif préalable obligatoire (RAPO) ?**
   a. le requérant saisit directement le juge d'appel s'il entend contester la décision rendue à la suite du RAPO
   b. le juge doit soulever de lui-même l'irrecevabilité de la requête qui n'a pas été précédée d'un RAPO
   c. le requérant peut régulariser sa requête en effectuant un RAPO au cours de l'instruction
   d. le juge doit inviter le requérant à régulariser la requête qui n'a pas été précédée d'un RAPO

7. **Jusqu'à quelle date un acte administratif pris le 10 avril peut-il être attaqué devant le juge en théorie (sans tenir compte de l'existence d'un dimanche ou jour férié le jour de l'expiration du délai) ?**
   a. le 10 juin à 0 h
   b. le 10 juin à 23 h 59
   c. le 11 juin à 0 h
   d. le 11 juin à 23 h 59

8. **Quel est le tout premier acte par lequel un préfet demande au juge judiciaire de se déclarer incompétent pour juger un litige ?**
   a. un déclinatoire de compétence
   b. une ordonnance d'incompétence
   c. un arrêté de conflit
   d. une décision de conflit

9. **Quel est l'acte par lequel un requérant renonce au recours qu'il a lui-même engagé devant le juge administratif ?**
   a. la renonciation
   b. le retrait
   c. le désistement
   d. le forfait

10. **Quelle(s) conséquence(s) le juge tire-t-il de l'absence de mention des voies et délais de recours dans une décision individuelle de l'Administration ?**
   a. l'acte ne peut pas être attaqué en justice
   b. l'acte est illégal
   c. le requérant peut saisir n'importe quel juge administratif
   d. le requérant peut saisir le juge administratif à n'importe quel moment

Corrigé

- **Question 1 :** b
- **Question 2 :** d
- **Question 3 :** a
- **Question 4 :** b
- **Question 5 :** e (c'est uniquement une section administrative)
- **Question 6 :** b
- **Question 7 :** d (le lendemain à la même heure si le 11 juin est un dimanche ou jour férié)
- **Question 8 :** a
- **Question 9 :** c
- **Question 10 :** d (*cf.* art. R. 421-5 du Code de justice administrative, mais le recours doit être déposé dans un « *délai raisonnable* » depuis la décision CE Assemblée, 13 juillet 2016, *Czabaj*, *Rec.*, p. 340)

PARTIE XII

Le service public

Fiche 31

La notion de service public

Les objectifs de la fiche

- Comprendre la définition juridique du service public
- Connaître les critères permettant de qualifier une activité de service public
- Distinguer les deux catégories principales de service public

1. La création du service public

Un service public est une activité créée par une norme juridique (*cf.* fiche 1).

La Constitution (*cf.* fiche 4) peut créer un service public. En 1986, le Conseil constitutionnel a énoncé que « *la nécessité de certains services publics nationaux découle de principes ou de règles de valeur constitutionnelle* » (CC, 25-26 juin 1986, *Loi autorisant le Gouvernement à prendre diverses mesures d'ordre économique et social*, décision n° 86-207 DC, *cf.* point 53). La défense, la justice, la police, la santé, l'éducation et la culture ont un fondement dans la Constitution. Le Conseil n'a toutefois jamais reconnu concrètement l'existence d'un service public constitutionnel. Il a seulement exclu que le service public de l'audio-visuel ait un fondement constitutionnel (CC, 18 septembre 1986, *Loi relative à la liberté de communication*, décision n° 86-217 DC). De même pour le service public des aéroports parisiens (Roissy, Orly, Le Bourget) dont la nécessité ne découle pas « *de principes ou de règles de valeur constitutionnelle* » (CC, 16 mai 2019, *Loi relative à la croissance et la transformation des entreprises*, décision n° 2019-781 DC, *cf.* point 49).

Une loi du Parlement (*cf.* fiche 16) ou un acte réglementaire de l'Administration (*cf.* fiche 38) peuvent aussi créer un service public. Le Conseil constitutionnel l'a reconnu dans sa décision précitée de 1986 (*cf.* point 53). D'une part, la loi a érigé en service public les pompes funèbres (loi n° 93-23 du 8 janvier 1993), l'électricité (loi n° 2000-108 du 10 février 2000) et les prisons (loi n° 2009-1436 du 24 novembre 2009). D'autre part, un acte réglementaire de l'Administration, tel qu'un décret du Premier ministre ou une délibération d'une collectivité territoriale, peut créer un service public, sous réserve de respecter les règles du droit de la concurrence (CE Assemblée, 31 mai 2006, *Ordre des avocats au barreau de Paris*, *Rec.*, p. 272).

2. La qualification du service public

Toutes les activités de l'Administration sont des activités d'intérêt général, mais toutes ne sont pas des activités de service public.

Une activité peut être qualifiée de service public par la Constitution ou par la loi. À défaut d'une telle qualification, des critères élaborés par le juge permettent de repérer une activité de service public (*cf.* CE Section, 22 février 2007, *APREI*, *Rec.*, p. 92). Les trois critères du service public sont :

i. le caractère d'intérêt général de l'activité (*cf.* fiche 2) ;
ii. la gestion de l'activité par l'Administration ou, alternativement, par une personne privée sous le contrôle de l'Administration ;
iii. l'attribution au gestionnaire de prérogatives de puissance publique (par ex., le pouvoir de prendre une décision exécutoire, telle qu'une amende à l'encontre d'un usager, *cf.* fiche 21).

À défaut de remplir ce troisième et dernier critère, une activité d'intérêt général gérée par une personne privée sous le contrôle de l'Administration peut quand même être qualifiée de service public s'« *il apparaît que l'Administration a entendu lui confier une telle mission* », par exemple en raison des obligations imposées à la personne privée par l'Administration (pour des centres de loisirs et des garderies, *cf.* CE, 20 juillet 1990, *Ville de Melun*, *Rec.*, p. 220).

3. Les catégories de service public

Une activité de service public est soumise au droit administratif et à la compétence du juge administratif en cas de litige (TC, 8 février 1873, *Blanco*, *Rec. TC*, p. 62). À titre exceptionnel, le service public peut être soumis au droit civil et au contrôle du juge judiciaire (TC, 22 janvier 1921, *Société commerciale de l'Ouest africain*, *Rec.*, p. 91). Tout dépend, à quelques exceptions près, si l'activité de service public a un caractère administratif (i) ou industriel et commercial (ii).

i. À l'origine, tous les services publics étaient des services publics administratifs (SPA), c'est-à-dire des services relevant, en principe, de la compétence de l'État (par ex., la défense, la justice, la police). Les services publics administratifs gérés par une personne publique sont soumis au droit administratif et à la compétence du juge administratif. Ainsi, les contrats de recrutement des agents des SPA sont des contrats soumis au droit administratif (TC, 25 mars 1996, *Berkani*, *Rec.*, p. 536).
ii. À partir du XXe siècle, l'Administration s'est lancée dans l'exploitation plus systématique de services publics industriels et commerciaux (SPIC), c'est-à-dire des services gérés, en principe, par des sociétés commerciales (par ex., les transports, l'énergie, l'eau, les postes). Les SPIC sont, sauf exception, soumis au droit civil et à la compétence du juge judiciaire. Ainsi, les agents des SPIC sont des salariés de droit privé, sauf le directeur de l'ensemble des services et le comptable public (CE Section, 8 mars 1957, *Jalenques de Labeau*, *Rec.*, p. 158).

Éléments d'approfondissement

– CHEVALLIER Jacques, *Le service public*, 11e éd., PUF, coll. Que sais-je ?, Paris, 2018, 128 p.
– DE BELLECISZE Ramu, *Les services publics constitutionnels*, Thèse Paris 2, LGDJ, coll. BDP, Paris, 2005, 485 p.
– DE CORAIL Jean-Louis, « L'identification du service public dans la jurisprudence administrative », *in Mélanges Georges Burdeau*, LGDJ, Paris, 1977, pp. 789-803.

Les indispensables

- Un service public est une activité créée par une norme juridique (Constitution, loi ou acte administratif réglementaire).
- Le service public doit respecter les règles de la concurrence.
- Pour être qualifiée de service public, une activité doit être nommée comme telle par la Constitution ou par la loi.
- À défaut de qualification constitutionnelle ou législative, le juge considère qu'est un service public l'activité (i) d'intérêt général, (ii) gérée par l'Administration ou sous son contrôle, (iii) au moyen de prérogatives de puissance publique.
- À défaut de prérogatives de puissance publique, l'activité gérée par une personne privée est quand même un service public si l'Administration a entendu lui confier une telle mission.
- En principe, un service public administratif (SPA) est soumis au droit administratif et au contrôle du juge administratif en cas de litige.
- Un service public industriel et commercial (SPIC) est en principe soumis au droit civil et à la compétence du juge judiciaire en cas de litige.

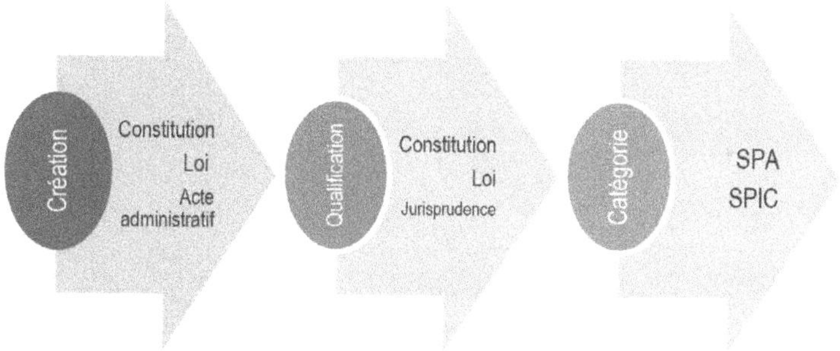

LA NOTION DE SERVICE PUBLIC

Fiche 32

La gestion du service public

Les objectifs de la fiche

- Distinguer les modes de gestion du service public et, notamment, la gestion interne et la gestion externe
- Comprendre les principaux enjeux du choix d'un mode de gestion du service public
- Situer la place et le rôle éventuels d'une personne privée dans la gestion d'un service public

1. Le choix d'un mode de gestion du service public

Dans une décision importante rendue en 2007, le Conseil d'État a rappelé quels sont les différents modes de gestion du service public. L'Administration a le choix. Elle peut gérer elle-même le service public. De façon alternative, l'Administration peut externaliser le service public en confiant sa gestion à un tiers (*cf.* CE Section, 6 avril 2007, *Commune d'Aix-en-Provence*, *Rec.*, p. 155).

Le choix entre gestion interne (ou *in house*) et gestion externe du service public est essentiellement économique. L'Administration choisit souvent le mode de gestion le moins coûteux pour la collectivité. Le choix entre gestion interne et gestion externe peut aussi être influencé par des considérations politiques. Certains élus favorables à l'intervention publique préfèrent une gestion interne. D'autres plus réticents préfèrent une gestion externe et par le secteur privé. Une alternance entre gestion interne et gestion externe permet d'éviter les gaspillages et les rentes excessives.

2. La gestion interne (*in house*) du service public

L'Administration peut gérer elle-même le service public. À cette fin, elle peut créer une « régie simple », une « régie autonome », voire un « établissement public ». Le choix entre ces trois modes de gestion interne dépend essentiellement du degré de liberté que l'Administration souhaite laisser aux agents chargés de gérer le service public.

i. L'Administration, qu'il s'agisse d'une collectivité territoriale ou de l'État, peut gérer le service public en « régie simple ». Le service public est alors géré au sein d'un bureau de l'Administration qui l'a créée. Tel est le cas des services de l'état civil ou de la voirie dans les communes.

ii. Une collectivité territoriale peut aussi créer une « régie autonome ». Le bureau gestionnaire du service public dispose alors d'un budget distinct de celui de la collectivité, ce qui lui offre une certaine autonomie. Tel est souvent le cas des comités des fêtes dans les communes.

iii. Enfin, l'Administration, qu'il s'agisse d'une collectivité territoriale ou de l'État, peut créer un « établissement public ». Le service public est alors géré au sein d'une entité ayant une personnalité juridique distincte de l'Administration qui l'a créée. L'entité peut disposer, non seulement d'un budget propre, mais également d'un patrimoine propre et d'un personnel propre. L'autonomie est parfois tellement importante que la gestion n'est pas totalement interne, mais plutôt mixte : interne sous certains aspects, externe sous d'autres. Dans les communes, les équipements sportifs et culturels sont souvent confiés à des établissements publics. Au niveau de l'État, la RATP est gestionnaire d'un service public de transport. Les Universités gèrent un service public d'enseignement et de recherche.

3. La gestion externe du service public

L'Administration peut confier la gestion du service à un tiers. À cette fin, l'Administration peut s'adresser à une personne privée, mais elle peut aussi se tourner vers une autre personne publique.

En principe, le service public est confié à un tiers en concluant l'un des deux contrats que sont la concession de service public (CSP, également appelée « délégation de service public ») ou le marché de service public (MSP).

Ces deux contrats se ressemblent car, en règle générale, ils sont attribués à un tiers après une procédure de publicité et de mise en concurrence (même lorsque ce tiers est une autre personne publique). Les règles de procédure figurent dans le Code de la commande publique. Au cours de la procédure, plusieurs tiers sont en compétition. Le tiers qui propose la meilleure offre de service (meilleure qualité, meilleure quantité, meilleur prix) emporte le contrat (*cf.* également fiche 43).

Le choix entre ces deux modes de gestion externalisée dépend essentiellement des modalités de rémunération du gestionnaire du service public envisagées par l'Administration. Si la personne publique souhaite que le tiers se rémunère auprès des usagers du service, elle peut conclure une CSP. Si la personne publique accepte de rémunérer elle-même le tiers, elle doit conclure un MSP. Autrement dit, dans la CSP, le tiers assume le risque d'exploitation car sa rémunération n'est pas garantie par l'Administration. Dans le MSP, le risque d'exploitation est couvert grâce à la rémunération de l'Administration (*cf.* CE, 5 juin 2009, *Société Avenance-Enseignement et Santé*, *Tab.*, p. 826).

Éléments d'approfondissement

- LONG Martine, « Les enjeux financiers du choix du mode de gestion du service public local », *RGCT*, n° 52, 2012, pp. 233-244.
- MOREAU David, *Les marchés de service public*, Le Moniteur, Paris, 2005, 222 p.
- RICHER Laurent, *La concession en débat*, LGDJ, coll. Systèmes, Paris, 2014, 219 p.

Les indispensables

- L'Administration est en principe libre de choisir entre gestion interne ou externe du service public.
- La gestion interne du service public implique que l'Administration le fasse exécuter par ses propres services.
- La gestion externe du service public suppose que l'Administration le fasse exécuter par un tiers, c'est-à-dire par une autre personne publique ou par une personne privée.
- La régie est l'entité, située au sein de l'Administration, qui gère en interne le service public.
- La régie est une régie autonome ou une régie simple selon qu'elle dispose ou non d'un budget distinct de celui de la collectivité.
- L'établissement public permet une gestion interne du service public par une entité ayant une personnalité juridique distincte de l'Administration qui l'a créée.
- L'Administration peut externaliser la gestion du service public en concluant un contrat; le contrat est une concession (ou délégation) de service public (CSP) ou un marché de service public (MSP).
- La CSP et le MSP sont conclus à l'issue d'une procédure de sélection des candidats; la procédure doit respecter les règles de la concurrence du Code de la commande publique.

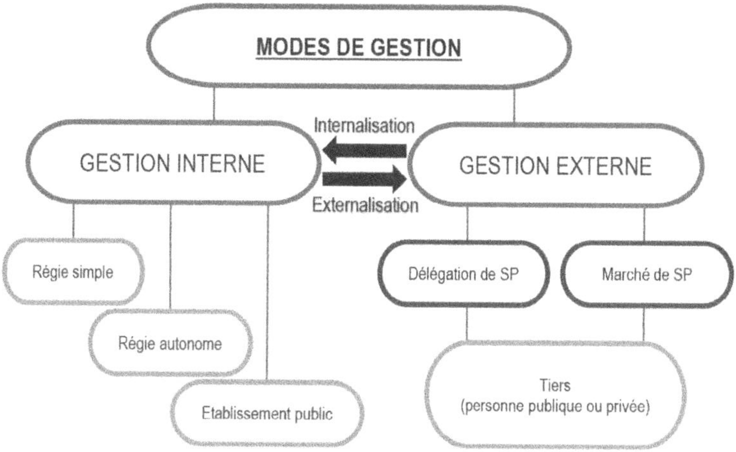

LES MODES DE GESTION DU SERVICE PUBLIC

Fiche 33

Le régime du service public

Les objectifs de la fiche

- Connaître les principes auxquels sont soumis tous les services publics
- Distinguer la place et le rôle des principes du service public
- Comprendre l'actualité des principes du service public

1. Le principe de bon fonctionnement du service public

D'après une décision du Conseil d'État rendue en 1950 : l'Administration est « *responsable du bon fonctionnement des services publics* » (CE Assemblée, 7 juillet 1950, *Dehaene*, *Rec.*, p. 426).

D'une part, le bon fonctionnement suppose un service public continu. Le Conseil constitutionnel a élevé la continuité du service public au rang de principe de valeur constitutionnelle (CC, 25 juillet 1979, *Droit de grève à la radio et à la télévision*, déc. n° 79-105 DC). Pour les services publics essentiels (par ex., la police, la défense, la justice, les hôpitaux), la continuité est absolue : le fonctionnement ne peut pas être interrompu. La plupart des agents de ces services n'ont pas le droit de grève (*cf.* loi du 28 septembre 1948 en ce qui concerne la police nationale). Pour les autres services publics, la continuité est relative : le fonctionnement peut être interrompu temporairement.

D'autre part, le principe de bon fonctionnement suppose un service public de bonne qualité. Plusieurs mesures ont été prises depuis une quinzaine d'années pour améliorer les performances du service public. Depuis 2005, la « charte Marianne » est appliquée dans la plupart des services de l'Administration de l'État. Elle garantit aux usagers un accès, un accueil, une écoute, une réponse à leurs questions et un traitement de leurs réclamations de bonne qualité. Depuis 2008, le « Label Marianne » est décerné à tout service de l'Administration de l'État ou des collectivités territoriales après une évaluation de la qualité du service par un organisme indépendant. Du bureau de poste à l'établissement de santé, les fermetures de certains services publics à plusieurs endroits du territoire ont pu nuire à la qualité du service au cours des dernières années.

2. Le principe d'égalité du service public

Le principe d'égalité implique, d'une part, que les usagers placés dans la même situation soient traités de la même façon. Il suppose donc une égalité des usagers en ce qui concerne les conditions d'accès au service (CE, 9 mars 1951, *Société des concerts du conservatoire*, *Rec.*, p. 151) et, notamment, les tarifs d'accès au service (CE Section, 10 mai 1974, *Denoyez et Chorques*, *Rec.*, p. 274). Toutefois, les usagers dans une situation objectivement différente peuvent être traités de façon différente. Ainsi, les tarifs d'une cantine scolaire peuvent être différents selon que les élèves sont, ou ne sont pas, domiciliés dans la commune (CE Section, 5 octobre 1984, *Commissaire de la République de l'Ariège*, *Rec.*, p. 315). Un motif d'intérêt général peut également justifier un traitement différent. Ainsi, les boîtes aux lettres jaunes de La Poste ne peuvent pas être situées à la même distance de l'habitation de chaque usager (CE, 10 novembre 1997, *Poirrez*, *Rec.*, p. 414).

Le principe d'égalité implique, d'autre part, la neutralité du service public vis-à-vis, notamment, des questions politiques et religieuses. Le principe s'applique à l'Administration à titre principal. Ainsi, une commune ne peut pas donner à une école le nom d'un responsable politique en activité, en l'occurrence Jack Lang (TA Lille, 18 décembre 2007, *Desurmont*, req. n° 0601575). Un lycée ne peut pas non plus autoriser des groupements d'élèves à organiser des réunions politiques à l'intérieur de l'établissement (CE, 8 novembre 1985, *Rudent*, *Rec.*, p. 316). Les agents de l'Administration ont également une obligation de neutralité (CE, avis, 3 mai 2000, *Marteaux*, *Rec.*, p. 169). Le Parlement a également tendance à imposer une obligation de neutralité à l'égard de certains usagers. Ainsi, la loi n° 2004-228 du 15 mars 2004 encadre le port de signes ou de tenues manifestant une appartenance religieuse dans les écoles, les collèges et les lycées publics.

3. Le principe de mutabilité du service public

Le principe de mutabilité (ou d'adaptabilité) du service public implique l'adaptation du service aux besoins de l'intérêt général, c'est-à-dire aux besoins de l'Administration et de tous les usagers.

Le principe de mutabilité implique que tout ou partie du service public peut être supprimé par l'Administration pour des motifs d'intérêt général, sauf s'il a été créé par la Constitution ou par la loi. Ainsi, des lignes de transport aérien peuvent être supprimées pour des motifs économiques (CE Section, 18 mars 1977, *CCI de La Rochelle*, *Rec.*, p. 153). Ce principe implique également que les règles d'organisation et de fonctionnement du service public peuvent être modifiées par l'Administration (CE, 12 février 1982, *Université Paris VII*, *Rec.*, p. 70).

Le principe de mutabilité a des répercussions jusque sur les contrats administratifs, lesquels peuvent être modifiés, et même résiliés, unilatéralement par l'Administration cocontractante en vue de satisfaire l'intérêt général (*cf.* fiche 44).

Éléments d'approfondissement

- BOURDON Pierre, « A la recherche du bon fonctionnement du service public », *Mélanges Gérard Marcou*, IRJS Éditions, Paris, 2017, pp. 705-720.
- CLUZEL-METAYER Lucie, *Le service public et l'exigence de qualité*, Thèse Paris 2, Dalloz, coll. NBT, Paris, 2006, 634 p.
- PELLISSIER Gilles, *Le principe d'égalité en droit public*, LGDJ, coll. Systèmes, Paris, 1996, 143 p.
- TRUCHET Didier, « Unité et diversité des "grands principes" du service public », *AJDA*, n° spécial, 1997, pp. 38-46.

Les indispensables

- Les services publics doivent respecter des principes qu'ils ont tous en commun.
- Le principe de bon fonctionnement du service public implique la continuité et une bonne qualité de service.
- Le principe d'égalité du service public implique que les usagers dans la même situation soient traités de manière identique.
- L'égalité du service public implique également la neutralité du service, notamment d'un point de vue politique ou religieux.
- Le principe de mutabilité du service public implique l'adaptation du service aux besoins d'intérêt général.
- En revanche, la gratuité d'accès au service public n'est pas un principe ; il existe quand même un principe d'accès à moindre coût.

Un service public proche

1. Dans le respect mutuel, vous êtes accueillis avec courtoisie et bienveillance et vous avez le droit à l'erreur (sauf exceptions prévues par la Loi)

2. Nous sommes joignables par téléphone ou sur place et nous facilitons vos démarches en ligne

3. Vous bénéficiez d'un accompagnement adapté à votre situation personnelle

Un service public efficace

4. Nous vous orientons vers la personne compétente pour traiter votre demande

5. Vous recevez une réponse à vos demandes dans les délais annoncés et vous êtes informés sur l'avancement de votre dossier

6. Vous avez accès à nos résultats de qualité de service

Un service public simple

7. Vos avis sont pris en compte pour améliorer et simplifier nos démarches

8. Afin de vous offrir un service de qualité, nous développons en permanence nos compétences

9. Nous sommes éco-responsables

NOUVEAUX ENGAGEMENTS DE SERVICE MARIANNE (PRÉSENTÉS EN DÉCEMBRE 2019)

Question à réponse courte

▶ **L'application du principe de laïcité dans les services publics**

Le corrigé qui suit est volontairement long. Le contenu d'un certain nombre de dispositions est cité pour en faciliter la compréhension.

Corrigé

Pour garantir l'égalité du service public, ce dernier doit observer une stricte neutralité. L'une de ses dimensions, la neutralité religieuse, est également appelée « laïcité ».

Le principe de laïcité a été peu à peu affirmé au XIXe siècle et renforcé à partir des années 1900. D'un côté, la loi du 28 mars 1882 dite « loi Ferry » a institué l'école publique, obligatoire et « *laïque* ». De l'autre, la loi du 30 octobre 1886 a réservé l'enseignement à un « *personnel laïque* ». Puis la loi du 9 décembre 1905 a officiellement séparé les Églises par rapport à l'État. Le préambule de la Constitution de 1946 a réaffirmé le caractère « *laïque* » de l'enseignement public. La même Constitution, dans son article 1er, a énoncé de manière inédite que « *La France est une République [ ] laïque* ». L'article 1er de la Constitution de 1958 a repris ces termes. Il ressort de ces dispositions que la laïcité a historiquement concerné un service public, l'école, avant d'être étendue à l'État tout entier.

Au sein des services publics, la laïcité s'applique à des degrés divers en fonction des personnes parties prenantes du service. C'est ce qui ressort de la charte de la laïcité dans les services publics. Celle-ci a été rédigée à la demande du Premier ministre Dominique de Villepin sur la base d'un texte proposé par le Haut conseil à l'intégration (HCI). La charte a été annexée à la circulaire du Premier ministre n° 5209/SG du 13 avril 2007. Elle rappelle quelles sont les obligations des agents et des usagers du service public, celles des premiers étant plus strictes que celles des seconds.

Cette variation de degré s'explique notamment par l'existence d'un autre principe, la liberté de conscience (dont la liberté de religion est une composante), qui doit également être respecté par l'État et, notamment, par les services publics. Bien avant le principe de laïcité, l'article 10 de la Déclaration des droits de l'Homme et du citoyen de 1789 a consacré le principe de liberté de conscience (et notamment de religion) en ces termes : « *Nul ne doit être inquiété pour ses opinions, même religieuses* […] ». L'article 9 de la Convention européenne de sauvegarde des droits de l'Homme et des libertés fondamentales prévoit une protection équivalente. Le principe de liberté de conscience vient relativiser les obligations des usagers du service public et, dans une moindre mesure, celles des agents du service.

L'on peut ainsi présenter l'application du principe de laïcité dans les services publics selon qu'il est question des agents (I) ou des usagers (II) de ces services.

I. L'application du principe de laïcité par les agents des services publics

Avant tout, le service public doit être neutre d'un point de vue religieux lorsqu'il prend une décision à l'égard d'un agent, qu'il soit fonctionnaire ou contractuel. À cet égard, le préambule de la Constitution de 1946, auquel se réfère celui de la Constitution de 1958, dispose que « *Nul ne peut être lésé, dans son travail ou son emploi, en raison de ses origines, de ses opinions ou de ses croyances* » (al. 5 du préambule). Un ministre peut, certes, refuser l'inscription d'un candidat à un concours de la fonction publique en se fondant sur le principe de laïcité. Un tel refus a été opposé à un prêtre catholique qui voulait se porter candidat au concours d'agrégation de philosophie (CE, 10 mai 1912, *Abbé Bouteyre*, *Rec.*, p. 561). La jurisprudence européenne des droits de l'Homme admet également un tel refus (Commission EDH, 8 octobre 1981, *Demeester contre Belgique*, req. n° 8493/79). En revanche, un secrétaire d'État ne peut pas révoquer un agent public en raison du fait qu'il participe régulièrement, en dehors de son service, à la vente sur la voie publique d'un hebdomadaire religieux (CE, 3 janvier 1962, *Hocdé*, *Rec.*, p. 3).

Toutefois, pendant leur service, les agents des services publics sont des représentants de ces services. C'est la raison pour laquelle ils sont tenus de respecter un strict devoir de neutralité religieuse. La loi n° 2016-483 du 20 avril 2016 relative à la déontologie des fonctionnaires a consacré le devoir de laïcité des fonctionnaires (art. 1er). Auparavant, des textes réglementaires imposaient déjà à certaines catégories d'agents un devoir de neutralité religieuse (par ex., l'art. 7 du Code de déontologie de la police nationale contenu dans le décret n° 86-592 du 18 mars 1986). La jurisprudence a eu l'occasion de préciser les conséquences du principe de laïcité pour les agents publics. Ainsi, le Conseil d'État a jugé que « *le principe de laïcité fait obstacle à ce qu'ils [les agents] disposent, dans le cadre du service public, du droit de manifester leurs croyances religieuses* » (CE, avis, 3 mai 2000, *Marteaux*, *Rec.*, p. 169).

La neutralité des agents des services publics ne doit pas les conduire à nier leurs convictions religieuses éventuelles, ce qui serait incompatible avec le principe de liberté de conscience et, notamment, de religion. À cette fin, la charte de la laïcité dans les services publics rappelle que les agents publics « *bénéficient d'autorisations d'absence pour participer à une fête religieuse dès lors qu'elles sont compatibles avec les nécessités du fonctionnement normal du service* ». En revanche, une telle autorisation peut être refusée si elle consiste pour l'agent à s'absenter pour fréquenter un lieu de culte à des horaires auxquels sa présence est nécessaire pour le fonctionnement normal du service (CE, 16 février 2004, *Benaissa*, *Tab.*, p. 827). La jurisprudence européenne des droits de l'Homme admet également un tel refus (Commission EDH, 12 mars 1981, *X. contre Royaume-Uni*, req. n° 8160/78).

Si le principe de laïcité doit être appliqué strictement par les agents des services publics, l'application du principe est nettement plus souple en ce qui concerne les usagers.

II. L'application du principe de laïcité par les usagers des services publics

Comme pour ses agents, le service public doit être neutre religieusement dans les décisions qu'il prend à l'égard de ses usagers. À titre d'illustration, le refus d'accès au service public opposé à un usager du fait de ses croyances religieuses est illégal (*cf.* not. art. L. 442-1 du Code de l'éducation) et même pénalement répréhensible (art. 225-1 du Code pénal).

En outre, les usagers des services publics ne sont pas des représentants de ces services. Ils ne sont donc pas tenus au devoir de neutralité d'un point de vue religieux, ni d'un point de vue politique d'ailleurs. Les convictions religieuses des usagers peuvent être exprimées librement.

À plus forte raison que pour les agents publics, les usagers des services publics ne doivent pas être conduits à nier leurs convictions religieuses éventuelles. À cette fin, la charte de la laïcité dans les services publics rappelle que « *les usagers accueillis à temps complet dans un service public, notamment au sein d'établissements médico-sociaux, hospitaliers ou pénitentiaires ont droit au respect de leurs croyances et peuvent participer à l'exercice de leur culte* ». La jurisprudence du Conseil d'État admet ainsi que des « *surveillants congréganistes* » interviennent en milieu carcéral (CE, 27 juillet 2001, *Syndicat national pénitentiaire Force Ouvrière-Direction*, *Rec.*, p. 393).

Cependant, les convictions religieuses des usagers ne doivent pas troubler le bon fonctionnement du service. L'article 10 de la Déclaration de 1789 dispose à ce sujet que « *Nul ne doit être inquiété pour ses opinions, même religieuses, pourvu que leur manifestation ne trouble pas l'ordre public établi par la loi* ». L'article 9 de la Convention européenne des droits de l'Homme ne prescrit pas autre chose dans un alinéa 2 d'après lequel « *La liberté de manifester sa religion ou ses convictions ne peut faire l'objet d'autres restrictions que celles qui, prévues par la loi, constituent des mesures nécessaires, dans une société démocratique, à la sécurité publique, à la protection de l'ordre, de la santé ou de la morale publiques, ou à la protection des droits et libertés d'autrui* ».

Dans plusieurs établissements scolaires, des difficultés ont été rapportées dans les années 1980 à propos du port du foulard islamique. Des élèves ont refusé de retirer leur foulard pour des motifs religieux, y compris lorsque la demande de retrait était justifiée par des motifs de sécurité. Pour tenter d'apporter une solution à ces difficultés, le ministre de l'Éducation nationale de l'époque a consulté le Conseil d'État. Dans son avis, le Conseil a précisé que les élèves ont « *le droit d'exprimer et de manifester leurs croyances religieuses à l'intérieur des établissements scolaires, dans le respect du pluralisme et de la liberté d'autrui, et sans qu'il soit porté atteinte aux activités d'enseignement, au contenu des programmes et à l'obligation d'assiduité* » (CE Section de l'intérieur, 27 novembre 1989, *Port du foulard islamique*, avis n° 346893). Des difficultés ont persisté (*cf.* not. CE, 10 mars 1995, *Aoukili*, *Rec.*, p. 122). Le législateur est intervenu à son tour. La loi n° 2004-228 du 15 mars 2004 interdit désormais « *en application du principe de laïcité* » (comme l'indique le titre de la loi) « *le port de signes ou tenues par lesquels les élèves manifestent ostensiblement une appartenance religieuse* » (art. 1er de la loi codifié à l'art. L. 141-5-1 du Code de l'éducation).

Qu'en est-il pour les parents d'élèves ? Les parents qui accompagnent les élèves et leurs enseignants lors d'une sortie scolaire ont pu être considérés comme des agents publics et n'ont pas eu, à ce titre et dans ce cadre, le droit de manifester leurs croyances « *par leur tenue ou par leurs propos* » (TA Montreuil, 22 novembre 2011, *Osman*, req. n° 1012015). Au contraire, une étude publiée par le Conseil d'État en septembre 2013 a assimilé à des usagers les parents participant à une sortie scolaire. Ils ne sont donc pas tenus au devoir de laïcité. La jurisprudence a repris le raisonnement de l'étude du Conseil d'État à son compte (TA Nice, 9 juin 2015, *Dahi*, req. n° 1305386). Les seules sorties scolaires sont concernées. En revanche, n'ont pas le droit de manifester leurs croyances « *les personnes qui, à l'intérieur des locaux scolaires, participent à des activités assimilables à celles des personnels enseignants* » (CAA Lyon, 23 juillet 2019, *Ministre de l'Éducation nationale et de la jeunesse*, req. n° 17LY04351).

PARTIE XIII

La police administrative

Fiche 34

La notion de police administrative

Les objectifs de la fiche

- Comprendre les finalités de la police administrative
- Maîtriser la définition de la notion d'ordre public
- Distinguer la police administrative et la police judiciaire

1. Le but de la police administrative

La PA doit prévenir les troubles à l'ordre public, c'est-à-dire « *assurer le bon ordre, la sûreté, la sécurité et la salubrité publiques* » (art. L. 2212-2 du Code général des collectivités territoriales).

D'une part, la police administrative a pour objectif d'assurer l'ordre physique et matériel dans l'espace public. À cet effet, l'autorité de police peut prendre des mesures pour préserver la tranquillité des administrés : par exemple, suspendre le permis de conduire d'un automobiliste en cas d'infraction grave (art. L. 18 du Code de la route) ; limiter l'usage des tondeuses à gazon certains jours pour éviter toute nuisance (CE, 2 juillet 1997, *Bricq*, *Rec.*, p. 275), interdire l'exploitation d'une centrale hydroélectrique pour prévenir son effondrement (CE, 31 août 2009, *Commune de Crégols*, *Rec.*, p. 342).

D'autre part, la police administrative a pour objectif d'assurer l'ordre moral dans l'espace public. Ce but est plus discrètement affirmé. Il fait craindre que la police soit un prétexte pour s'ingérer dans la sphère intime des individus. L'article L. 2212-2 précité ne fait référence à « *la morale publique* » qu'au milieu du sixième des huit paragraphes explicitant le contenu du pouvoir de police du maire. Ce but est pourtant assumé par la jurisprudence. Ainsi, l'autorité de police peut interdire la représentation d'un film à « *caractère immoral* » dans les cinémas (CE Section, 18 décembre 1959, *Société « Les films Lutetia »*, *Rec.*, p. 693) ou le « lancer de nain » dans les boîtes de nuit en raison de l'atteinte à « *la dignité de la personne humaine* » (CE Assemblée, 27 octobre 1995, *Commune de Morsang-sur-Orge*, *Rec.*, p. 372).

2. La police administrative et la police judiciaire

PA et PJ doivent être distinguées car leur régime est différent. La police administrative est soumise au droit administratif et au contrôle du juge administratif (*cf.* fiche 36). Au contraire, la police judiciaire est soumise au droit privé et à la compétence du juge judiciaire.

Le but poursuivi par la mesure de police permet de distinguer la police administrative et la police judiciaire. La police administrative a pour objectif de prévenir les troubles à l'ordre public. La police judiciaire a pour objectif de réprimer ces troubles : « *de constater les infractions à la loi pénale, d'en rassembler les preuves et d'en rechercher les auteurs* » (art. 14 du Code de procédure pénale).

À titre d'illustration, une opération dont le but essentiel est d'assurer la sécurité d'un transport de fonds a un caractère de police administrative (TC, 12 juin 1978, *Société Le Profil*, *Rec.*, p. 649). En revanche, l'opération a un caractère de police judiciaire lorsque son but essentiel est d'arrêter l'automobiliste ayant commis plusieurs infractions après avoir forcé un contrôle routier (TC, 5 décembre 1977, *Motsch*, *Rec.*, p. 671).

3. La police administrative générale et la police administrative spéciale

PAG et PAS ont un régime proche puisqu'elles sont toutes deux soumises au droit administratif et au contrôle du juge administratif.

Toutefois, d'une part, l'étendue du pouvoir de police est différente. La police administrative générale a vocation à prévenir toute atteinte à l'ordre public. Son domaine est par nature indéfini. À l'inverse, les polices administratives spéciales ont vocation à prévenir toute atteinte à l'ordre public dans un domaine qui leur est propre et qui peut concerner une des catégories suivantes (la liste n'est pas exhaustive) :

- des administrés (police des étrangers, police des gens du voyage) ;
- des activités (police de la chasse, police de la pêche, police des baignades, police du cinéma, police des manifestations) ;
- des lieux (police des gares, police des aérodromes) ;
- des bâtiments (police des édifices menaçant ruine, police des installations classées pour la protection de l'environnement).

D'autre part, le régime du pouvoir de police peut varier sur certains points. Aucun texte ne définit des règles propres à l'édiction de mesures de police administrative générale. En revanche, la loi instituant un pouvoir de police administrative spéciale peut organiser des mesures et des procédures spécifiques. Par exemple, le ministre de la Culture est titulaire du pouvoir de police du cinéma. À ce titre, il délivre le « *visa d'exploitation* » nécessaire pour diffuser un film dans les cinémas (art. L. 211-1 du Code du cinéma et de l'image animée). Les conditions et modalités de délivrance du visa sont fixées par un décret (*cf.* art. R. 211-1 et s.).

Éléments d'approfondissement

- LINOTTE Didier (dir.), *La police administrative existe-t-elle ?*, Economica, Paris, 1985, 140 p.
- PICARD Étienne, *La notion de police administrative*, Thèse Paris 2, LGDJ, coll. BDP, Paris, 1984, 926 p.
- PRETOT Xavier, ZACHARIE Clémence, *La police administrative*, LGDJ, coll. Systèmes, Paris, 2018, 162 p.
- TCHEN Vincent, *La notion de police administrative*, La Documentation française, Paris, 2007, 200 p.

Les indispensables

- Une mesure de police administrative a pour but essentiel de prévenir les troubles à l'ordre public.
- L'ordre public est l'ordre physique, matériel et moral dans les strictes limites de l'espace public.
- Une mesure de police judiciaire a pour but essentiel de réprimer les atteintes à l'ordre public.
- La police administrative est soumise au droit administratif et, en cas de litige, au contrôle du juge administratif.
- La police judiciaire est soumise au droit privé et à la compétence du juge judiciaire en cas de litige.
- La police administrative générale a vocation à prévenir toute atteinte à l'ordre public dans tout domaine.
- Des polices administratives spéciales ont vocation à prévenir toute atteinte à l'ordre public dans un domaine et selon des procédures spécifiques.

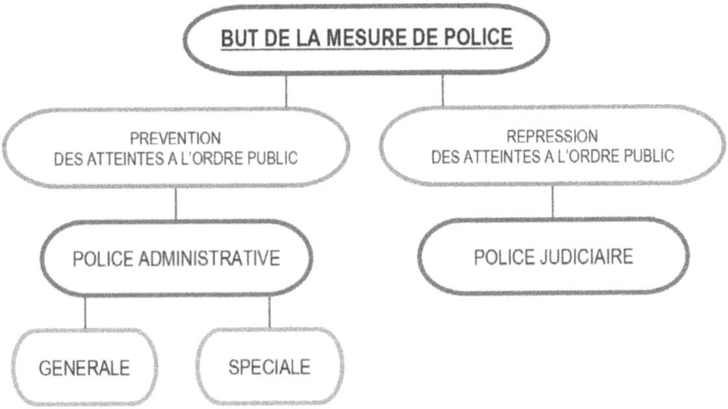

LA NOTION DE POLICE

Fiche 35

La gestion de la police administrative

Les objectifs de la fiche

- Distinguer les autorités titulaires d'un pouvoir de police administrative
- Comprendre l'articulation des pouvoirs entre les différentes autorités de police administrative
- Situer la place et le rôle éventuels d'une personne privée dans la gestion de la police administrative

1. Les autorités de police administrative générale

Elles sont au nombre de quatre et hiérarchisées entre elles.

Chaque autorité est titulaire du pouvoir de police administrative générale sur un territoire déterminé :

Autorité de police	Champ de compétence territoriale
Premier ministre (art. 21 de la Constitution)	Territoire de l'État
Préfet du département (art. L. 2215-1 du CGCT)	Territoire départemental
Président du département (art. 25 de la loi du 2 mars 1982)	Routes départementales hors agglomération
Maire de la commune (sauf Paris) (art. L. 2212-2 du CGCT et, pour Paris, art. L. 2512-13)	Territoire de la commune

Chaque autorité de police doit respecter les mesures adoptées par l'autorité de police supérieure, c'est-à-dire l'autorité dont le pouvoir de police couvre un territoire plus étendu. Toutefois, d'une part, l'autorité inférieure peut durcir les mesures de l'autorité supérieure si des circonstances locales le justifient (CE, 8 août 1919, *Labonne*, *Rec.*, p. 737). D'autre part, la loi ou une mesure de police de l'autorité supérieure peut autoriser une autorité inférieure à assouplir les mesures d'une autorité supérieure (*cf.* not. art. R. 413-3 du Code de la route).

2. L'autorité de police administrative spéciale

Elle est seule titulaire du pouvoir de police dans son domaine de spécialité.

Le texte de loi qui crée une police spéciale désigne l'autorité titulaire du pouvoir de police. Il peut s'agir du maire (par ex., la police des baignades), du préfet (par ex., les polices de la chasse, de la pêche, des manifestations), d'un ministre (par ex., la police du cinéma), voire du Président de la République (par ex., la police des groupes de combat et de milices privées).

En principe, il n'y a ni hiérarchie, ni concurrence entre les mesures de police administrative spéciale puisque chaque autorité de police spéciale agit dans son domaine. Cependant, il peut exister une concurrence entre ces mesures et les mesures de police générale. Autrement dit, la spécialité d'une mesure de police spéciale peut entrer en concurrence avec la généralité d'une mesure de police générale. Deux règles s'appliquent en cas de conflit :

i. Lorsqu'une mesure de police spéciale est prise, les mesures de police générale ne peuvent plus être mises en œuvre dans le domaine couvert par la mesure de police spéciale.
ii. Mais une mesure de police générale plus sévère que la mesure de police spéciale peut être mise en œuvre lorsque des circonstances locales l'exigent.

3. Le principe de la gestion interne de la police administrative

Ce principe implique qu'elle ne peut pas être déléguée par l'autorité à qui ce pouvoir a été confié (CE Assemblée, 17 juin 1932, *Ville de Castelnaudary*, *Rec.*, p. 595), y compris s'il s'agit d'une autre personne publique (CE, 11 mai 2009, *Ville de Toulouse*, *Rec.*, p. 191). Si le Conseil d'État l'affirme depuis longtemps, le Conseil constitutionnel l'a tout récemment consacré (CC, 10 mars 2011, *LOPPSI*, déc. n° 2011-615 DC, point 19).

La police administrative est un service public qui ne peut être assuré qu'en régie. Il n'est pas susceptible d'être concédé (*cf.* fiche 32). Le fondement de cette règle est le caractère existentiel de la police pour l'État. À titre d'illustration, la surveillance des voies publiques ne peut pas être confiée par le maire à une société commerciale (CE, 29 décembre 1997, *Commune d'Ostricourt*, *Tab.*, p. 706).

Toutefois, certaines activités de police peuvent être externalisées. Il s'agit des activités matérielles, lesquelles ne concernent pas l'exercice du pouvoir de police, mais la seule mise en œuvre des mesures de police. Ainsi, la mise en œuvre des mesures de sûreté dans les aéroports est de plus en plus souvent confiée à des sociétés commerciales, comme dans les aéroports parisiens (*cf.* art. L. 6341-2 du Code des transports). Finalement, les personnes privées occupent une place croissante (et parfois inquiétante) en matière de police.

De manière subtile, la loi du 27 janvier 2014 dite « loi MAPTAM » a transformé l'ancienne « police » du stationnement payant sur voirie en « service concessible ». Auparavant, le stationnement payant sur voirie ne pouvait pas être confié à une société commerciale (CE, 1er avril 1994, *Commune de Menton*, *Rec.*, p. 176). Désormais, ce service peut être externalisé, comme à Paris, Metz, Nancy et Strasbourg avec Streeteo.

Éléments d'approfondissement

- DELHOSTE Marie-France, *Les polices administratives spéciales et le principe d'indépendance des législations*, Thèse Toulouse 1, LGDJ, coll. BDP, Paris, 2001, 290 p.
- ECKERT Gabriel, « Police et contrat », *in* VAUTROT-SCHWARTZ Charles (dir.), *La police administrative*, PUF, coll. Thémis Essai, Paris, 2014, pp. 167-183.
- MAILLARD Dominique, *Police générale, polices spéciales*, Thèse Rennes 1, 1988, 764 p.

Les indispensables

- Les autorités de police administrative générale sont le Premier ministre, le préfet du département, le président du département et le maire.
- Le texte créateur d'une police administrative spéciale détermine l'autorité investie de ce pouvoir de police.
- Une hiérarchie existe entre les autorités de police générale ; en revanche, les autorités de police spéciale ne sont pas hiérarchisées.
- En cas de conflit entre une mesure de police générale et une mesure de police spéciale, la seconde prime dans son domaine.
- Une mesure de police générale peut primer toute autre mesure de police générale ou spéciale à la double condition qu'elle soit : (i) plus sévère ; (ii) nécessaire en raison de circonstances locales.
- Le principe de gestion interne de la police administrative interdit toute externalisation (y compris à une autre personne publique).
- À titre d'exception, les activités matérielles de police peuvent être déléguées à un tiers.

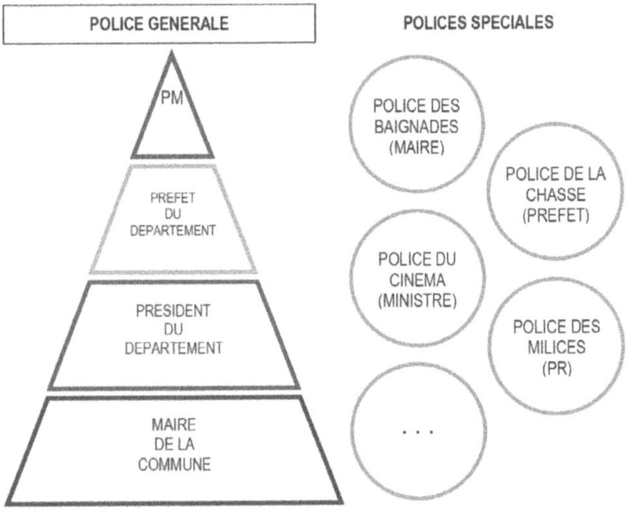

L'ORGANISATION DES POLICES ADMINISTRATIVES GÉNÉRALE ET SPÉCIALES

Fiche 36

Le régime de la police administrative

Les objectifs de la fiche

- Maîtriser les rapports entre la police administrative et la liberté
- Connaître les limites du pouvoir de police administrative
- Comprendre l'étendue du contrôle du juge sur les mesures de police

1. L'interdiction de la mesure de police

Elle vise trois types d'actes: les contrats, les autorisations et les déclarations préalables.

D'une part, l'Administration qui a conclu un contrat ne peut pas utiliser son pouvoir de police pour contraindre son cocontractant à exécuter le contrat (CE, 5 janvier 1924, *Société industrielle du gaz et d'électricité*, *Rec.*, p. 17). En revanche, l'Administration doit mettre en œuvre ce pouvoir à l'égard des tiers au contrat (par ex., les usagers du service public) si cela est nécessaire à l'exécution du contrat par le cocontractant (CE, 7 janvier 1976, *Ville d'Amiens*, *Rec.*, p. 11).

D'autre part, l'Administration ne peut pas utiliser son pouvoir de police pour exiger des administrés qu'ils obtiennent une autorisation ou déposent une déclaration avant de débuter l'exercice d'une activité. Il en va ainsi, par exemple, de la photographie sur la voie publique (CE Assemblée, 22 juin 1951, *Daudignac*, *Rec.*, p. 362) ou de la circulation sur une rivière (CE, 13 novembre 1992, *Ligue du Centre de canoë-kayak*, *Rec.*, p. 404). Seule la loi peut imposer une procédure d'autorisation ou de déclaration préalable à l'exercice de toute activité.

2. La nécessité de la mesure de police

La nécessité est la première condition de légalité d'une mesure de police.

Lorsqu'une mesure de police administrative est nécessaire à la prévention d'une atteinte à l'ordre public, l'autorité de police est tenue de prendre la mesure qui s'impose. Ainsi, le juge annule la décision de refus de prendre un arrêté de péril lorsqu'un édifice menace de s'effondrer (CE, 1er juin 1973, *Ambrigot*, *Tab.*, p. 915). La responsabilité pour faute de l'Administration peut être engagée en cas de carence de l'autorité de police (*cf.* fiche 46). En revanche, lorsqu'une mesure de police n'est pas nécessaire à la prévention d'une atteinte à l'ordre public, l'autorité de police doit s'abstenir de la prendre. Ainsi, le juge annule l'arrêté interdisant une cérémonie religieuse organisée dans un cimetière les 1er et 2 novembre lorsqu'aucun motif tiré de la nécessité de prévenir un trouble à l'ordre public ne peut être invoqué (CE, 1er mai 1914, *Abbé Didier*, *Rec.*, p. 515).

Lorsque la mesure a pour but de protéger la moralité publique, le juge est plus vigilant sur le contrôle de sa nécessité. Outre le risque d'atteinte à la morale, il vérifie l'existence de circonstances locales de nature à justifier la prévention de cette atteinte. Ainsi, l'interdiction de poser deux enseignes lumineuses sur la façade d'un « sex-shop » est légale lorsque la boutique se situe à proximité d'un mémorial de la Résistance (CE, 11 mai 1977, *Ville de Lyon*, *Rec.*, p. 211). En revanche, l'interdiction de l'affichage publicitaire en faveur des « messageries roses » est illégale en l'absence de circonstances locales particulières (CE, 8 décembre 1997, *Commune d'Arcueil*, *Rec.*, p. 482). Par exception, la prévention de l'atteinte à la morale ne nécessite pas de circonstances locales lorsque le respect de la dignité de la personne humaine est en jeu (CE, 9 janvier 2014, *Société Les Productions de la Plume*, *Rec.*, p. 1).

3. La proportionnalité de la mesure de police

La proportionnalité est la seconde condition de légalité d'une mesure de police.

Comme l'a souligné le commissaire du gouvernement Corneille à l'occasion d'une affaire *Baldy* jugée par le Conseil d'État en 1917 : « *la liberté est la règle, et la restriction de police l'exception* » (*Rec.*, p. 640). En vue de protéger autant que possible la liberté, la mesure de police doit être proportionnée à ce qui est nécessaire pour prévenir une atteinte à l'ordre public.

En conséquence, d'une part, une mesure trop restrictive pour la liberté par rapport à ce qui serait nécessaire pour prévenir une atteinte à l'ordre public est illégale. À titre d'illustration, l'interdiction d'une conférence est irrégulière s'il peut être démontré que les troubles à l'ordre public peuvent être prévenus par des mesures moins contraignantes, telles que la mobilisation d'agents de police pour faire respecter l'ordre (CE, 19 mai 1933, *Benjamin*, *Rec.*, p. 541).

D'autre part, les mesures générales et absolues sont présumées illégales. Ainsi, un arrêté du préfet de police de Paris prévoyant une « *interdiction générale* » de manifester pendant la visite du président chinois dans la capitale est irrégulier (CE, 12 novembre 1997, *Ministre de l'Intérieur*, *Rec.*, p. 417). Des circonstances exceptionnelles peuvent toutefois justifier une mesure générale et absolue. Une activité de photographe peut être interdite sur une route et ses abords en cas d'« *affluence exceptionnelle de touristes* » (CE, 13 mars 1968, *Leroy*, *Rec.*, p. 179). Plus récemment, pendant la crise sanitaire liée à l'épidémie de covid-19, le décret n° 2020-260 du 16 mars 2020 a « *interdit* [...] *le déplacement de toute personne hors de son domicile* », ce que le Conseil d'État n'a pas remis en cause (JRCE, 22 mars 2020, *Syndicat Jeunes médecins*, *Tab.*, à paraître).

Éléments d'approfondissement

- Actes de colloque, *Droits de l'individu et police*, PUF, coll. Thémis, Paris, 1990, XII-272 p.
- PETIT Jacques, « Le contrôle juridictionnel des mesures de police par le juge administratif », *in* VAUTROT-SCHWARTZ Charles (dir.), *La police administrative*, PUF, coll. Thémis Essai, Paris, 2014, pp. 205-219.

Les indispensables

- L'autorité de police administrative ne peut pas utiliser son pouvoir de police pour contraindre un cocontractant à exécuter le contrat qui le lie à l'Administration ; elle peut en revanche l'utiliser pour aider son cocontractant à exécuter le contrat.
- Une autorisation ou une déclaration d'activité ne peut pas être exigée par l'autorité de police avant le début de l'exercice de cette activité.
- Une mesure de police administrative doit être, à la fois, nécessaire et proportionnée.
- La nécessité de la mesure de police implique que l'autorité de police prenne les seules mesures strictement nécessaires au maintien de l'ordre public.
- Lorsque la mesure a pour but de protéger la moralité publique, le juge vérifie qu'il existe localement des circonstances qui justifient un risque d'atteinte à la morale (exception : le respect de la dignité de la personne humaine).
- La proportionnalité de la mesure de police implique que cette mesure soit proportionnée à ce qui est nécessaire pour prévenir une atteinte à l'ordre public.
- Les mesures de police générales et absolues sont présumées illégales, sauf s'il existe des circonstances exceptionnelles de nature à les justifier (*cf.* covid-19 par exemple).

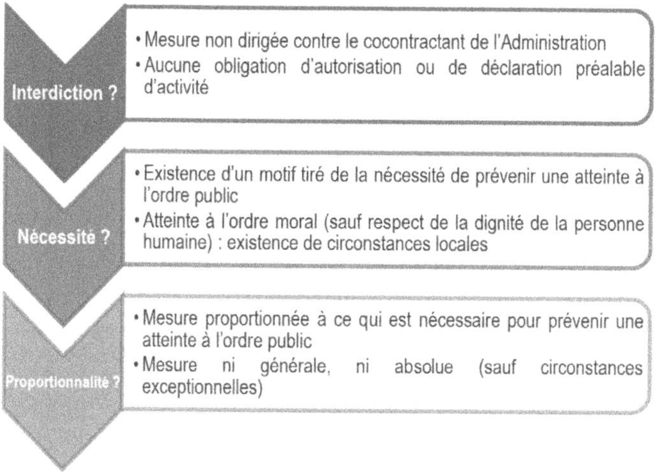

LE CONTRÔLE D'UNE MESURE DE POLICE ADMINISTRATIVE

Cas pratique

▶ Les pouvoirs de police du maire en matière de stationnement

Photo A

Photo B

Le maire d'une station balnéaire et portuaire a modifié les règles du stationnement sur certaines voies communales.

En effet, la commune est très fréquentée par les touristes pendant la période estivale. Tant et si bien que les professionnels de la pêche ont des difficultés à se garer près du port. D'autres endroits de la commune sont également pris d'assaut. Plusieurs administrés, résidents à l'année, se sont plaints de ne plus savoir quoi faire de leur véhicule avec l'arrivée des beaux jours. Le maire a donc décidé de réserver des places de stationnement aux marins-pêcheurs (photo A) ou aux riverains (photo B). Un touriste venu passer ses vacances d'été dans la station a bien compris que son véhicule n'y était plus le bienvenu. Bravant l'interdiction, l'automobiliste a écopé d'une contravention. Il vous consulte pour savoir si tout ceci est bien légal.

Corrigé

La consultation du touriste peut faire l'objet du courrier suivant :

Paris, le 30 avril 2020,

Monsieur,

Vous avez bien voulu me consulter sur la question de la légalité des nouvelles règles de stationnement applicables dans la commune où vous avez passé vos vacances et je vous en remercie. Je vous prie de bien vouloir trouver ci-dessous ma réponse à votre question.

Le maire de la commune a réservé le stationnement (photo B), et même le simple arrêt (photo A), des véhicules le long d'une voie publique à certaines catégories d'usagers. Deux questions de droit doivent être résolues pour savoir si de telles règles sont légales :

1°) à propos de la photo A, le maire peut-il interdire l'arrêt et le stationnement de tous les usagers le long d'une voie publique, à l'exception de certains professionnels?

2°) à propos de la photo B, le maire peut-il interdire le stationnement le long d'une voie publique, sauf pour les riverains?

En principe, le stationnement sur la voie publique a la particularité d'être à la croisée des deux missions de l'Administration que sont le service public et la police administrative. En effet, garer son véhicule sur la voirie est un service que la plupart des communes proposent aux usagers de la route. Cependant, ce service peut faire l'objet d'une réglementation par le maire de la commune au titre de ses pouvoirs de police. Vont donc s'appliquer, à la fois, les règles gouvernant le service public et celles concernant la police administrative.

En ce qui concerne la police administrative:

La réglementation du stationnement sur la voie publique est une prérogative du maire qui découle de ses pouvoirs de police municipale (art. L. 2211-2 du Code général des collectivités territoriales). En outre, le maire peut créer une obligation de paiement d'une redevance de stationnement sur la voirie (art. L. 2213-2, 2°, du CGCT).

Lorsque le maire édicte une mesure de police en matière de stationnement, celle-ci doit respecter les conditions énoncées par la loi et la jurisprudence administrative. Ainsi, la loi prévoit que l'arrêté du maire doit être motivé par les nécessités de la circulation et la protection de l'environnement (art. L. 2213-2 du CGCT). La jurisprudence requiert quant à elle que la mesure de police soit proportionnée à ce qui est nécessaire au maintien de l'ordre public, le principe de proportionnalité (*cf.* CE, 19 mai 1933, *Benjamin*, *Rec.*, p. 541) étant applicable en matière de police du stationnement sur la voie publique (*cf.* CE, 3 juin 1994, *Commune de Coulommiers*, *Rec.*, p. 287).

En plus des règles de la police administrative, les mesures concernant le stationnement sur la voie publique doivent respecter les règles applicables à tout service public.

En ce qui concerne le service public:

Il existe un principe d'égalité des usagers du service public. Consacré en 1951 (CE, 9 mars 1951, *Société des concerts du conservatoire*, *Rec.*, p. 151), ce principe a été par la suite reconnu spécifiquement aux usagers du stationnement sur la voie publique (CE, 4 mai 1994, *Ville de Toulon*, *Rec.*, p. 222). Il implique que les usagers du stationnement placés dans la même situation soient traités de la même façon.

Toutefois, la loi permet de créer des «*stationnements*» réservés sur les voies publiques de l'agglomération en faveur des véhicules suivants:

- les véhicules des personnes handicapées; les véhicules bénéficiant du label «autopartage»; les véhicules affectés à un service public; les véhicules de transport de fonds, bijoux ou métaux précieux;
- depuis la loi n° 2019-1428 du 24 décembre 2019, les véhicules «*bénéficiant d'un signe distinctif de covoiturage*» ou «*à très faibles émissions*»;
- les transports publics de voyageurs; les taxis.

Les mêmes dispositions permettent de réserver des emplacements dits « de livraison » pour faciliter l'« *arrêt* » de tout véhicule effectuant un chargement ou un déchargement de marchandises (art. L. 2213-2 et L. 2213-3 du CGCT).

Par ailleurs, la jurisprudence reconnaît aux riverains un droit d'accès à leur lieu de résidence, à pied ou avec un véhicule. Ce droit implique, d'une part, la possibilité pour les riverains d'entrer et sortir de leur immeuble (CE, 3 juin 1994, *Commune de Coulommiers*, *Rec.*, p. 287) et, d'autre part, d'arrêter un véhicule devant la porte de leur immeuble pendant le temps nécessaire à la montée et la descente des occupants ou le chargement et le déchargement de marchandises (CE, 26 févr. 1969, *Fédération nationale des clubs automobiles de France*, *Rec.*, p. 121).

En revanche, le juge administratif annule les mesures réservant le stationnement à d'autres catégories de véhicules, tels que les véhicules personnels des agents municipaux (CE, 16 février 1972, *Bernard*, *Rec.*, p. 140) ou les véhicules professionnels des médecins libéraux (CAA Lyon, 13 mars 1990, *Commune de La Ciotat*, *Rec.*, p. 421).

En l'espèce :

1°) D'après la photo A, l'arrêt et le stationnement sont réservés à une catégorie de professionnels, les « marins-pêcheurs ». Il en résulte que tous les autres usagers, dont les riverains, ne sont pas autorisés à s'arrêter ou se stationner. Les flèches figurant sur le panneau indiquent que les dispositions valent sur toute la longueur de la voirie.

Une telle réglementation semble trop restrictive. D'une part, les marins-pêcheurs ne font pas partie des catégories d'usagers auxquelles des stationnements peuvent être réservés en vertu de la loi ou de la jurisprudence. D'autre part, les riverains sont inclus dans la mesure d'interdiction. La jurisprudence leur confère pourtant le droit d'arrêter leur véhicule devant la porte de leur immeuble pendant le temps nécessaire à la montée/descente des occupants ou le chargement/déchargement de marchandises. Enfin, l'étendue de l'interdiction semble en tout état de cause disproportionnée. L'arrêt et le stationnement sont en effet prohibés sur toute la longueur de la voie publique. Or, le respect du principe de proportionnalité implique plutôt de réserver des emplacements délimités pour l'arrêt et le stationnement. D'ailleurs, la loi permettant de réserver des stationnements à certaines catégories d'usagers ne prévoit pas de réserver la longueur entière d'une voie au stationnement de certains usagers.

2°) D'après la photo B, le stationnement est interdit à tout véhicule. Toutefois, les véhicules des riverains sont exclus de la mesure d'interdiction. Les flèches figurant sur le panneau indiquent, ici encore, que les dispositions valent tout le long de la voirie.

Une telle réglementation semble, à nouveau, trop restrictive. Le maire paraît avoir compris que les riverains disposent d'un droit de stationnement. Or, ces usagers ne disposent que d'un droit d'accès à leur immeuble, ce qui implique un droit de circulation sur la voie menant à l'immeuble. En revanche, ce droit d'accès n'implique pas le droit de stationner. En outre, lorsque l'on observe de près la photo B, il apparaît que la voie publique est relativement longue, alors que les habitations riveraines ne sont pas nombreuses. Quand bien même la mesure d'interdiction serait admissible dans son principe, l'on pourrait en critiquer la légalité au regard des nécessités de la circulation.

3°) Par ailleurs, le détournement de pouvoir du maire pourrait éventuellement être invoqué. Le maire aurait commis un détournement s'il était lui-même marin-pêcheur ou riverain de la voie publique concernée par le stationnement réservé.

En conclusion, les nouvelles règles de stationnement applicables dans la commune où vous avez passé vos vacances paraissent illégales. Cette solution est susceptible d'être invoquée à l'appui d'un recours contre la contravention dont votre véhicule a été l'objet. Pour que vos prochains séjours dans cette commune soient meilleurs, il vous est également conseillé de demander au maire de la commune l'abrogation des mesures litigieuses. En cas de refus du maire, sa décision peut faire l'objet d'un recours pour excès de pouvoir devant le tribunal administratif du ressort de la commune.

[Formule de politesse]

[Signature].

PARTIE XIV

L'acte administratif unilatéral

Fiche 37

La notion d'acte administratif unilatéral

Les objectifs de la fiche

- Maîtriser la définition de l'acte administratif unilatéral
- Connaître les caractéristiques essentielles de l'acte administratif unilatéral
- Situer l'acte administratif unilatéral par rapport aux autres actes unilatéraux de l'Administration

1. Le caractère juridique de l'acte administratif unilatéral

Un acte administratif est un acte juridique, c'est-à-dire une manifestation de volonté d'une ou plusieurs personnes destinée à produire des effets juridiques. Autrement dit, l'acte juridique peut être sanctionné par un juge pour qu'il produise les effets pratiques voulus par son ou ses auteurs.

Il faut distinguer l'acte juridique et le fait. Le fait désigne tout ce qui se produit dans la vie en général. On parle d'acte (non juridique) lorsqu'un fait est attribué à une personne. Ainsi, un acte politique est tout fait d'une personne qui se produit dans la vie politique. Les faits n'ont pas vocation à produire des effets juridiques. À titre d'illustration, le programme électoral d'un candidat à une élection ne peut pas être invoqué en justice pour être appliqué par son auteur.

L'acte juridique et le fait peuvent toutefois entretenir des liens. D'une part, un acte juridique peut produire un fait. Ainsi, un arrêté préfectoral de reconduite à la frontière prévoit le retour d'un étranger dans un État où il peut être accueilli. D'autre part, un fait peut produire un acte juridique. Ainsi, le décret n° 2006-1386 du 15 novembre 2006 dispose que «*Le fait de fumer dans un lieu à usage collectif* [...] *est puni de l'amende prévue pour les contraventions de la troisième classe*» (68 euros à 450 euros).

2. Le caractère administratif de l'acte administratif unilatéral

L'acte administratif est un acte de l'Administration, c'est-à-dire un acte pris par une personne publique ou, le cas échéant, par une personne privée lorsqu'elle exerce une prérogative de puissance publique (*cf.* fiche 31) dans le cadre de la mission de service public dont elle est gestionnaire (CE Section, 13 janvier 1961, *Magnier*, *Rec.*, p. 32).

L'acte administratif est soumis au droit administratif et relève du juge administratif en cas de litige. En principe, l'acte administratif unilatéral pris par un maire, un préfet ou un ministre porte le nom d'« arrêté », celui pris par le Premier ministre ou le Président de la République porte le nom de « décret ».

Au lieu d'édicter un acte administratif, l'Administration peut prendre un acte soumis au droit civil qui relève du juge judiciaire en cas de litige. Tel est le cas des actes relatifs à la gestion des services publics industriels et commerciaux (SPIC) lorsqu'ils n'ont pas un caractère réglementaire (*cf.* fiche 38). Ainsi, les actes individuels concernant les usagers (CE, 21 avril 1961, *Agnesi*, *Rec.*, p. 253) ou les agents (CE Section, 15 décembre 1967, *Level*, *Rec.*, p. 501) des SPIC ne sont pas des actes administratifs. L'on sait toutefois que des exceptions existent (*cf.* fiche 31).

3. Le caractère unilatéral de l'acte administratif unilatéral

Contrairement au contrat (*cf.* fiche 41), l'acte unilatéral implique le consentement d'une seule personne pour être formé et s'appliquer à son ou ses destinataires. Le nombre d'auteurs ou de signataires de l'acte est donc sans importance, tout comme le consentement du ou des destinataires de l'acte. Un seul suffit.

Le consentement du destinataire de l'acte n'est pas nécessaire. Cela n'empêche pas une négociation de l'acte entre auteurs et destinataires. Tout projet de réglementation économique, sociale ou environnementale fait généralement l'objet d'une consultation des représentants des administrés intéressés par la future réglementation (par ex., les syndicats d'agents publics, les associations de protection de l'environnement). Elle est souvent l'occasion d'une négociation du contenu du projet de réglementation.

L'acte unilatéral peut avoir plusieurs auteurs. Un arrêté « interministériel » est pris par plusieurs ministres lorsque les mesures qu'il prévoit intéressent le champ de compétences de chacun de ces ministres. Un arrêté « interpréfectoral » est pris par plusieurs préfets lorsque les dispositions qu'il contient concernent plusieurs départements, voire plusieurs régions.

L'acte unilatéral peut avoir plusieurs signataires. Les décrets du Premier ministre sont également signés, le cas échéant, par les ministres chargés de leur exécution (art. 22 de la Constitution). La signature du Président de la République est requise pour les seuls décrets et ordonnances (*cf.* fiches 10 et 13) délibérés lors du Conseil des ministres (art. 13 de la Constitution).

Éléments d'approfondissement

- BIENVENU Jean-Jacques, « Actes juridiques et classification », *Droits*, n° 7, 1988, pp. 21-27.
- DUPUIS Georges, « Définition de l'acte unilatéral », *Mélanges Charles Eisenmann*, Cujas, Paris, 1975, pp. 205-213.
- SEILLER Bertrand, « Acte administratif – Identification », *Rép. contentieux administratif*, Dalloz, Paris, 2019.

Les indispensables

- Acte juridique, l'AAU est une manifestation de volonté d'une ou plusieurs personnes destinée à produire des effets juridiques.
- Acte de l'Administration, l'AAU est en principe édicté par une personne publique ; l'auteur peut aussi être une personne privée chargée d'une mission de service public.
- Acte unilatéral, l'AAU requiert le consentement d'une seule personne pour être formé et s'appliquer à son ou ses destinataires.
- L'acte administratif est soumis au droit administratif et relève du juge administratif en cas de litige.
- Les « arrêtés » sont les AAU pris par un maire, un préfet ou un ministre ; le Premier ministre et le Président de la République prennent des « décrets ».
- Un arrêté « interministériel » est pris par plusieurs ministres lorsque les mesures qu'il prévoit intéressent chacun de ces ministres.
- Les décrets du Premier ministre sont signés, le cas échéant, par les ministres chargés de leur exécution.

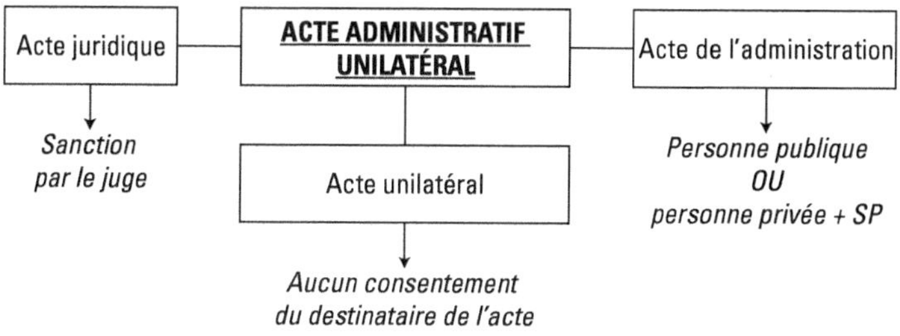

TROIS CARACTÉRISTIQUES DE L'ACTE ADMINISTRATIF UNILATÉRAL

Fiche 38

Les qualifications de l'acte administratif unilatéral

Les objectifs de la fiche

- Approfondir la définition de l'acte administratif unilatéral
- Distinguer les catégories principales d'actes administratifs unilatéraux
- Mieux comprendre le contenu et l'enjeu du pouvoir de décision unilatérale de l'Administration

1. L'acte décisoire ou non décisoire

L'acte décisoire est l'acte administratif unilatéral qui a des conséquences directes sur l'état du droit (également appelé « l'ordonnancement juridique »). Autrement dit, l'acte crée, modifie ou supprime des droits ou des devoirs pour les personnes juridiques qui en sont les destinataires. Tel est respectivement le cas :

– de l'arrêté refusant une prime à un fonctionnaire ;
– d'un décret sur le statut des fonctionnaires ;
– de l'arrêté octroyant une prime à un fonctionnaire ;
– d'un décret de révocation d'un fonctionnaire.

En revanche, l'acte non décisoire n'a pas de conséquences directes sur les droits ou les devoirs des personnes juridiques. Il peut notamment s'agir, soit d'un avis préalable à une décision, soit d'un « document de portée générale » tel que :

– des lignes directrices ;
– une circulaire ;
– une instruction ;
– une recommandation ;
– une note ;
– une présentation ;
– une interprétation.

La distinction entre les actes décisoires et non décisoires est importante. Parmi les actes administratifs unilatéraux, le juge accueille en principe les seuls recours contre les actes ayant « *le caractère d'une décision faisant grief* » (CE Section, 18 janvier 2013, *Association SOS Racisme*, *Rec.*, p. 1). Cependant, la jurisprudence admet désormais les recours contre « *les documents de portée générale* […] *susceptibles d'avoir des effets notables* » (CE Section, 12 juin 2020, *GISTI*, *Rec.*, à paraître).

2. La décision réglementaire

La décision réglementaire est l'acte décisoire qui contient une norme générale et impersonnelle. En cela, la décision réglementaire de l'Administration est très proche de la loi votée par le Parlement (*cf.* fiche 16).

Le caractère général de la décision suppose qu'elle établisse une norme abstraitement. Autrement dit, la décision énonce des situations imaginées et des normes qui devront s'appliquer lorsque ces situations se présenteront concrètement. Ainsi, des arrêtés pris par les maires interdisent bien souvent la circulation automobile dans les rues où ont lieu les marchés.

Le caractère impersonnel de la décision implique que les personnes auxquelles elle s'applique ne soient pas identifiées par leur nom. La décision énonce tout au plus des critères qui permettent d'identifier les destinataires de la décision (par ex., l'âge, le sexe, le lieu de résidence, la fonction). Ainsi, des décrets prévoient le statut des fonctionnaires exerçant des fonctions précises (par ex., les enseignants-chercheurs, les préfets, les infirmiers).

3. La décision individuelle

La décision individuelle est l'acte décisoire qui contient une norme personnelle et particulière. Elle se distingue donc nettement de la décision réglementaire en raison de ses caractères opposés (*cf. supra* n° 2).

Le caractère personnel de la décision individuelle suppose qu'elle s'applique à au moins une ou plusieurs personnes identifiées par leur nom dans la décision. À titre d'illustration, le permis de construire sur un terrain appartenant à une seule personne mentionne le nom de cette dernière ; le permis d'aménager sur un terrain appartenant à plusieurs personnes mentionne le nom de chacune d'elles.

Le caractère particulier signifie que la décision individuelle applique une loi ou une décision réglementaire à une situation concrète. À titre d'illustration, le décret de révocation d'un fonctionnaire est pris sur la base du décret portant statut de ce fonctionnaire.

4. La décision d'espèce

La décision d'espèce (ou « décision intermédiaire ») est l'acte décisoire qui emprunte ses caractères aux décisions individuelles et réglementaires. Elle contient en effet une norme particulière et impersonnelle (*cf. supra* n° 2 et 3). D'ailleurs, les règles d'exécution des décisions d'espèce sont inspirées, soit des décisions réglementaires (par ex., l'entrée en vigueur, *cf.* fiche 40), soit des décisions individuelles (par ex., l'abrogation, *cf.* CE, 2 novembre 2005, *Aiguillon*, *Tab.*, p. 693). Constituent des décisions d'espèce :

- l'ouverture d'un concours (CE, 28 sept. 1988, *Marciano*, *Rec.*, p. 315) ;
- la délimitation d'une circonscription électorale (CE Section, 30 novembre 1990, *Association Les Verts*, *Rec.*, p. 339) ;
- le transfert du chef-lieu d'un département (CE Assemblée, 26 novembre 1976, *Soldani*, *Rec.*, p. 507).

Éléments d'approfondissement

- DEFOORT Benjamin, *La décision administrative*, Thèse Paris 2, LGDJ, coll. BDP, Paris, 2015, 706 p.
- POIROT-MAZERES Isabelle, *Les décisions d'espèce*, *RDP*, n° 2, 1992, pp. 443-512.
- RAINAUD Jean-Marie, *La distinction de l'acte réglementaire et de l'acte individuel*, Thèse Aix-Marseille, LGDJ, coll. BDP, Paris, 1966, 210 p.

Les indispensables

- L'AAU est une décision s'il a des conséquences directes sur les droits ou les devoirs de ses destinataires.
- Le juge administratif accueille les seuls recours contre les AAU ayant le caractère d'une décision.
- L'acte réglementaire contient une norme générale et impersonnelle.
- L'acte individuel contient une norme particulière et personnelle.
- L'acte d'espèce contient une norme particulière et impersonnelle.
- La norme est générale ou particulière selon qu'elle établit une norme abstraite ou applique une norme concrètement.
- La norme est personnelle ou impersonnelle selon qu'elle permet ou ne permet pas d'identifier directement son ou ses destinataires par leur nom.

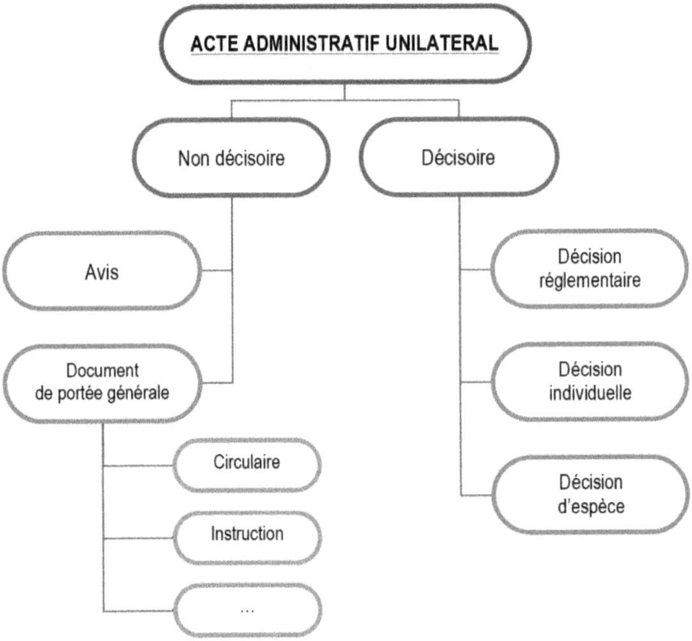

LES CATÉGORIES D'ACTE ADMINISTRATIF UNILATÉRAL

Fiche 39

La formation de l'acte administratif unilatéral

Les objectifs de la fiche

- Connaître les règles essentielles de formation de l'acte
- Distinguer les catégories d'irrégularités de l'acte
- Comprendre l'importance de l'habilitation de l'auteur d'un acte

1. Les formalités procédurales

Ces règles concernent l'élaboration de l'acte (la procédure) et l'aspect extérieur de l'acte (la forme). Les actes administratifs ne sont pas tous soumis aux mêmes formes et procédures.

En ce qui concerne la procédure, l'acte peut supposer préalablement de :

- demander au destinataire de l'acte de présenter ses observations (par ex., en matière de sanction) ;
- effectuer une enquête publique auprès des administrés (par ex., en matière d'expropriation ou pour les grands projets d'infrastructure).

En ce qui concerne la forme, l'acte doit :

- assez souvent contenir les motifs qui le justifient (*cf.* fiche 21) ;
- souvent être écrit (*cf.* art. L. 2215-1, 4°, du CGCT prévoyant un « *arrêté motivé* » du préfet) ;
- toujours être signé par son auteur (*cf.* art. L. 212-1 du CRPA), à quelques exceptions près (art. L. 212-2 du CRPA).

La méconnaissance d'une règle de procédure ou de forme constitue une irrégularité de l'acte. Toutefois, le juge ne constate pas le vice de procédure s'il a été sans influence sur le sens de l'acte et n'a privé les administrés d'aucune garantie (CE Assemblée, 23 déc. 2011, *Danthony*, *Rec.*, p. 649).

2. L'habilitation de l'autorité

C'est le pouvoir, attribué par une norme juridique, qui autorise l'auteur de l'acte administratif à l'édicter. Cette habilitation (ou « compétence ») est limitée à une matière, un territoire et un temps.

Ainsi, l'arrêté du préfet qui annule une élection est entaché d'une incompétence matérielle, car cette matière appartient aux tribunaux (CE Assemblée, 31 mai 1957, *Rosan Girard*, *Rec.*, p. 355).

L'acte notifiant un redressement fiscal pris par un inspecteur des impôts est vicié d'une incompétence territoriale lorsque le contribuable redressé n'a pas son domicile dans le département où l'inspecteur exerce ses fonctions (CE Section, 6 juillet 1990, *Baptiste*, *Rec.*, p. 210).

Un acte pris avant le début ou après la fin de l'exercice des fonctions de l'auteur de l'acte est entaché d'une incompétence temporelle, car il n'est pas encore ou plus habilité à exercer ses fonctions (CE, 3 juillet 1998, *Commune de la Bruguière*, *Rec.*, p. 286).

L'irrégularité d'habilitation (ou « incompétence ») est une irrégularité d'ordre public. Cela signifie qu'un tel vice est si grave que le requérant peut l'invoquer à tout moment au cours d'un procès administratif. En outre, le juge saisi d'un acte entaché d'incompétence est obligé de relever d'office ce vice, c'est-à-dire qu'il doit le constater même si le requérant ne l'a pas invoqué dans sa requête (CE, 15 février 1961, *Alfred-Joseph*, *Rec.*, p. 114).

3. Le détournement de pouvoir

Le DDP survient lorsque l'auteur de l'acte poursuit en réalité un but contraire à l'intérêt général en prenant cet acte (*cf.* fiche 2).

Les mesures de police administrative sont, semble-t-il, les plus concernées par une telle irrégularité (*cf.* fiches 34 à 36). Une mesure de police est entachée d'un DDP lorsqu'elle poursuit l'intérêt purement personnel d'un administré. Il en va ainsi de l'acte imposant l'ouverture d'un bar du lundi au samedi après 20 heures et le dimanche après 12 heures en vue de réduire la concurrence faite à l'établissement tenu par le maire (CE, 14 mars 1934, *Rault*, *Rec.*, p. 337).

4. Les normes supérieures

Les règles de droit adoptées par les autorités supérieures à l'auteur de l'acte administratif ne doivent pas être méconnues par ce dernier.

i. Au sein de l'Administration, l'auteur d'un acte doit respecter les actes pris par les autorités placées au-dessus de lui, « ses supérieurs » (principe de hiérarchie).
ii. La Constitution, les traités et les lois ont respectivement pour auteur la Nation ou le Peuple, les États et le Parlement. Ces autorités sont supérieures à l'Administration, ses agents et leurs actes (CE Assemblée, 30 mai 1952, *Dame Kirkwood*, *Rec.*, p. 291).
iii. Enfin, l'auteur d'un acte doit respecter les décisions de justice qui ont l'autorité de la chose jugée. Cette autorité est supérieure à l'Administration, ses agents et leurs actes (CE Assemblée plénière, 13 juillet 1962, *Bréart de Boisanger*, *Rec.*, p. 484).

5. Les motifs

Ils sont les éléments de droit et de fait qui justifient l'acte administratif. Le juge sanctionne toute erreur de droit ou de fait. Une erreur est commise lorsque l'auteur s'appuie sur du droit qui n'est pas en vigueur ou sur un fait qui n'existe pas ou, lorsqu'il est en vigueur ou existe, interprète mal le droit ou apprécie mal un fait.

Ainsi, d'une part, un maire ne peut pas refuser un permis de construire en se fondant sur un document d'urbanisme de la commune, alors que ce document n'a pas encore été publié et n'est donc pas entré en vigueur. Il commet sinon une erreur de droit (CE, 7 juillet 1976, *Arnaud*, *Rec.*, p. 1069). D'autre part, un préfet ne peut pas refuser un permis de construire au motif que le projet de construction est considéré comme portant atteinte à une perspective monumentale, alors qu'il n'y a pas d'atteinte faute de perspective monumentale à l'emplacement du projet. Il commet autrement une erreur d'appréciation des faits (CE, 4 avril 1914, *Gomel*, *Rec.*, p. 488).

Dans certains cas particuliers, le juge exerce un contrôle plus ou moins poussé sur l'appréciation des faits en fonction de la liberté laissée à l'Administration sur ce point :

- soit le juge ne contrôle pas l'appréciation (par ex., la valeur des épreuves d'un candidat lors d'un examen ou concours, *cf.* CE, 20 mars 1987, *Gambus*, *Rec.*, p. 100) ;
- soit le juge contrôle seulement que l'appréciation des faits n'est pas « manifestement » erronée (par ex., le niveau auquel doivent être fixés les tarifs d'électricité, *cf.* CE, 1er juillet 2010, *Poweo*, *Rec.*, p. 229) ;
- soit le juge contrôle que les faits et l'acte sont « proportionnés » (par ex., en matière de police administrative, *cf.* fiche 36).

Éléments d'approfondissement

- DE SOTO Jean, *La nullité des actes administratifs unilatéraux*, Thèse Paris, Dalloz, Paris, 1942, 279 p.
- HOSTIOU René, *Procédure et formes de l'acte administratif unilatéral*, Thèse Rennes 1, LGDJ, coll. BDP, Paris, 1974, 353 p.
- PERRIN Alix (dir.), *La régularisation*, Mare & Martin, coll. Droit public, Paris, 2019, 280 p.

Les indispensables

- La formation de l'acte administratif unilatéral doit souvent respecter des règles de procédure et de forme.
- Le juge administratif ne constate pas le vice de procédure s'il a été sans influence sur le sens de l'acte et n'a privé les administrés d'aucune garantie.
- Une norme juridique doit habiliter l'auteur d'un acte administratif unilatéral à édicter cet acte.
- L'irrégularité d'habilitation (ou « incompétence ») est d'ordre public : invocable à tout moment par le requérant devant le juge administratif, elle doit sinon être soulevée d'office par le juge.
- L'auteur d'un acte administratif unilatéral ne doit pas commettre un détournement de pouvoir : poursuivre un but contraire à l'intérêt général en prenant l'acte.
- Ne doivent pas être violées les règles juridiques édictées par une autorité supérieure à l'auteur de l'acte administratif unilatéral.
- Les motifs d'un acte administratif unilatéral ne doivent être entachés d'aucune erreur de droit (existence et interprétation) ou de fait (existence et appréciation).

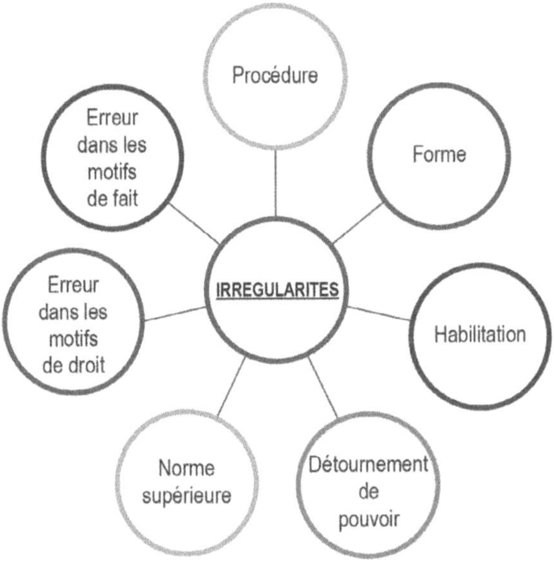

LES CAUSES D'IRRÉGULARITÉ DE L'ACTE ADMINISTRATIF UNILATÉRAL

Fiche 40

L'exécution de l'acte administratif unilatéral

Les objectifs de la fiche

- Connaître les règles essentielles de l'entrée en vigueur d'un acte
- Distinguer les droits respectifs de l'Administration et de l'administré sur l'acte administratif unilatéral
- Comprendre les notions d'abrogation et de retrait de l'acte

1. L'entrée en vigueur de l'acte administratif unilatéral

C'est le moment à partir duquel l'acte formé peut déployer tous ses effets juridiques. Ce moment intervient à l'issue de la réalisation de deux, voire trois conditions.

i. L'acte formé doit être porté à la connaissance des administrés. À défaut, il ne leur est pas opposable (CE, 7 juillet 1976, *Arnaud, Rec.*, p. 1069). Si l'acte est individuel, il doit être notifié à chacun de ses destinataires. La lettre de notification de l'acte doit indiquer les voies et délais de recours contentieux (*cf.* fiche 30), sinon ces délais ne sont pas décomptés (art. R. 421-5 du Code de justice administrative). Si l'acte est réglementaire ou d'espèce, il doit être publié. L'organe de publication peut être un journal (par ex., le *Journal officiel de la République française* pour les décrets et les ordonnances), un site Internet (par ex., le site Légifrance), voire un panneau d'affichage.

ii. L'acte formé et connu des administrés doit être applicable. L'acte concerné peut prévoir qu'il ne sera pas applicable avant un certain événement (par ex., un délai suivant sa notification ou sa publication, une date, voire l'édiction d'un autre acte). Pour les actes administratifs publiés au *JORF*, l'article 1er du Code civil prévoit qu'ils « *entrent en vigueur à la date qu'ils fixent ou, à défaut, le lendemain de leur publication* ».

iii. En ce qui concerne les collectivités territoriales, certains actes ne sont applicables – « exécutoires » dit-on également – qu'après avoir été transmis au préfet ou au sous-préfet pour qu'il effectue un contrôle de légalité de l'acte (*cf.* fiche 27).

2. L'abrogation de l'acte administratif unilatéral

L'abrogation met fin aux effets d'un acte pour l'avenir seulement. Elle peut être prévue par l'acte lui-même ou par un autre acte pris, soit par le même auteur, soit par une autorité supérieure à l'auteur de l'acte (*cf.* fiche 39). En principe, l'Administration est libre d'abroger un acte administratif unilatéral (art. L. 243-1 du CRPA).

En ce qui concerne l'acte réglementaire, l'abrogation est même obligatoire si l'acte est « *illégal ou dépourvu d'objet* » depuis qu'il a été formé ou en raison de circonstances de droit ou de fait postérieures (art. L. 243-2 du CRPA).

En ce qui concerne l'acte individuel, l'abrogation doit remplir certaines conditions de légalité et de délai lorsque l'acte est « *créateur de droits* », c'est-à-dire lorsque le juge estime que l'acte est tellement important pour son bénéficiaire qu'il ne devrait pas être remis en question. Tel est le cas d'un permis de conduire, un permis de construire, une nomination ou une subvention. Sauf si son bénéficiaire le demande, l'acte individuel créateur de droits ne peut être abrogé que s'il est illégal et dans un délai de quatre mois suivant sa date de formation (art. L. 242-1 et L. 242-4 du CRPA).

3. Le retrait de l'acte administratif unilatéral

Le retrait met fin aux effets d'un acte rétroactivement, c'est-à-dire dès le passé. L'acte est réputé n'être jamais entré en vigueur. Le retrait peut être prévu par les mêmes actes que l'abrogation (*cf. supra* n° 2). Mais le retrait d'un acte doit remplir des conditions plus strictes en raison de son caractère rétroactif.

L'acte réglementaire peut être retiré, s'il est illégal, dans un délai de quatre mois suivant sa date de formation (art. L. 243-3 du CRPA).

L'acte individuel peut être retiré dans les mêmes conditions (art. L. 242-1 et L. 243-3 du CRPA). Toutefois, une décision attribuant une subvention peut être retirée à toute époque lorsque les conditions d'attribution n'ont pas été respectées (art. L. 242-2 du CRPA). De même qu'une décision infligeant une sanction peut être retirée à tout moment (art. L. 243-4 du CRPA).

Enfin, comme pour l'abrogation, l'acte individuel peut toujours être retiré à la demande de son bénéficiaire (art. L. 242-4 du CRPA).

Éléments d'approfondissement

- CAROTENUTO Sylvie, *La disparition non contentieuse des actes administratifs*, Thèse Aix-Marseille, 2000, 458 p.
- SEILLER Bertrand, « L'entrée en vigueur des actes administratifs unilatéraux », *AJDA*, 2004, pp. 1463-1468.
- YANNAKOPOULOS Constantin, *La notion de droits acquis en droit administratif français*, Thèse Paris 2, LGDJ, coll. BDP, Paris, 1997, 604 p.

Les indispensables

- L'acte administratif unilatéral produit des effets juridiques à compter de son entrée en vigueur.
- 1re condition de l'entrée en vigueur: l'acte est porté à la connaissance des administrés (notification de l'acte individuel; publication pour les autres actes).
- 2e condition: l'acte est applicable (l'acte publié au *JORF* entre en vigueur à la date qu'il fixe ou, à défaut, le lendemain de sa publication).
- 3e condition pour certains actes des collectivités territoriales: l'acte est transmis au préfet ou au sous-préfet en vue du contrôle de légalité.
- L'abrogation et le retrait d'un acte administratif mettent fin à ses effets pour l'avenir (abrogation) ou dès la date de formation de l'acte (retrait).
- L'acte réglementaire doit être abrogé s'il est illégal.
- L'acte individuel créateur de droits peut être abrogé s'il est illégal et dans un délai de quatre mois suivant sa date de formation.
- Un acte individuel peut toujours être abrogé ou retiré à la demande de son bénéficiaire ou dans les conditions prévues par une loi ou un acte réglementaire.

	Impossible	Obligatoire	À toute époque	Délai de 4 mois	Prévu par la loi ou un acte réglementaire
Acte réglementaire légal	R		A		
Acte individuel créateur de droits légal	R				A
Acte individuel non créateur de droits légal			A/R		
Sanction légale ou illégale			A/R		
Acte réglementaire illégal		A	A	R	
Acte individuel illégal				A/R	
Subvention méconnaissant les conditions d'attribution			A/R		

L'ABROGATION (A) ET LE RETRAIT (R) DE L'ACTE ADMINISTRATIF UNILATÉRAL

Questions à choix multiple

▶ **Répondre aux dix questions suivantes.**

Les questions peuvent appeler plusieurs réponses qui ne figurent pas toutes dans les fiches qui précèdent. L'exercice est ainsi l'occasion de développer encore les connaissances du lecteur.

1. Comment peut-on qualifier la disparition rétroactive d'un acte administratif unilatéral ?

a. le retrait
b. l'annulation
c. l'abrogation
d. la résiliation

2. Qu'est-ce qu'un acte de gouvernement ?

a. un acte susceptible de faire l'objet d'un recours devant le juge administratif
b. un acte susceptible de faire l'objet d'un recours devant le juge judiciaire
c. un acte susceptible de faire l'objet d'un recours devant le juge administratif ou le juge judiciaire
d. un acte insusceptible de recours devant le juge

3. À quelle condition une circulaire peut-elle faire l'objet d'un recours devant le juge administratif ?

a. lorsqu'elle donne une interprétation d'une loi ou d'un décret
b. lorsqu'elle contient des dispositions impératives
c. uniquement si elle est appliquée par l'Administration
d. une circulaire ne peut jamais faire l'objet d'un recours

4. Qu'est-ce que le privilège du préalable ?

a. la possibilité pour l'administré d'exercer un recours devant l'Administration avant de saisir le juge
b. une règle applicable sous l'Ancien régime, mais inapplicable de nos jours
c. la possibilité pour l'Administration de supprimer elle-même un acte administratif unilatéral
d. le caractère exécutoire d'une décision administrative

5. Lesquelles de ces circonstances sont susceptibles de justifier la méconnaissance d'une règle d'habilitation, de forme ou de procédure ?

a. l'urgence
b. la nécessité
c. l'impossibilité
d. la guerre

6. Quelles sont les conditions de régularité d'une délégation de pouvoir ?

a. l'autorisation de la délégation par la loi ou un décret
b. la publication de la délégation au *Journal officiel de la République française* (*JORF*)
c. la précision de l'identité du délégataire dans la délégation
d. la précision et la limitation de la délégation en ce qui concerne le ou les pouvoirs délégués

7. Devant quel juge peut-on attaquer le règlement intérieur d'une piscine municipale gérée par une entreprise privée ?

a. le juge administratif si le requérant est le préfet
b. le juge judiciaire si le requérant est le préfet
c. le juge judiciaire si le requérant est un usager
d. le juge administratif si le requérant est un usager

8. Qu'est-ce qu'un acte mixte ?

a. un acte unilatéral en partie individuel et en partie réglementaire
b. un acte en partie unilatéral et en partie contractuel
c. un acte en partie réglementaire et en partie contractuel
d. un acte en partie individuel et en partie contractuel

9. Quel est l'apport de la décision *Danthony* rendue par le Conseil d'État en 2011 ?

a. la consécration de la théorie des irrégularités non substantielles
b. la consécration de la théorie des circonstances exceptionnelles
c. la consécration de la théorie de l'accessoire
d. la décision ne contient aucun des apports ci-dessus

10. Qu'est-ce que le principe du parallélisme des compétences ?

a. un principe applicable dans le silence des textes
b. un principe applicable en toutes circonstances
c. un principe impliquant qu'une décision soit prise par deux autorités dans certains cas
d. un principe permettant si nécessaire de déterminer l'autorité compétente pour modifier un acte

Corrigé

- **Question 1 :** a (par l'Administration) et b (par le juge administratif)
- **Question 2 :** d
- **Question 3 :** b
- **Question 4 :** d
- **Question 5 :** a et c
- **Question 6 :** a, c et d
- **Question 7 :** a et d
- **Question 8 :** b et c
- **Question 9 :** a
- **Question 10 :** a et d

PARTIE XV

Le contrat administratif

Fiche 41

La notion de contrat administratif

Les objectifs de la fiche

- Maîtriser la définition de la notion de contrat
- Connaître les caractéristiques essentielles du contrat administratif
- Situer le contrat administratif par rapport à l'acte administratif unilatéral et au contrat civil

1. La notion de contrat en droit administratif

Identique à la notion de contrat en droit civil, le contrat administratif est un accord de volontés créateur d'effets juridiques.

D'une part, l'accord de volontés implique que les parties au contrat aient souhaité s'engager l'une envers l'autre. Les parties sont, plus précisément, l'Administration et une ou plusieurs autres personnes juridiques distinctes. L'accord de volontés et le contrat ne sont pas nécessairement des actes écrits. Ils peuvent être oraux (CE Section, 20 avril 1956, *Époux Bertin*, *Rec.*, p. 167).

D'autre part, les effets juridiques (*cf.* fiche 37) sont contenus dans les obligations auxquelles les parties au contrat s'engagent l'une envers l'autre. Les obligations sont, plus précisément, des obligations de faire ou de ne pas faire. En revanche, des objectifs généraux ne sont pas des obligations. L'acte qui prévoit de tels objectifs n'est pas un contrat (CE Section, 19 novembre 1999, *Fédération syndicale FO des travailleurs des PTT*, *Rec.*, p. 354).

2. La distinction du contrat administratif et de l'acte administratif unilatéral

Alors que le contrat administratif est formé à partir des volontés manifestées par l'Administration et un ou plusieurs cocontractants, l'acte administratif unilatéral est issu de la seule volonté de l'Administration. Il existe toutefois des points de contact entre le contrat et l'acte unilatéral.

En premier lieu, le contrat administratif et l'acte administratif unilatéral sont soumis au droit administratif et relèvent du juge administratif en cas de litige. Mais les règles de droit administratif applicables à la formation et à l'exécution du contrat administratif ne sont pas identiques à celles qui s'appliquent à l'acte administratif unilatéral (CE, 14 janvier 1998, *Syndicat national des personnels des affaires sanitaires et sociales – FO*, *Rec.*, p. 9).

En deuxième lieu, la formation du contrat administratif fait bien souvent intervenir des actes administratifs unilatéraux. À titre d'illustration, la volonté des parties au contrat peut être exprimée dans des actes unilatéraux (CE, 20 mars 1996, *Commune de Saint-Céré*, *Rec.*, p. 87). Le contrat de marché public peut faire référence à des cahiers des charges contenus dans des arrêtés, tels que l'arrêté du 8 septembre 2009 portant approbation du cahier des clauses administratives générales (CCAG) applicables aux marchés publics de travaux (modifié dernièrement par un arrêté du 3 mars 2014).

En troisième et dernier lieu, comme le contrat administratif, l'acte administratif unilatéral peut contenir les signatures de l'Administration et d'une personne privée (CE, 20 mars 2000, *Mayer et Richer*, req. n° 202295). L'acte unilatéral peut également avoir fait l'objet d'une négociation préalable à sa formation (CE, 23 octobre 1974, *Valet*, *Rec.*, p. 500).

3. La distinction du contrat administratif et du contrat civil

Tous les contrats conclus par l'Administration ne sont pas des contrats administratifs. Comme les personnes privées, l'Administration peut conclure des contrats civils.

Le contrat civil est soumis au droit civil et relève du juge judiciaire en cas de litige. Les règles de droit civil applicables au contrat civil figurent à titre principal dans des textes de droit privé, tels que le Code civil, le Code du travail ou le Code de commerce.

En revanche, le contrat administratif est soumis au droit administratif et relève du juge administratif en cas de litige. Les règles de droit administratif applicables au contrat administratif sont élaborées essentiellement à l'occasion des décisions de justice rendues par le juge administratif. Certaines règles figurent dans des textes, tels que le Code de la commande publique en vigueur depuis 2019.

Cependant, le juge administratif se réfère parfois au droit civil pour élaborer les règles du contrat administratif. En pareille hypothèse, le juge administratif adapte souvent le contenu de la règle de droit civil dont il s'est inspiré. À titre d'illustration, le Conseil d'État s'est référé au Code du travail pour interdire le licenciement d'un agent en état de grossesse. Toutefois, l'interdiction a été adaptée au service public. Ainsi, à titre exceptionnel, une « *nécessité* » propre au service public peut autoriser le licenciement de l'agent en état de grossesse (CE Assemblée, 8 juin 1973, *Peynet*, *Rec.*, p. 406).

Pour qualifier un contrat de contrat administratif, il faut qu'une loi ou une série de critères élaborés par la jurisprudence permette de le qualifier comme tel (*cf.* fiche 38).

Éléments d'approfondissement

- FLOGAÏTIS Spyridon, « Contrat et acte administratif unilatéral », *in Mélanges Guy Braibant*, Dalloz, Paris, 1996, pp. 229-251.
- JEZE Gaston, *Les contrats administratifs de l'État, des départements, des communes et des établissements publics*, t. 1, Giard, Paris, 1927, 257 p. (*cf.* commentaire *infra*).
- RICHER Laurent, LICHERE François, *Droit des contrats administratifs*, 11e éd., LGDJ, coll. Manuel, Paris, 2019, 768 p.

Les indispensables

- Le contrat administratif est un accord de volontés créateur d'effets juridiques.
- Le contrat peut être écrit ou oral.
- Le contrat administratif est formé à partir des volontés manifestées par l'Administration et un ou plusieurs cocontractants ; l'acte administratif unilatéral est issu de la seule volonté de l'Administration.
- Deux actes administratifs unilatéraux peuvent révéler l'existence d'un contrat administratif.
- Les règles de droit administratif applicables au contrat administratif ne sont pas identiques à celles applicables au contrat civil.
- Le contrat administratif est soumis au droit administratif et relève du juge administratif en cas de litige ; le contrat civil est soumis au droit civil et relève du juge civil.
- Bien qu'il n'y soit pas tenu, le juge administratif peut se référer aux règles du droit civil pour élaborer les règles applicables au contrat administratif.

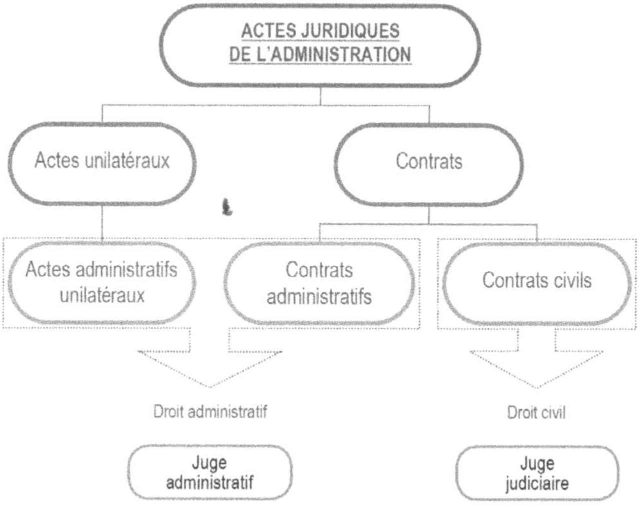

LES PRINCIPAUX ACTES JURIDIQUES DE L'ADMINISTRATION

Fiche 42

La qualification du contrat administratif

Les objectifs de la fiche

- Distinguer les critères de qualification du contrat administratif
- Comprendre la place du législateur et du juge dans la qualification
- Mieux percevoir l'essence du contrat administratif

1. Le critère législatif de qualification

La loi peut qualifier un contrat de « contrat administratif ». Sont notamment des contrats administratifs :

- les contrats des personnes publiques relevant du Code de la commande publique, donc les marchés publics et les concessions (art. L. 6) ;
- les contrats d'occupation du domaine public (art. L. 2331-1 du CG3P) ;
- les contrats de vente d'immeuble de l'État (art. L. 3231-1 du CG3P) ;
- les contrats conclus entre EDF et les producteurs locaux d'électricité (art. L. 314-7 du Code de l'énergie).

À l'inverse, la loi peut qualifier un contrat de « contrat de droit privé » :

- les contrats « emploi-jeune » (art. L. 5134-9 du Code du travail abrogé en 2015) ;
- les contrats d'accompagnement dans l'emploi (art. L. 5134-24 du Code du travail) ;
- le contrat initiative-emploi (art. L. 5134-69 du Code du travail) ;
- le contrat relatif à des activités d'adultes-relais (art. L. 5134-103 du Code du travail).

En l'absence de loi, deux critères élaborés par la jurisprudence permettent de qualifier un contrat de « contrat administratif ».

2. Le critère organique de qualification

Même lorsque le critère législatif n'est pas rempli (*cf. supra* n° 1), un contrat peut être qualifié de « contrat administratif » si une personne publique est partie au contrat. Ainsi, un contrat conclu entre deux personnes publiques est « *en principe* » un contrat administratif (TC, 21 mars 1983, *UAP*, *Rec.*, p. 537). À l'inverse, un contrat conclu entre deux personnes privées est un contrat civil (TC, 3 mars 1969, *Société « Interlait »*, *Rec.*, p. 682).

Toutefois, dans trois cas, le contrat conclu entre deux personnes privées est qualifié de « contrat administratif », car l'une d'entre elles est assimilée à une personne publique.

i. Une personne publique peut mandater une personne privée pour conclure un contrat à sa place. Lorsqu'elle conclut ce contrat, la personne privée mandataire est assimilée à la personne publique mandante (CE Section, 2 juin 1961, *Sieur Leduc*, *Rec.*, p. 365).
ii. Une personne publique peut créer une personne privée (par ex., une association, une société commerciale), en contrôler l'organisation et le fonctionnement et lui procurer l'essentiel de ses ressources. Lorsqu'elle conclut un contrat, la personne privée est assimilée à la personne publique qui l'a créée (CE, 21 mars 2007, *Commune de Boulogne-Billancourt*, *Rec.*, p. 130).
iii. Enfin, lorsqu'une personne privée dirige des travaux routiers ou autoroutiers et conclut un contrat pour la réalisation de ces travaux, elle est assimilée à une personne publique (TC, 8 juillet 1963, *Société Entreprise Peyrot*, *Rec.*, p. 787). L'assimilation a vocation à disparaître : elle est applicable aux seuls contrats conclus jusqu'au 9 mars 2015 (TC, 9 mars 2015, *Société ASF*, *Rec.*, p. 499).

3. Le critère matériel de qualification

En plus du critère organique (*cf. supra* n° 2), le contrat doit remplir un critère matériel pour être qualifié de « contrat administratif ». À ce titre, il doit, soit avoir pour objet le service public, soit contenir une clause qui implique de le soumettre au droit administratif.

D'une part, le contrat qui entretient un lien important avec l'exécution du service public peut être qualifié de « contrat administratif ». Ainsi, le contrat qui délègue la gestion du transport urbain de voyageurs, le ramassage des ordures ménagères ou la distribution d'eau potable remplit le critère matériel (CE Section, 20 avril 1956, *Époux Bertin*, *Rec.*, p. 167). En revanche, le contrat de vente de biens mobiliers et immobiliers d'une clinique privée à un hôpital public ne remplit pas le critère matériel (TC, 17 novembre 2007, *Centre hospitalier intercommunal du Haut-Anjou*, *Tab.*, p. 757).

D'autre part, le contrat peut contenir une clause qui, « *dans l'intérêt général* », implique sa soumission au droit administratif. Ainsi, la clause qui prévoit un pouvoir au profit de la seule Administration contractante (contrôle du cocontractant, modification ou résiliation du contrat) remplit le critère matériel (CE, 21 décembre 1960, *Favier*, *Rec.*, p. 720). En revanche, le contrat qui ne contient aucune clause de ce type ne remplit pas le critère matériel (TC, 13 octobre 2014, *Société Axa*, *Rec.*, p. 471).

Éléments d'approfondissement

- AMSELEK Paul, « La qualification des contrats de l'administration par la jurisprudence », *AJDA*, 1983, pp. 3-13.
- BOULOUIS Nicolas, « Contrats administratifs entre personnes privées : *quid novi sub sole ?* », *in Mélanges Laurent Richer*, LGDJ, Paris, 2013, pp. 27-35.
- BRENET François, « Contrats administratifs par détermination de la loi », *JCl. Administratif*, LexisNexis, Paris, 2009, fasc. 602.

Les indispensables

- Un contrat est administratif si la loi le qualifie comme tel ou s'il remplit, à la fois, un critère organique et un critère matériel.
- Le critère organique du contrat administratif implique qu'une personne publique soit l'une des parties au contrat.
- Dans trois cas, une personne privée est assimilée à une personne publique : mandat de la personne publique ; création et contrôle par la personne publique ; travaux routiers ou autoroutiers (jusqu'au 9 mars 2015).
- Le critère matériel du contrat administratif suppose que le contrat ait un lien fort avec l'exécution du service public.
- Alternativement, le critère matériel du contrat administratif requiert qu'il contienne une clause qui, dans l'intérêt général, implique sa soumission au droit administratif.
- Les marchés publics et les concessions conclus par au moins une personne publique sont des contrats administratifs en vertu de l'article L. 6 du CCP.
- Les contrats aidés prévus par le Code du travail sont en principe des contrats de droit privé.

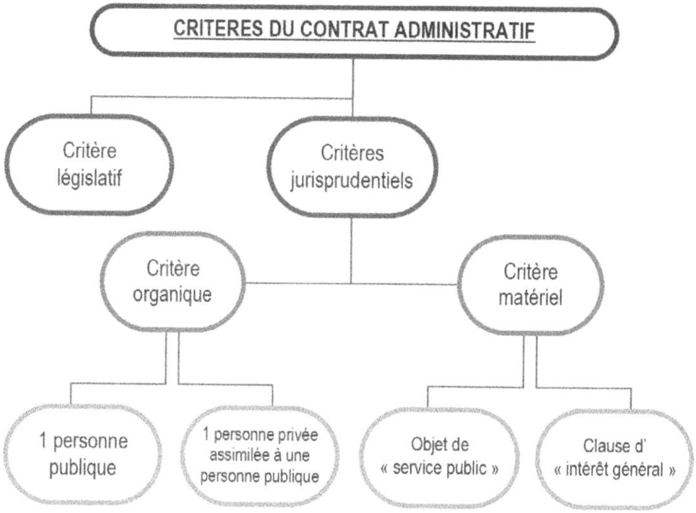

LES CRITÈRES DE QUALIFICATION DU CONTRAT ADMINISTRATIF

Fiche 43

La formation du contrat administratif

Les objectifs de la fiche

- Connaître les règles essentielles de la formation du contrat administratif
- Distinguer les catégories d'irrégularités du contrat administratif
- Mieux comprendre la place du principe d'égalité en droit administratif

1. L'habilitation des cocontractants

La première condition de légalité du contrat est l'habilitation des cocontractants.

La personne privée cocontractante doit être habilitée à conclure le contrat. En principe, les personnes privées n'ont besoin d'aucun titre pour être habilitées à contracter. Elles ont une liberté contractuelle reconnue par la loi (art. 1523 du Code civil) et la jurisprudence (CC, 19 décembre 2000, *LFSS 2001*, déc. n° 2000-437 DC, points 31 et 37). Toutefois, certaines personnes privées peuvent être frappées d'une incapacité (par ex., les mineurs, les majeurs protégés, les entreprises en difficulté). En conséquence, ces personnes privées ne sont pas habilitées à conclure un contrat.

L'Administration cocontractante doit être, elle aussi, habilitée à contracter. Mais contrairement aux personnes privées, les personnes publiques ont en principe besoin d'un titre pour être habilitées à conclure un contrat. À titre d'illustration, la loi prévoit que les collectivités territoriales ont une compétence générale, laquelle inclut la conclusion des contrats (*cf.* fiche 27). Ainsi, les collectivités peuvent conclure tout contrat, mais ce dernier doit présenter un intérêt local (CE Assemblée, 30 décembre 2014, *Société Armor SNC*, *Rec.*, p. 433).

2. L'égalité dans la sélection du cocontractant et dans la rédaction du contrat

La deuxième condition de légalité du contrat est relative au principe d'égalité.

En ce qui concerne le choix du cocontractant, la conclusion de certains contrats est soumise à une procédure de publicité et de mise en concurrence. Elle a pour objectif de garantir l'égalité entre les personnes souhaitant remporter le contrat. Les contrats de commande publique, qui permettent à l'Administration d'obtenir des fournitures, des services ou des travaux auprès d'une entreprise, sont soumis à une telle procédure. Parmi les contrats de commande publique, on trouve les marchés publics (*cf.* fiche 32). La conclusion d'un marché est en principe soumise à un appel d'offres: après avoir publié un avis de marché, l'Administration reçoit des offres et sélectionne celle présentant les plus grands avantages d'un point de vue économique. Un marché conclu en méconnaissant l'obligation d'appel d'offres est illégal (CE Section, 29 janvier 1982, *Martin*, *Rec.*, p. 44).

En ce qui concerne la rédaction du contenu du contrat, des règles ont vocation à garantir l'égalité des droits et des devoirs des parties au contrat, mais aussi des tiers au contrat. La loi et la jurisprudence ont ainsi prévu :

- le droit à une rémunération minimale en faveur des agents publics contractuels (CE Section, 23 avril 1982, *Ville de Toulouse*, *Rec.*, p. 152) ;
- l'interdiction pour les collectivités locales d'exonérer leurs cocontractants de toute responsabilité (art. 16 de la loi n° 72-1147 du 23 décembre 1972) ;
- l'interdiction des pénalités manifestement excessives ou dérisoires susceptibles d'être infligées à l'Administration ou à son cocontractant (CE, 29 décembre 2008, *OPHLM de Puteaux*, *Rec.*, p. 479) ;
- l'égalité des usagers du service public devant les devoirs qui leur sont imposés par le contrat (CE Assemblée, 10 juill. 1996, *Cayzeele*, *Rec.*, p. 274).

3. Le consentement des cocontractants

C'est la troisième condition de légalité du contrat : le consentement doit être dépourvu d'erreur, de dol et de contrainte.

L'erreur consiste à se tromper sur un élément du contrat. Lorsque, sans cette erreur, un cocontractant n'aurait pas conclu le contrat ou l'aurait conclu à des conditions plus avantageuses, l'erreur a vicié son consentement. L'erreur concerne souvent l'objet du contrat ou le prix. Un « *prix aberrant* » dans un marché public est erroné (CE, 26 nov. 1975, *Entreprise Py*, *Tab.*, p. 1133).

Le dol est une erreur provoquée par un cocontractant en vue de faire conclure le contrat par son partenaire ou lui faire conclure à des conditions moins avantageuses. Il peut résulter d'un défaut d'information d'un cocontractant, par exemple si l'Administration ne précise pas à son partenaire que des travaux prévus au contrat seront exécutés, en montagne, « *presque suspendus sur le vide* » (CE, 29 juin 1951, *Secrétaire d'État à la Défense*, *Rec.*, p. 385).

La contrainte est toute manœuvre, autre qu'un dol, provoquée par un cocontractant en vue de faire conclure le contrat par son partenaire ou lui faire conclure à des conditions moins avantageuses. On ne trouve qu'une seule décision du Conseil d'État dans laquelle le juge a sanctionné une contrainte. En l'occurrence, l'État avait subordonné la délivrance de permis de construire à la conclusion de contrats par lesquels la victime s'engageait à financer des fouilles archéologiques (CE, 11 mai 2009, *Ville de Toulouse*, *Rec.*, p. 191).

Éléments d'approfondissement

- BOURDON Pierre, *Le contrat administratif illégal*, Thèse Paris 1, Dalloz, coll. NBT, Paris, 2014, 939 p.
- LAFAIX Jean-François, *Essai sur le traitement des irrégularités dans les contrats de l'Administration*, Thèse Paris 1, Dalloz, coll. NBT, Paris, 2009, 768 p.
- POUYAUD Dominique, *La nullité des contrats administratifs*, Thèse Paris 2, LGDJ, coll. BDP, Paris, 1991, 598 p.

Les indispensables

- Les trois catégories d'irrégularités qui peuvent affecter la formation du contrat administratif concernent l'habilitation, l'égalité et le consentement.
- L'Administration et son cocontractant doivent être habilités à conclure le contrat administratif au moment de sa formation.
- Les personnes privées bénéficient en principe d'une liberté contractuelle protégée par la loi et la jurisprudence du Conseil constitutionnel; l'Administration ne bénéficie pas d'une telle protection.
- La sélection du cocontractant de l'Administration et le contenu du contrat administratif ne doivent pas méconnaître des règles issues du principe d'égalité.
- Les contrats de commande publique sont soumis à une procédure de publicité et de mise en concurrence pour garantir l'égalité des entreprises intéressées par la conclusion de ces contrats.
- L'Administration et son cocontractant ne doivent pas commettre d'erreur ou toute manœuvre dolosive ou contraignante.
- L'erreur consiste à se tromper sur un élément du contrat; le dol est une erreur provoquée; la contrainte est toute manœuvre autre qu'un dol.

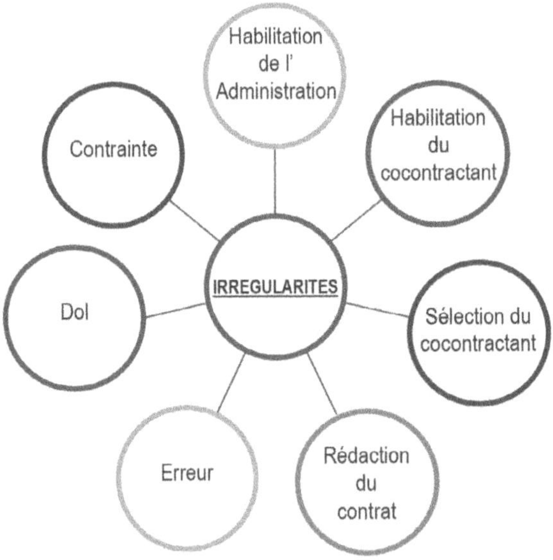

LES CAUSES D'IRRÉGULARITÉ DU CONTRAT ADMINISTRATIF

Fiche 44

L'exécution du contrat administratif

Les objectifs de la fiche

- Connaître les règles essentielles de l'exécution du contrat administratif
- Distinguer les droits respectifs des parties au contrat
- Percevoir les rapports de force entre l'Administration et son cocontractant

1. Les pouvoirs de contrôle et de sanction de l'Administration

Lorsque l'Administration commande des prestations ou recrute un agent public, elle dispose d'un pouvoir de contrôle sur son cocontractant. Comme en droit civil, il n'est pas nécessaire qu'une clause du contrat le prévoie (CE, 22 février 1952, *Société Ingrand*, *Rec.*, p. 130).

À l'occasion d'un contrôle au cours de l'exécution du contrat, l'Administration peut constater une faute commise par son cocontractant, par exemple un retard dans la réalisation des travaux. Le pouvoir de sanction peut être mis en œuvre en cas de faute du cocontractant. Contrairement au droit civil, il n'est pas nécessaire qu'une clause du contrat le prévoie (CE, 2 mai 1921, *Ministre de la Guerre*, *Rec.*, p. 427).

Les sanctions peuvent être :

- une somme d'argent à verser à l'Administration (pénalité financière) ;
- l'exécution des prestations par l'Administration elle-même (mise en régie) ou par un tiers (exécution par défaut) aux frais et risques du cocontractant ;
- la fin du contrat (résiliation ou résolution).

Lorsque le contrat prévoit des investissements importants à la charge du cocontractant de l'Administration, la fin du contrat ne peut être prononcée que par le juge (CE, 17 novembre 1944, *Ville d'Avallon*, *Rec.*, p. 294).

Le principe de proportionnalité est applicable aux mesures de sanction (comme pour les mesures de police, *cf.* fiche 36). La sévérité de la sanction doit être en rapport avec la gravité de la faute du cocontractant. Le juge administratif peut diminuer ou augmenter la pénalité financière prévue au contrat lorsqu'elle est manifestement excessive ou dérisoire (CE, 29 décembre 2008, *OPHLM de Puteaux*, *Rec.*, p. 479).

2. Les pouvoirs de mutabilité de l'Administration

Les pouvoirs de mutabilité permettent d'adapter le contrat administratif aux besoins de l'intérêt général (*cf.* fiche 2). Contrairement ici encore au droit civil, il n'est pas nécessaire qu'une clause du contrat les prévoie (CE, 2 février 1983, *Union des transports publics urbains et régionaux*, *Rec.*, p. 33).

La mutabilité peut consister à modifier les clauses du contrat ou à le résilier. Toute modification ou résiliation doit être justifiée par un motif d'intérêt général, tel que la nécessité pour l'Administration de réduire ses dépenses (*cf.* commentaire d'arrêt *infra*). La modification du contrat ne doit pas être substantielle, c'est-à-dire tellement importante qu'elle implique en réalité la formation d'un nouveau contrat (CE Section, 11 juillet 2008, *Ville de Paris*, *Rec.*, p. 271). À titre d'illustration, l'Administration ne peut pas imposer à son cocontractant de réaliser des travaux non prévus dans le contrat initial (CAA Bordeaux, 16 mai 1994, *Société Polymark*, *Tab.*, p. 1040).

Le cocontractant de l'Administration ne peut pas s'opposer à la mise en œuvre des pouvoirs de mutabilité. L'Administration ne peut pas elle-même renoncer à ses pouvoirs de mutabilité en prévoyant une telle clause dans le contrat (CE, 6 mai 1985, *Association Eurolat*, *Rec.*, p. 141).

3. Les garanties du cocontractant de l'Administration

Les garanties du cocontractant ne sont pas comparables aux pouvoirs de l'Administration. Le cocontractant de l'Administration ne dispose pas de pouvoirs identiques. En cas d'inexécution du contrat par l'Administration, le cocontractant ne peut pas à son tour cesser de l'exécuter (CE, 8 octobre 2014, *Société Grenke Location*, *Rec.*, p. 302). Mais le cocontractant bénéficie de garanties.

Lorsque l'Administration met en œuvre ses pouvoirs de mutabilité, le cocontractant est indemnisé de la totalité du préjudice subi (*cf.* commentaire d'arrêt *infra*). En outre, lorsqu'un dommage imprévu et important frappe le cocontractant au cours de l'exécution du contrat, la théorie de l'imprévision lui permet d'être indemnisé de la quasi-totalité du préjudice. Si le dommage empêche définitivement l'exécution du contrat, la théorie de la force majeure permet au cocontractant d'obtenir, outre l'indemnité, la résiliation du contrat (CE Assemblée publique, 9 décembre 1932, *Compagnie des tramways de Cherbourg*, *Rec.*, p. 1050).

La justification commune à toutes ces garanties est le « *principe selon lequel le cocontractant a droit au maintien de l'équilibre financier du contrat* » (CE, 2 février 1983, *Union des transports publics urbains et régionaux*, *Rec.*, p. 33).

Éléments d'approfondissement

- CLOUZOT Ludivine, « La théorie de l'imprévision en droit des contrats administratifs », *RFDA*, 2010, pp. 937-948
- ECKERT Gabriel, « Les pouvoirs de l'administration dans l'exécution du contrat et la théorie générale des contrats administratifs », *CMP*, n° 10, 2010, pp. 7-15.
- ROBLOT-TROIZIER Agnès, « Retour sur le pouvoir de contrôle de l'administration à l'égard de son cocontractant », *RFDA*, 2007, pp. 990-1004.

Les indispensables

- Même dans le silence du contrat administratif, l'Administration dispose de pouvoirs de contrôle, de sanction de son cocontractant et de mutabilité du contrat.
- En fonction de la faute commise au cours de l'exécution du contrat, le cocontractant peut se voir infliger une sanction par l'Administration qui va de la simple pénalité financière à la résolution du contrat.
- L'Administration peut modifier ou résilier le contrat lorsqu'un motif d'intérêt général le justifie.
- Sauf en cas de faute commise au cours de l'exécution du contrat, le cocontractant a droit au maintien de l'équilibre financier du contrat.
- En cas de modification ou de résiliation pour motif d'intérêt général, le cocontractant de l'Administration a droit à une indemnisation intégrale de son préjudice (pertes subies et bénéfices manqués).
- L'imprévision permet au cocontractant d'obtenir une indemnité ; la force majeure lui permet également d'obtenir la résiliation du contrat en raison de l'empêchement définitif d'exécuter les prestations.
- Depuis l'entrée en vigueur du CCP en 2019, des pouvoirs de l'Administration (contrôle, modification, résiliation) et des garanties de son cocontractant (imprévision, indemnité de modification ou de résiliation) sont énoncés à l'article L. 6 du CCP.

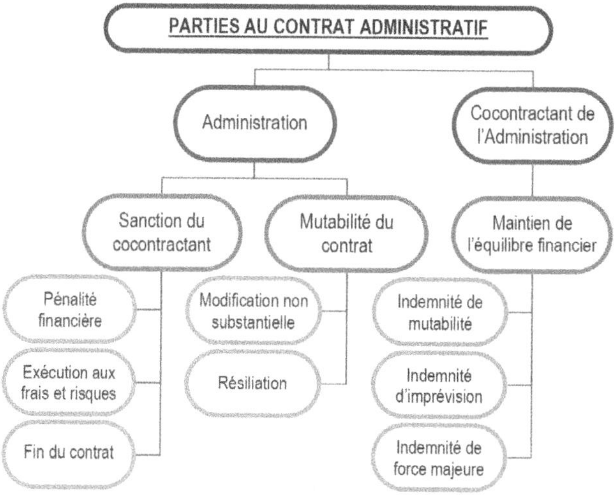

LES DROITS DES COCONTRACTANTS AU COURS DE L'EXÉCUTION DU CONTRAT ADMINISTRATIF

Commentaire de texte

▶ **Extrait de Gaston JEZE, *Les contrats administratifs de l'État, des départements, des communes et des établissements publics*, t. 1, Giard, Paris, 1927, pp. 5-6.**

« Ces contrats ressemblent beaucoup à ceux que passe un particulier. Au premier abord, le régime juridique des contrats administratifs semble devoir être exactement celui auquel sont soumis les contrats des particuliers.

Ce n'est qu'une apparence. Il y a un élément qui ne se rencontre pas dans les rapports de particulier à particulier : ces contrats sont conclus pour le fonctionnement d'un service public. Il convient dès lors d'appliquer ici le principe fondamental du droit public français.

Toutes les fois qu'il s'agit d'assurer le fonctionnement d'un service public, on n'applique pas nécessairement les textes mêmes du Code civil ou des lois de droit privé, qui régissent les rapports de particulier à particulier dans des hypothèses analogues. Avant tout, on s'inspire des idées générales qui justifient ces textes. On combine ces textes avec les nécessités du fonctionnement régulier et continu du service public.

Les lois et règlements font très rarement, eux-mêmes, l'application du principe fondamental. C'est la jurisprudence du Conseil d'État qui, par ses arrêts d'espèce, a élaboré peu à peu et continue d'élaborer, non sans contradictions, hésitations et obscurités, le régime juridique applicable. C'est la théorie des contrats administratifs. On entend par là les contrats passés par l'administration pour assurer le fonctionnement d'un service public, et qui sont régis par des règles particulières autres que celles applicables aux rapports des particuliers entre eux.

Les principales de ces règles spéciales sont relatives :

1) à la forme des contrats ;

2) aux pouvoirs de l'administration pour obtenir, par voie d'injonctions unilatérales, l'exécution fidèle et régulière de la prestation convenue ;

3) à certaines facilités données aux cocontractants de l'administration pour l'exécution de leurs obligations contractuelles (théorie de l'imprévision) ;

4) à la compétence des tribunaux administratifs pour juger les contestations qui s'élèvent entre l'administration et les fournisseurs.

Ce ne sont pas les seules règles spéciales. Mais la plupart se rattachent directement ou indirectement à ces quatre chefs principaux ».

Corrigé

Le texte proposé pour le commentaire a été écrit par Gaston Jèze. L'auteur a été professeur de droit à la faculté de droit de Paris. Il est l'un des grands auteurs de la doctrine du droit public et des finances publiques. D'une part, il a contribué à autonomiser les finances publiques par rapport aux autres branches du droit public. D'autre part, avec d'autres auteurs tels que Léon Duguit, il a contribué à faire du service public l'un des fondements du droit administratif en général et des contrats administratifs en particulier.

Le texte de Jèze est justement extrait du premier des trois tomes d'un ouvrage intitulé *Les contrats administratifs de l'État, des départements, des communes et des établissements publics* publié à Paris en 1927. C'est l'époque des premières réflexions sur les contrats administratifs. Celles de Jèze constitueront un apport décisif à la construction d'une théorie du contrat administratif. Le texte proposé pour le commentaire en témoigne.

Dans cet extrait, Gaston Jèze s'intéresse aux spécificités du contrat administratif, qu'il s'agisse de la notion de contrat administratif (I) ou des règles applicables aux contrats administratifs (II).

I. La spécificité de la notion de contrat administratif

Le contrat administratif est une notion spécifique par rapport au contrat «*que passe un particulier*» (A), car il est conclu «*pour assurer le fonctionnement d'un service public*» (B).

A. Le contrat administratif n'est pas un contrat « que passe un particulier »

Dès le début de son propos, Jèze distingue le contrat administratif des «*contrats des particuliers*». L'expression désigne les contrats civils.

Le contrat civil est soumis aux règles du droit civil qui figurent dans le Code civil et dans un certain nombre d'autres textes de droit privé, tels que le Code du travail. Le juge compétent en cas de litige est le juge judiciaire et, plus particulièrement, le juge civil. En revanche, le juge compétent en cas de litige portant sur un contrat administratif est le juge administratif.

Jèze admet que le contrat administratif et le contrat civil se «*ressemblent beaucoup*». En effet, l'un et l'autre appartiennent à la famille des contrats, c'est-à-dire qu'ils sont des accords de volontés créateurs d'effets juridiques.

Cependant, «*un élément*» distingue particulièrement le contrat administratif du contrat civil, c'est son rapport avec le «*service public*».

B. Le contrat administratif est conclu « pour assurer le fonctionnement d'un service public »

Le bon fonctionnement du service public est au cœur de la notion de contrat administratif. Cette idée revient à plusieurs reprises dans le texte ici commenté. À ce titre, le service public est un pilier du contrat administratif. En effet, les contrats déléguant la gestion d'un service public, tels que les concessions de service public, ont servi de référence pour élaborer la notion de contrat administratif. Dès 1910, le Conseil d'État a admis qu'un «*contrat conclu en vue d'assurer un service public*» est un contrat administratif (*cf.* CE, 4 mars 1910, *Thérond contre Ville de Montpellier, Rec.*, p. 197). En outre, si tous les contrats administratifs, tels que les marchés de fournitures et de travaux, n'entretiennent pas un rapport direct avec le service public, ils ne sont toutefois jamais sans lien avec ce dernier.

Il n'en demeure pas moins vrai que le service public peut être insuffisant pour comprendre la notion de contrat administratif. À ce titre, le service public n'est pas le seul pilier du contrat administratif. En effet, des auteurs ont rappelé, après Jèze, que l'intérêt général et la puissance publique sont également essentiels pour comprendre la notion de contrat administratif (*cf.* G. Salon, « Gaston Jèze et la théorie générale des contrats administratifs », *Rev. hist. des fac. de droit*, n° 12, 1991, pp. 82-83). D'ailleurs, quatre ans avant la publication du texte ici commenté, le Conseil d'État a reconnu qu'un contrat, qui ne concerne « *d'aucune manière* [...] *l'exécution d'un service public* », est un contrat administratif pourvu qu'il contienne une « *clause exorbitante du droit commun* » (CE, 7 mars 1923, *Iossifoglu*, *Rec.*, p. 222). Le tribunal des conflits a précisé récemment qu'est exorbitante du droit commun la clause qui « *implique, dans l'intérêt général, qu'il [le contrat] relève du régime exorbitant des contrats administratifs* » (TC, 13 octobre 2014, *Société Axa*, *Rec.*, p. 471).

Quoi qu'il en soit, la spécificité de la notion de contrat administratif, mise en avant par Jèze, est incontestable. Elle se double d'une spécificité des règles applicables à cette catégorie de contrat.

II. La spécificité des règles applicables au contrat administratif

Des règles spécifiques s'appliquent au contrat administratif. Différentes des « *lois de droit privé* » (A), elles sont issues « *du principe fondamental du droit public* » (B).

A. Le contrat administratif n'est pas soumis aux « lois de droit privé »

Le contrat administratif n'est pas soumis aux « *lois de droit privé* » et, en particulier, aux « *textes mêmes du Code civil* ». Jèze insiste sur ce point : le contrat administratif est soumis à des « *règles particulières autres que celles applicables aux rapports des particuliers entre eux* ». L'auteur va même plus loin. Il met en garde contre « *une apparence* » qui conduirait à considérer que le contrat administratif est soumis aux mêmes règles que le contrat civil.

Toutefois, Jèze le reconnaît, le juge administratif s'inspire parfois du droit privé pour élaborer les règles applicables au contrat administratif. Plus précisément, Jèze indique que le juge « *s'inspire des idées générales qui justifient* » le droit privé. Le juge emploie dans ses décisions une formule analogue d'après laquelle les règles applicables au contrat administratif sont issues des idées « *dont s'inspire* » le droit privé (*cf.* CE, 29 décembre 2008, *Office public d'habitations à loyer modéré de Puteaux*, *Rec.*, p. 479).

Si le « *droit privé* » n'est pas applicable au contrat administratif, il est en revanche soumis au « *droit public* ».

B. Le contrat administratif est soumis au « principe fondamental du droit public »

Les règles applicables au contrat administratif sont celles du droit administratif « *élaboré* » essentiellement à l'occasion des décisions de justice rendues par le juge administratif. Plus précisément, Jèze explique que « *c'est la jurisprudence du Conseil d'État* » qui est à la manœuvre. L'auteur appelle cette mécanique générale « *la théorie des contrats administratifs* ».

Jèze indique aussi quelle est la méthode d'élaboration des règles applicables au contrat administratif par le juge administratif. Il ne s'agit pas d'appliquer purement et simplement « *les lois et règlements* ». Ou alors « *très rarement* ». Le juge conjugue plutôt les textes législatifs et réglementaires avec les « *nécessités du fonctionnement régulier et continu du service public* ». C'est ce qui ressort de la jurisprudence la plus récente du Conseil d'État (*cf.* CE Assemblée, 29 juin 2001, *Berton*, *Rec.*, p. 296).

L'auteur propose enfin une classification des « *principales* [...] *règles* » applicables au contrat administratif. L'auteur distingue les règles concernant la formation du contrat (appelée « *la forme* »), les « *pouvoirs de l'Administration* », les garanties du cocontractant (dénommées « *facilités* ») et, enfin, le contentieux du contrat. Il faut signaler que « *ces quatre chefs principaux* » constituent globalement, aujourd'hui encore, la matrice empruntée par la doctrine pour ordonner et expliquer la jurisprudence (*cf.* par ex. RICHER Laurent, LICHERE François, *Droit des contrats administratifs*, 11e éd., LGDJ, coll. Manuel, Paris, 2019, 768 p.).

Finalement, peu importent les critiques que l'on peut faire à certains passages du texte ici commenté, la jurisprudence et la doctrine contemporaines témoignent encore de l'apport essentiel qu'ont constitué les réflexions de Jèze sur les contrats administratifs.

Commentaire d'arrêt

▶ **CE Assemblée plénière, 2 mai 1958, *Distillerie de Magnac-Laval, Rec.*, p. 246, consultable sur Internet.**

Corrigé

Au cours de l'exécution du contrat administratif, l'Administration dispose de pouvoirs importants, mais son cocontractant bénéficie aussi de garanties importantes. La décision *Distillerie de Magnac-Laval* rendue par l'Assemblée plénière du Conseil d'État le 2 mai 1958 illustre parfaitement ce double phénomène.

En l'espèce, la Distillerie de Magnac-Laval, dans le département de la Haute-Vienne, avait conclu un contrat administratif avec le Gouvernement. En vertu de ce contrat, la Distillerie vendait au Gouvernement l'alcool qu'elle avait produit en sus des contingents fixés par voie réglementaire. Toutefois, une loi du 11 juillet 1953 portant redressement économique et financier a autorisé le Gouvernement à prendre des mesures relatives au régime des produits agricoles, dont les produits d'alcool font partie. Sur ce fondement, le Gouvernement a édicté un décret du 9 août 1953 relatif aux produits d'alcool. Le décret prévoyait de réduire les quantités d'alcool que le Gouvernement s'était engagé à acheter aux distilleries. En conséquence, un certain nombre de contrats, dont celui conclu avec la Distillerie de Magnac-Laval, ont été résiliés. Deux décrets des 23 février et 27 décembre 1954 ont prévu le versement d'indemnités aux distillateurs. Afin de remettre en cause la résiliation du contrat, la Distillerie de Magnac-Laval a demandé l'annulation de ces décrets au Conseil d'État.

À l'occasion de ce litige, le Conseil d'État était notamment saisi de deux questions relatives au régime de la résiliation du contrat administratif :

Un décret peut-il conduire à la résiliation unilatérale d'un contrat administratif par l'Administration ?

Ce décret peut-il limiter l'indemnité de résiliation du cocontractant de l'Administration ?

Le Conseil d'État a répondu positivement à la première question et négativement à la seconde.

L'apport de la décision *Distillerie de Magnac-Laval* au régime de la résiliation du contrat administratif est donc double. Le Conseil d'État a consacré, à la fois, le droit de résiliation unilatérale du contrat administratif par l'Administration (I) et, en pareille hypothèse, le droit à indemnité de son cocontractant (II).

I. Le droit de résiliation unilatérale du contrat administratif par l'Administration

L'Administration partie au contrat administratif peut résilier unilatéralement ce contrat même si aucun texte ne le prévoit (A). Un motif d'intérêt général doit cependant exister pour justifier la résiliation du contrat (B).

A. Un droit de résiliation applicable sans texte

La décision *Distillerie de Magnac-Laval* élève le droit de résiliation unilatérale du contrat par l'Administration au rang de ce qu'il est désormais convenu d'appeler les « *règles applicables aux contrats administratifs* ». Par ces mots, le Conseil d'État a gravé le droit de résiliation dans le régime du contrat administratif. Il n'est donc pas nécessaire qu'un texte, tel qu'une stipulation du contrat, prévoit le droit de résiliation.

En l'espèce, la Distillerie soutenait que la loi du 11 juillet 1953 ne permettait pas au décret du 9 août 1953 de porter atteinte aux droits résultants du contrat. Le Conseil d'État écarte cette critique. Car il «*appartenait*» à l'Administration «*en tout état de cause* [...] *de mettre fin*» au contrat.

Plusieurs décisions ultérieures du Conseil d'État ont réaffirmé le droit de résiliation unilatérale du contrat par l'Administration. Les termes ont même évolué et l'on parle désormais des «*règles générales applicables aux contrats administratifs*» (CE Assemblée, 2 février 1987, *Société TV6*, *Rec.*, p. 29). Il a même été jugé que l'Administration ne peut pas renoncer par contrat au droit de résiliation (CE, 6 mai 1985, *Association Eurolat*, *Rec.*, p. 141).

Depuis 2019, l'article L. 6 du CCP prévoit que «*L'autorité contractante peut résilier unilatéralement le contrat* [...] *pour un motif d'intérêt général*». Dès sa décision *Distillerie de Magnac-Laval*, le Conseil d'État a prévu cette condition sans laquelle l'Administration ne peut pas résilier unilatéralement le contrat administratif.

B. Un droit de résiliation soumis à l'existence d'un motif d'intérêt général

Le droit de résiliation unilatérale du contrat administratif par l'Administration n'est pas illimité. La décision *Distillerie de Magnac-Laval* requiert qu'un motif d'intérêt général justifie la résiliation.

En l'espèce, le Conseil d'État constate deux motifs d'intérêt général. Le premier motif est implicite. Le Conseil d'État fait référence aux «*dispositions*» de la loi du 11 juillet 1953 qui prévoyaient des mesures d'intérêt général relatives aux produits agricoles, dont les produits d'alcool font partie. Le second motif est plus explicite. Le Conseil d'État fait référence à l'objectif d'intérêt général «*de limiter les charges qui pesaient sur les finances de l'État*».

Plusieurs décisions ultérieurement rendues par le Conseil d'État ont précisé le régime du motif d'intérêt général. L'Administration dispose d'une importante liberté pour apprécier ce qui est, ou n'est pas, un motif d'intérêt général. Il peut s'agir de l'abandon pur et simple d'un projet (CE, 23 avril 2001, *SARL Bureau d'études techniques équipement rural et urbain*, req. n° 186424), notamment en cas de difficultés techniques (CE, 22 janvier 1965, *Société des établissements Michel Aubrun*, *Rec.*, p. 50). Cependant, le motif d'intérêt général doit exister à la date de la résiliation (CE Assemblée, 2 février 1987, *Société TV6*, *Rec.*, p. 29).

La liberté de l'Administration pour apprécier l'existence du motif d'intérêt général est contrebalancée par l'existence d'un droit à indemnité pour son cocontractant.

II. Le droit à indemnité du cocontractant de l'Administration en cas de résiliation unilatérale du contrat administratif par l'Administration

En cas de résiliation unilatérale du contrat administratif par l'Administration, son cocontractant peut réclamer une indemnité même si aucun texte ne la prévoit (A). L'indemnité doit couvrir l'ensemble du préjudice subi par le cocontractant (B).

A. Un droit à indemnité de résiliation applicable sans texte

Le droit à indemnité du cocontractant en cas de résiliation unilatérale du contrat par l'Administration existait déjà à travers plusieurs décisions antérieures du Conseil d'État (*cf.* CE, 6 février 1925, *Gouverneur général d'Algérie contre Demouchy*, *Rec.*, p. 121). La décision *Distillerie de Magnac-Laval* va plus loin en faisant du droit à indemnité une des « *règles applicables aux contrats administratifs* ».

En l'espèce, la Distillerie soutenait que les décrets attaqués faisaient obstacle à l'indemnisation du préjudice résultant de la résiliation du contrat. Le Conseil d'État écarte aussi cette critique. Car « *aucune disposition du* [...] *décret du 9 août 1953 ne fait obstacle [aux] droits à l'indemnité* ». Il en est de même pour les décrets des 23 février et 27 décembre 1954.

Plusieurs décisions ultérieures ont réaffirmé le droit à indemnité de résiliation. Le CCP le prévoit également dans son article L. 6. Toutefois, le cocontractant de l'Administration peut renoncer par contrat au droit à indemnité de résiliation (CE, 19 décembre 2012, *Société AB Trans*, req. n° 350341). Le droit à indemnité de résiliation n'est donc pas aussi bien protégé que le droit de résiliation puisque l'Administration ne peut pas y renoncer par contrat (*cf. supra* I, A).

Toutefois, dès sa décision *Distillerie de Magnac-Laval*, le Conseil d'État a étendu le droit à indemnité du cocontractant de l'Administration à l'ensemble de son préjudice.

B. Un droit à indemnité de résiliation étendu à l'ensemble du préjudice subi par le cocontractant

Contrairement au droit de résiliation pour motif d'intérêt général, le Conseil d'État n'a pas entendu limiter le droit à indemnité. L'indemnisation doit couvrir l'intégralité du préjudice subi du fait de la résiliation du contrat, c'est-à-dire les pertes subies (le *damnum emergens*) et les bénéfices manqués (le *lucrum cessans*) par le cocontractant.

En l'espèce, les décrets de 1954 prévoyaient une indemnité pour les distillateurs limitée à une partie des pertes et bénéfices manqués du fait de la résiliation des contrats. Mais le Conseil d'État a estimé que les décrets « *n'ont pas eu pour objet et n'ont pu avoir pour effet de supprimer le droit aux indemnités que les titulaires des marchés de fourniture d'alcool se croiraient fondés à demander en réparation des préjudices résultant directement de la résiliation de leurs contrats* [...] *en ce qui concerne les droits de production contractuels non encore exercés* ». Autrement dit, il appartenait aux distillateurs de saisir le juge du contrat pour demander une indemnité complémentaire à celle prévue par les décrets attaqués.

Plusieurs décisions ultérieures sont venues préciser le régime de l'indemnité de résiliation. Les clauses du contrat peuvent prévoir que l'indemnité de résiliation sera inférieure au préjudice subi par le cocontractant de l'Administration. Il est aussi possible de prévoir une indemnité supérieure au préjudice subi, sous réserve que l'indemnisation ne soit pas « *manifestement disproportionnée par rapport au préjudice* » (CE, 4 mai 2011, *Chambre de commerce et d'industrie de Nîmes, Uzès, Bagnols, Le Vigan*, *Rec.*, p. 205).

PARTIE XVI

La responsabilité administrative

Fiche 45

Les éléments de la responsabilité administrative

Les objectifs de la fiche

- Comprendre la définition de la responsabilité en droit administratif
- Distinguer les éléments permettant de mettre en jeu la responsabilité administrative
- Maîtriser les principes généraux de la responsabilité administrative

1. Le fait générateur du dommage

L'élément initial de la responsabilité administrative est le fait générateur du dommage. Il peut s'agir d'une faute commise par l'Administration (*cf.* fiche 46) ou d'un fait imputable à l'Administration (*cf.* fiche 47) qui a eu pour conséquence un dommage dont il est demandé réparation.

Le dommage doit être la conséquence « directe » du fait générateur pour donner lieu à réparation. Ainsi, la victime du dommage doit démontrer qu'il existe un lien étroit de cause à effet entre son dommage et le fait générateur. Par exemple, le dommage subi par un salarié licencié est la conséquence directe de l'illégalité de l'autorisation administrative de licenciement du salarié concerné (CE Section, 9 juin 1995, *Lesprit*, *Rec.*, p. 239). En revanche, le dommage subi par les enfants de deux individus assassinés n'est pas la conséquence directe de l'évasion du meurtrier depuis « *quarante-huit jours* » de la prison où il était détenu (CE, 10 mai 1985, *Ramade*, *Rec.*, p. 147).

Parfois, le dommage n'est pas direct, mais il n'est pas non plus dépourvu de tout lien avec la faute ou le fait reproché à l'Administration. Dans ce cas, la victime peut prétendre à l'indemnisation de la « perte de chance » d'éviter le dommage si le fait générateur ne s'était pas produit. À titre d'illustration, lorsqu'un patient éborgné avait 30 % de chance de ne pas perdre la vision d'un œil si aucune erreur médicale n'avait été commise, il peut prétendre à une indemnité égale à 30 % de la valeur d'un œil (CE Section, 21 décembre 2007, *Centre hospitalier de Vienne*, *Rec.*, p. 546).

2. Le dommage

Le dommage (que l'on peut ici assimiler au « préjudice ») est l'élément central de la mise en jeu de la responsabilité administrative. Il s'agit de la dégradation subie par la victime sur ses biens (dommage matériel) ou sa personne, c'est-à-dire son corps (dommage corporel) ou ses sentiments (dommage moral).

Le dommage doit être « certain » pour donner lieu à réparation. Autrement dit, le dommage ne saurait être éventuel. À titre d'exemple, un refus d'autorisation de lotir ne provoque pas un dommage certain lorsque le demandeur a renoncé à son projet de lotissement (CE Assemblée, 17 juin 1938, *Lewin*, *Rec.*, p. 553). En revanche, la procédure d'expropriation finalement abandonnée par l'Administration a provoqué un dommage certain lorsque le propriétaire avait engagé des travaux interrompus pendant plusieurs années (CE Section, 23 décembre 1970, *Farsat*, *Rec.*, p. 790).

3. La réparation du dommage

La réparation, ou « dédommagement », est l'objectif de la mise en jeu de la responsabilité administrative par la victime du dommage.

La réparation « en nature » consiste pour l'auteur du dommage à remettre la victime dans l'état matériel ou corporel où elle se trouvait avant le dommage. La réparation « par équivalent » consiste à verser une somme d'argent afin de compenser l'état dégradé dans lequel se trouve la victime depuis le dommage.

En droit privé, le juge judiciaire peut prononcer une réparation en nature ou une réparation par équivalent. En droit administratif, le juge administratif s'en tient à prononcer une réparation par équivalent. Il ne propose à l'Administration la réparation en nature que de manière facultative (CE, 19 octobre 1966, *Commune de Clermont*, *Rec.*, p. 551).

En vue d'obtenir la réparation du dommage par l'Administration, la victime doit lui présenter une demande écrite. C'est une condition préalable à la saisine du juge (art. R. 421-1 du Code de justice administrative). La demande doit intervenir dans les quatre années qui suivent celle au cours de laquelle la victime a disposé d'informations suffisantes sur l'origine de son dommage (loi n° 68-1250 du 31 décembre 1968 relative à la prescription des créances de l'Administration). Le montant de la réparation est fixé en se plaçant à la date à laquelle l'étendue du dommage est connue si ce dernier concerne un bien (CE Assemblée, 21 mars 1947, *Veuve Pascal*, *Rec.*, p. 122), la date de la décision du juge s'il affecte une personne (CE Assemblée, 21 mars 1947, *Veuve Aubry*, *Rec.*, p. 122).

La réparation du dommage est intégrale. Toutefois, une faute de la victime ou d'un tiers, voire la force majeure, peut conduire à la diminution (et parfois à la suppression !) du montant de la réparation. À titre d'illustration, l'administré qui a conclu avec l'Administration un contrat dont il ne pouvait ignorer l'illégalité voit souvent le montant de son indemnité réduit de moitié (CAA Lyon, 2 juin 2004, *Société Michel Charmettan Communication*, *Tab.*, p. 762).

Éléments d'approfondissement

- BELRHALI Hafida, *Responsabilité administrative*, LGDJ, coll. Manuel, Paris, 2017, 411 p.
- DUEZ Paul, *La responsabilité de la puissance publique*, rééd., Dalloz, Paris, 2012, 342 p.
- POIROT-MAZERES Isabelle, « La notion de préjudice en droit administratif français », *RDP*, 1997, pp. 519-566.
- POUYAUD Dominique, *La responsabilité administrative*, La Documentation française, Paris, 2011, 80 p.

Les indispensables

- La responsabilité administrative a vocation à réparer le dommage subi par une personne publique ou privée en raison d'un fait généré par l'Administration.
- Un dommage est une dégradation subie par une victime sur ses biens (dommage matériel), son corps (dommage corporel) ou ses sentiments (dommage moral).
- Le dommage résulte d'un fait générateur : une faute de l'Administration ou un fait qui lui est imputable.
- Le dommage doit être « certain » pour donner lieu à réparation ; il doit également être la conséquence « directe » du fait générateur.
- La victime du dommage doit présenter une demande d'indemnisation à l'Administration avant de saisir le juge administratif.
- Le montant de la réparation est déterminé à la date du dommage (bien) ou à la date du jugement (personne).
- Le principe de l'équivalence est appliqué pour réparer le dommage : une somme d'argent est versée afin de compenser l'état dégradé de la victime du dommage.

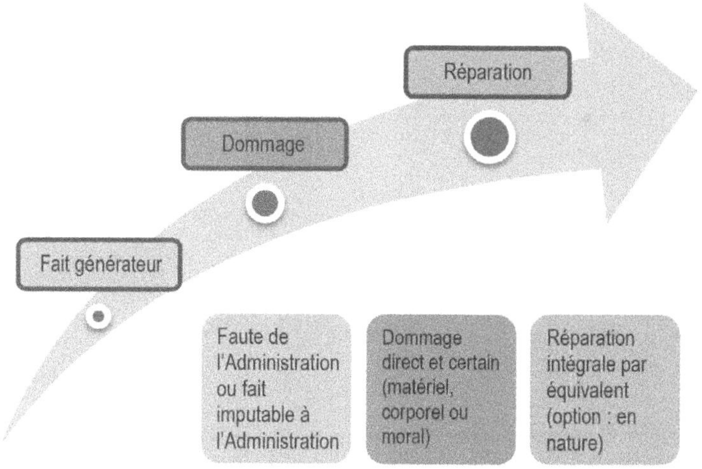

LA MISE EN CAUSE DE LA RESPONSABILITÉ ADMINISTRATIVE

Fiche 46

La responsabilité pour faute

Les objectifs de la fiche

- Maîtriser les règles essentielles de mise en œuvre de la responsabilité pour faute de l'Administration
- Distinguer la faute contractuelle et la faute extra-contractuelle
- Comprendre les catégories de faute extra-contractuelle (faute simple, faute lourde, faute présumée)

1. La notion de faute

La faute s'entend comme « un manquement à une obligation préexistante » d'après la formule de Marcel Planiol.

L'obligation (ou devoir) peut être inscrite dans une clause d'un contrat. La méconnaissance de cette obligation est une « faute contractuelle ». Seules les parties au contrat sont tenues par les obligations contractuelles. En conséquence, elles seules peuvent s'opposer une faute contractuelle.

L'obligation peut aussi être prévue par une règle de droit inscrite dans un texte qui n'est pas un contrat, tel qu'une décision de justice, un décret, une loi, un traité, la Constitution. La méconnaissance de cette obligation est une « faute extra-contractuelle ». Toute personne peut opposer à l'Administration la méconnaissance d'un de ces textes par ses services. On distingue trois catégories de faute : la faute simple, la faute lourde et la faute présumée.

2. La faute simple

La faute doit être, en principe, prouvée par la victime du dommage. Parfois, la preuve est difficile à établir. En cas de difficulté, les premiers éléments de preuve peuvent suffire au juge qui utilise alors son pouvoir inquisitorial pour confirmer ou non les faits fautifs (au cours de l'instruction, le juge demande à l'Administration de s'expliquer, soit par écrit, soit à la barre).

Toute action illégale commise par l'Administration est une faute susceptible d'engager sa responsabilité (CE, 26 janvier 1973, *Driancourt*, *Rec.*, p. 77). À l'inverse, une décision légalement prise par l'Administration n'est pas fautive (CE, 7 décembre 1979, *Société « Les fils de Henri Ramel »*, *Rec.*, p. 457).

Toute abstention illégale commise par l'Administration est une faute susceptible d'engager sa responsabilité. À titre d'illustration, le Gouvernement commet une faute lorsqu'il omet de prendre, dans un délai raisonnable, le décret d'application d'une loi (CE, 27 juillet 2005, *Association Bretagne Ateliers*, *Rec.*, p. 350).

3. La faute lourde

C'est est une spécificité du droit administratif. On ne trouve pas la faute lourde en droit civil. Pour tenir compte de la difficulté inhérente à certaines activités administratives, le juge tolère certains manquements à partir du moment où ils ne franchissent pas un certain seuil de gravité. En conséquence, le juge requiert que la victime du dommage prouve que l'Administration a commis, non pas une simple faute, mais une faute lourde.

La jurisprudence a tendance à abandonner la faute lourde au profit de la faute simple. L'objectif est d'augmenter les hypothèses où la responsabilité administrative peut être mise en œuvre pour que l'Administration fasse plus attention à ses agissements et que les victimes soient plus aisément dédommagées. Les activités suivantes sont récemment passées du régime de faute lourde au régime de faute simple : les activités médicales (CE Assemblée, 10 avril 1992, *Époux V.*, *Rec.*, p. 171), les activités de secours et de sauvetage (CE, 13 mars 1998, *Améon*, *Rec.*, p. 82), les activités de lutte contre l'incendie (CE, 29 avril 1998, *Commune de Hannappes*, *Rec.*, p. 186), les activités fiscales (CE Section, 21 mars 2011, *Krupa*, *Rec.*, p. 101).

Seules les activités de police présentant une difficulté particulière demeurent soumises au régime de faute lourde. À titre d'illustration, lorsque la Commission bancaire exerce ses activités de surveillance et de contrôle des banques, le juge constate une faute lorsque plusieurs « *carences* » ont été commises par la Commission (CE Assemblée, 30 novembre 2001, *Kechichian*, *Rec.*, p. 587). De même, « *la responsabilité de l'État* » à l'égard des victimes d'acte de terrorisme peut être engagée pour « *faute lourde* [...] *à raison des carences des services de renseignement dans la surveillance d'un individu ou d'un groupe d'individus* », comme dans l'affaire « Merah » (CE, 18 juillet 2018, *Monet et autres*, *Tab.*, p. 900).

4. La faute présumée

Lorsque la faute de l'Administration est difficile à prouver et pour faciliter la réparation de certains dommages, le juge présume l'existence d'une faute. En conséquence, contrairement à la faute simple, la faute présumée ne doit pas être prouvée par la victime du dommage. Pour écarter sa responsabilité, l'Administration doit établir qu'elle n'a commis aucune faute en prouvant qu'elle a correctement exécuté son activité.

Les trois dommages résultant des activités de l'Administration dont la faute est présumée sont les suivants :

- le dommage subi par l'usager d'un ouvrage public (CE, 17 mai 2000, *Département de la Dordogne*, *Rec.*, p. 177) ;
- le dommage résultant d'un défaut de surveillance d'un malade placé dans un hôpital psychiatrique (CE, 12 octobre 1983, *Rolland*, *Tab.*, p. 856) ;
- le dommage consécutif à la divulgation d'informations, protégées par le secret professionnel, dont l'Administration est la seule dépositaire officielle (CE, 17 octobre 2012, *Bussa*, *Rec.*, p. 363).

Éléments d'approfondissement

- DELAUNAY Benoît, *La faute de l'Administration*, Thèse Paris 2, LGDJ, coll. BDP, Paris, 2007, 474 p.
- DUBOIS Jean-Pierre, « Responsabilité pour faute », *Rép. responsabilité de la puissance publique*, Dalloz, Paris, 2019.
- RICHER Laurent, *La faute du service public dans la jurisprudence du Conseil d'État*, Thèse Paris 2, Economica, Paris, 1978, 183 p.

Les indispensables

- La faute est un manquement à une obligation.
- Il existe deux types de fautes : la faute contractuelle (obligation prévue par un contrat) et la faute extra-contractuelle (obligation prévue par une décision de justice, un décret, une loi, la Constitution, un traité).
- En principe, la faute de l'Administration doit être prouvée par la victime du dommage.
- L'abstention de l'Administration peut être fautive.
- Le Gouvernement commet une faute lorsqu'il omet de prendre le décret d'application d'une loi dans un délai raisonnable.
- Une faute lourde doit être prouvée par la victime lorsque l'Administration exerce une activité de police présentant une difficulté particulière.
- La faute lourde est celle qui dépasse un certain seuil de gravité.
- La faute de l'Administration est parfois présumée et l'Administration doit alors prouver qu'elle a correctement exercé son activité si elle souhaite écarter sa responsabilité.

Faute simple	Faute lourde	Faute présumée
• action illégale • abstention illégale	• activité de police présentant une difficulté particulière	• accident de l'usager d'un ouvrage • défaut de surveillance d'un malade placé en hôpital psychiatrique • divulgation d'informations protégées

LES DOMAINES DES TROIS CATÉGORIES DE FAUTES DE L'ADMINISTRATION

Fiche 47

La responsabilité sans faute

Les objectifs de la fiche

- Maîtriser les règles essentielles de mise en œuvre de la responsabilité sans faute de l'Administration
- Comprendre les buts de la responsabilité sans faute
- Distinguer les deux fondements de la responsabilité sans faute (le risque ; l'inégalité devant les charges publiques)

1. Le régime de la responsabilité sans faute

Le régime de la RSF (aussi appelée « responsabilité de plein droit ») connaît plusieurs spécificités qui permettent de comprendre son objectif. Dans le but d'éviter des injustices grossières, la responsabilité sans faute facilite la réparation de dommages importants et inhabituels subis par un nombre limité de victimes.

La responsabilité sans faute est indifférente par rapport à toute faute commise (ou non) par l'Administration ou par un tiers. Le simple fait pour la victime d'avoir subi un dommage dans des circonstances précises lui ouvre droit à réparation. Ces circonstances sont, soit le risque, soit l'inégalité, que l'Administration a fait subir à la victime.

Qu'elle soit fondée sur le risque ou l'inégalité, la responsabilité de l'Administration n'est engagée que si le dommage invoqué par la victime présente un caractère « anormal » et « spécial ». L'anormalité du dommage implique qu'il soit, à la fois, grave et rare. La spécialité implique que le dommage affecte une catégorie restreinte de victime et, dans l'idéal, une seule victime.

Enfin, la responsabilité sans faute de l'Administration est d'ordre public. Cela signifie que, lors d'un litige en justice, la victime d'un dommage peut invoquer la responsabilité sans faute à tout moment, par exemple pour la première fois en appel (ou en cassation) si elle ne l'avait pas fait en première instance (ou en appel). Le juge doit la soulever d'office si la victime ne l'a pas invoquée, mais que son dommage peut être indemnisé sur ce terrain (CE, 21 mai 1920, *Époux Colas*, *Rec.*, p. 530).

2. La responsabilité pour risque

Certaines activités de l'Administration peuvent faire courir un risque exceptionnel à une personne ou à quelques personnes. Les cinq hypothèses en la matière sont les suivantes :

– le dommage accidentel subi par un tiers aux travaux publics ou à l'ouvrage public (CE Assemblée, 28 mai 1971, *Département du Var*, *Rec.*, p. 419) ;

– les dommages causés par des biens, des activités et des méthodes présentant un danger, ce qui inclut le stockage d'explosifs (CE, 28 mars 1919, *Regnault-Desroziers*, *Rec.*, p. 329), l'utilisation d'armes à feu (CE, 24 juin 1949, *Consorts Lecomte*, *Rec.*, p. 307), voire la semi-liberté accordée à un mineur délinquant (CE Section, 3 février 1956, *Thouzelier*, *Rec.*, p. 49);
– le dommage subi par un tiers à cause d'un mineur en danger ou un mineur délinquant placé par une décision du juge des enfants (CE Section, 3 février 1956, *Thouzellier*, *Rec.*, p. 49);
– les dommages causés au collaborateur occasionnel de l'Administration (CE Assemblée, 22 novembre 1946, *Commune de Saint-Priest-la-Plaine*, *Rec.*, p. 279);
– les dommages, causés par des actes médicaux, dont la réalisation est exceptionnelle (CE Assemblée, 9 avril 1993, *Bianchi*, *Rec.*, p. 127) ou qui ont un caractère nosocomial (art. L. 1142-1, I, al. 2, du Code de la santé publique).

3. La responsabilité pour inégalité devant les charges publiques

Certaines activités ou certains actes de l'Administration peuvent créer une inégalité devant les charges publiques au préjudice d'une ou de quelques personnes. Les quatre hypothèses en la matière sont les suivantes:

– le dommage subi par un tiers du fait de l'existence même d'un ouvrage public dont il est riverain (CE, 2 octobre 1987, *Spire*, *Rec.*, p. 302);
– le fait d'un acte administratif légal, qu'il soit réglementaire ou individuel, tel que le refus d'apporter le concours de la force publique à l'exécution d'une décision de justice en vue de maintenir l'ordre public (CE, 30 novembre 1923, *Couitéas*, *Rec.*, p. 789);
– le fait d'une loi (CE Assemblée, 14 janvier 1938, *La Fleurette*, *Rec.*, p. 25), d'un traité international (CE Assemblée, 30 mars 1966, *Compagnie générale d'énergie radio-électrique*, *Rec.*, p. 257), voire de la coutume internationale (CE Section, 14 octobre 2011, *Saleh*, *Rec.*, p. 473);
– depuis récemment, il peut s'agir du fait d'une loi contraire au droit international (CE Assemblée, 8 février 2007, *Gardedieu*, *Rec.*, p. 78) ou à la Constitution (CE Assemblée, 24 décembre 2019, *Société hôtelière Paris Eiffel Suffren*, *Rec.*, p. 488).

Depuis la création de la question prioritaire de constitutionnalité, un justiciable peut critiquer la constitutionnalité d'une loi (*cf.* fiche 19). Le nouveau cas de responsabilité sans faute du fait d'une loi contraire à la Constitution, reconnu à la fin de l'année 2019, s'inscrit dans le prolongement de cette réforme.

Éléments d'approfondissement

- CAMGUILHEM Benoît, *Recherche sur les fondements de la responsabilité sans faute en droit administratif*, Thèse Paris 2, Dalloz, coll. NBT, Paris, 2014, 490 p.
- DE BECHILLON Denys, « Changer dans le cadre. Genèse et structure de la responsabilité sans faute de l'État en droit administratif français », *Dr. et cultures*, n° 2, 1997, pp. 73-94.
- DELVOLVE Pierre, *Le principe d'égalité devant les charges publiques*, Thèse Paris, LGDJ, coll. BDP, Paris, 1969, 467 p.
- DUCHARME Théo, *La responsabilité de l'État du fait des lois déclarées contraires à la Constitution*, Thèse Paris 1, LGDJ, coll. BCSP, Paris, 2019, 544 p.
- HENNETTE-VAUCHEZ Stéphanie, « Responsabilité sans faute », *Rép. responsabilité de la puissance publique*, Dalloz, Paris, 2020.

Les indispensables

- La responsabilité sans faute a pour objectif d'éviter des injustices grossières.
- Aucune faute de l'Administration ne doit être prouvée par la victime qui invoque la responsabilité sans faute.
- Le dommage de la victime doit présenter un caractère « anormal » (grave et rare) et « spécial » (nombre très limité de victimes).
- La responsabilité sans faute peut être invoquée dans deux situations précises : l'Administration exerce une activité présentant un risque exceptionnel ; une activité ou un acte liés à l'Administration méconnaît le principe d'égalité.
- La responsabilité sans faute est d'ordre public : invocable à tout moment par le requérant devant le juge administratif, elle doit sinon être soulevée d'office par le juge.

Risque	Inégalité
• accident du tiers par des travaux publics ou un ouvrage public	• riverain d'un ouvrage public
• biens, activités et méthodes présentant un danger	• acte administratif légal
• dommage au tiers par un mineur en danger ou délinquant	• loi
• collaborateur occasionnel de l'Administration	• loi contraire au droit international
• certains actes médicaux	• traité international
	• coutume internationale

LES DOMAINES DE LA RESPONSABILITÉ SANS FAUTE DE L'ADMINISTRATION

Cas pratique

Alors qu'elle circulait avec son véhicule, une automobiliste d'une quarantaine d'années s'est fait braquer sa voiture alors qu'elle patientait au pied d'un feu rouge. L'individu accusé du vol est un mineur qui n'en était pas à sa première infraction. En effet, l'adolescent avait été confié à un institut d'éducation surveillée deux ans plus tôt.

Cependant, le suspect n'est pas allé bien loin. Des barrages de police se sont rapidement mis en place à plusieurs endroits stratégiques de la ville. L'individu a tenté de forcer l'un des barrages. En vain. Le forcené a terminé sa course à cet endroit après avoir percuté l'un des véhicules de police. Le chauffeur est sain et sauf, mais les véhicules sont hors d'usage.

Très gravement blessé, un policier qui avait tenté d'intercepter le véhicule a été immédiatement transporté au centre hospitalier le plus proche. Il y est malheureusement décédé, quelques jours plus tard, à la suite d'une infection n'ayant rien à voir avec l'accident dont il avait été victime. Un rapport d'analyse a révélé qu'il avait été infecté par une bactérie parfois présente en milieu hospitalier.

▶ **Deux avocats sont saisis de l'affaire. L'un représente la victime du vol, le second la famille du policier décédé. Quels conseils les avocats pourraient-ils donner à leur cliente pour obtenir des dommages et intérêts en justice ?**

Corrigé

Le présent cas pratique est une affaire de dommages en cascade qui ont affecté deux victimes. L'indemnisation de chaque victime (l'obtention de dommages et intérêts) fera l'objet d'un traitement particulier.

En ce qui concerne l'indemnisation de la victime du véhicule volé :

Une automobiliste a été victime du vol de son véhicule par un individu mineur. Cet individu ne réside pas chez ses parents, mais dans un institut d'éducation surveillée. La question de droit posée par cette affaire est de savoir qui est responsable des dommages résultant du vol du véhicule par le mineur ? S'agit-il des parents ou de l'institut d'éducation surveillée ?

En principe, d'après l'article 1242 du Code civil (ancien art. 1384), les parents sont responsables des actes dommageables commis par leur enfant.

Cependant, lorsque l'enfant est un mineur placé sous la garde d'un tiers, la responsabilité des parents n'est pas toujours engagée. Ainsi, la responsabilité de l'État est engagée lorsqu'un mineur délinquant a été placé par une décision de justice auprès d'un tiers, qui peut être une personne publique ou privée (CE Section, 3 février 1956, *Thouzellier*, *Rec.*, p. 49).

Si la décision *Thouzellier* avait posé comme condition que la victime du dommage soit voisine de la résidence du mineur, cette condition de voisinage a été par la suite abandonnée par la jurisprudence. La seule condition relative à la victime est qu'elle doit être un tiers par rapport à la personne qui a la garde du mineur. Elle ne saurait donc être un autre mineur gardé, car ce dernier a, dans ce cas, la qualité d'usager et non celle de tiers (CE, 9 mars 1966, *Trouillet*, *Rec.*, p. 201).

En revanche, la responsabilité sans faute de l'État implique que la victime démontre que son dommage est anormal et spécial. Dans la décision *Thouzellier*, un cambriolage, autrement dit un vol, a été considéré comme un dommage anormal et spécial.

En l'espèce, le vol de véhicule dont a été victime l'automobiliste a pour auteur une personne mineure. Il ressort de l'énoncé des faits que le mineur est un délinquant «*confié à un institut d'éducation surveillée*», vraisemblablement à la suite d'une «*infraction*». On peut raisonnablement penser que cette mesure de placement a été prise par une ordonnance du juge des enfants. C'est donc la responsabilité sans faute de l'État qui est susceptible d'être engagée. La victime est un usager de la route. Il s'agit donc d'un tiers par rapport à l'institut d'éducation surveillée. Le dommage subi par la victime est avant tout matériel. Il correspond à la perte de sa voiture puisque cette dernière est «*hors d'usage*» en raison de l'accident du mineur ultérieur au vol. La victime a donc subi un dommage anormal et spécial.

En conclusion, la victime du vol devrait être indemnisée par l'État pour la perte de son véhicule. En cas de refus de l'État de verser des dommages et intérêts, l'affaire pourrait être portée devant le tribunal administratif compétent.

En ce qui concerne l'indemnisation de la famille du policier décédé :

Un policier est décédé au cours d'un séjour à l'hôpital consécutif à un accident causé par un individu mineur. Toutefois, le décès est la conséquence d'une infection sans rapport avec cet accident. Cette affaire est plus complexe que la précédente, car elle pose deux questions de droit. La première concerne la responsabilité de l'hôpital. La seconde est relative à la responsabilité du mineur.

1. En premier lieu, sur quel fondement la responsabilité de l'hôpital peut-elle être mise en jeu en cas d'infection subie au cours d'un séjour à l'hôpital ?

En principe, la responsabilité d'un hôpital peut être engagée dès lors qu'une faute a été commise et que cette dernière a causé un dommage à un patient. Il peut s'agir de toute faute résultant, soit de la mauvaise organisation ou du mauvais fonctionnement du service, soit d'un acte de prévention, de diagnostic ou de soin (CE Assemblée, 10 avril 1992, *Époux V.*, *Rec.*, p. 171). Cette jurisprudence a été codifiée par la loi n° 2002-303 du 4 mars 2002 (art. L. 1142-1, I, al. 1er, du Code de la santé publique).

La responsabilité d'un hôpital peut également être engagée sans faute de sa part dans les deux cas suivants :

- «*lorsqu'un acte médical nécessaire au diagnostic ou au traitement du malade présente un risque dont l'existence est connue mais dont la réalisation est exceptionnelle et dont aucune raison ne permet de penser que le patient y soit particulièrement exposé*» (CE Assemblée, 9 avril 1993, *Bianchi*, *Rec.*, p. 127) ;
- en cas d'infection nosocomiale, c'est-à-dire d'infection contractée au sein même de l'établissement (art. L. 1142-1, I, al. 2, du Code de la santé publique).

En l'espèce, le policier a été victime d'une infection qu'il semble avoir subie au cours de son séjour à l'hôpital. L'énoncé des faits précise en ce sens que l'infection «*n'a rien à voir avec l'accident*». L'on ne peut toutefois pas déduire de cette seule précision que l'hôpital est responsable de l'infection. Le policier pouvait être déjà infecté avant l'accident et son séjour à l'hôpital. Cependant, l'énoncé des faits indique qu'«*un rapport d'analyse a révélé qu'il [le policier] avait été infecté par une bactérie parfois présente en milieu hospitalier*». Aucune faute ne paraît donc pouvoir être reprochée à l'hôpital, de même qu'aucun acte médical n'est en cause. En revanche, l'infection du patient semble avoir été contractée au sein même de l'hôpital. Elle présente donc les caractéristiques d'une infection nosocomiale. À ce titre, la responsabilité sans faute de l'hôpital peut être engagée.

2. En second lieu, à partir du moment où le séjour à l'hôpital du policier fait suite à l'accident causé par le mineur, l'on peut se demander si la responsabilité du mineur peut être engagée. En conséquence, l'hôpital s'exonérerait de sa propre responsabilité.

En principe, l'on sait déjà que l'État est responsable des dommages anormaux et spéciaux imputables au mineur délinquant dans la présente affaire (*cf. supra*). Le décès d'une personne est, plus encore qu'un vol, un dommage anormal et spécial (*cf.* décision *Thouzellier* précitée).

Mais la jurisprudence n'a semble-t-il jamais apporté de réponse à la question de savoir si un hôpital peut s'exonérer de sa responsabilité lorsque le séjour dans cet hôpital du patient décédé d'une infection nosocomiale est le fait d'un tiers.

Cependant, la doctrine a déjà eu l'occasion de remarquer qu'« *une personne publique ne saurait se voir imputer les préjudices résultant des fautes, carences ou risques qui se rattachent à l'intervention d'une autre personne* » (SENERS François, ROUSSEL Florian, « Imputabilité du préjudice », *Rép. responsabilité de la puissance publique*, Dalloz, Paris, 2020, n° 68). Cette opinion de deux auteurs repose sur une jurisprudence bien établie (CE Section, 26 juillet 1978, *Bonnefond*, *Rec.*, p. 344 – CE Section, 18 mars 1994, *Cohen*, *Rec.*, p. 149).

On peut en déduire, *a contrario*, qu'un hôpital demeure responsable du décès d'un patient lorsqu'il résulte d'une infection nosocomiale. En effet, le décès résulte du risque inhérent à l'infection qui se rattache à l'intervention de l'hôpital.

En l'espèce, le policier semble décédé à la suite d'une infection nosocomiale. L'intervention du mineur n'est pas sans lien avec le décès, mais l'infection nosocomiale ne se rattache pas à son intervention. Elle se rattache à l'intervention de l'hôpital.

En conclusion, la famille du policier devrait être indemnisée par l'hôpital. Le dommage subi est avant tout moral. Il s'agit de la douleur consécutive à la perte d'un être cher, dont l'indemnisation est admise par la jurisprudence pour les membres de la famille les plus proches du défunt (CE, 1er juillet 2005, *Brugnot*, *Tab.*, p. 1097). En cas de refus de l'hôpital de verser des dommages et intérêts, l'affaire pourrait être portée devant le tribunal administratif compétent.

Il existe également une commission de l'Administration, la commission de conciliation et d'indemnisation. Quatre CCI couvrant plusieurs régions ont leur siège à Bagnolet, Bordeaux, Lyon et Nancy. La CCI peut être saisie pour trouver une solution au litige indemnitaire et, ainsi, éviter de saisir le juge (et s'engager dans un procès long, coûteux et incertain). Au cas où la CCI ne parvient pas à trouver une solution qui convient à la famille du policier, le juge peut toujours être saisi par cette dernière.

PARTIE XVII

Le droit européen

Fiche 48

La notion de droit européen

Les objectifs de la fiche

- Distinguer le droit de l'Union européenne et le droit de la Convention européenne des droits de l'Homme
- Maîtriser les sources essentielles du droit européen
- Connaître les principales institutions européennes

1. Les deux branches du droit européen

Il faut distinguer le droit de l'Union européenne (*cf. infra* n° 2) et le droit de la Convention européenne de sauvegarde des droits de l'Homme et des libertés fondamentales, que l'on appelle également « Convention européenne des droits de l'Homme » (*cf. infra* n° 3). Ces deux branches du droit européen présentent au moins deux caractéristiques communes : l'une historique, l'autre géographique.

Du point de vue historique, le droit européen trouve son origine dans la période postérieure à la Seconde Guerre mondiale. D'une part, le Conseil de l'Europe, créé par le traité de Londres signé par dix États en 1949, adopte la Convention européenne des droits de l'Homme en 1950. D'autre part, la Communauté européenne du charbon et de l'acier (CECA), la Communauté européenne de l'énergie atomique (CEEA) et la Communauté économique européenne (CEE) sont créées par les traités de Paris et de Rome signés par six États en 1951 et 1957. L'Union européenne est finalement créée par le traité de Maastricht signé en 1992. L'Union a absorbé progressivement les trois communautés (CECA, CEEA et CEE).

Du point de vue géographique, le droit européen s'applique à la plupart des États ayant au moins une partie de leur territoire sur le continent européen. L'Union européenne compte aujourd'hui 27 États membres (dernière intégration en 2013 : la Croatie ; sortie le 31 janvier 2020 : le Royaume-Uni). Les États membres de l'Union européenne siègent tous au Conseil de l'Europe. Mais le Conseil de l'Europe compte au total 47 États membres, dont la Russie et la Turquie (dernière intégration en 2007 : le Monténégro).

2. Le droit de l'Union européenne

Le droit de l'UE est issu de plusieurs traités signés entre les États membres depuis 1951 (*cf. supra* n° 1). Le traité actuellement en vigueur est le traité de Lisbonne signé en 2007.

D'après le traité, l'Union est organisée autour de cinq institutions essentielles :

- le Conseil européen réunit les chefs d'État ou de Gouvernement afin qu'ils définissent les grandes orientations de l'UE ;
- le Conseil de l'Union européenne (ou « Conseil des ministres de l'UE ») est la réunion des ministres des États membres en charge des mêmes missions ;
- le Parlement européen est l'assemblée représentative des citoyens de l'UE ;
- la Commission européenne est un organe exécutif de l'UE ;
- la Cour de justice de l'Union européenne est le juge de l'UE.

Le Conseil de l'UE et le Parlement européen ont le pouvoir d'adopter des normes applicables dans toute l'Union : les règlements et les directives. Ces textes sont comparables aux lois votées par les Parlements nationaux. Ils sont toutefois supérieurs aux lois nationales (CJCE, 9 mars 1978, *Simmenthal*, *Rec. CJCE*, p. 629). Les directives fixent des « objectifs » à atteindre par les États membres dans un délai déterminé. En revanche, les règlements fixent des « obligations » applicables sans délai dans les États membres. Ainsi, les directives impliquent en principe des « mesures de transposition » de la part des États, contrairement aux règlements applicables par eux-mêmes (art. 288 du TFUE).

Enfin, le traité de Lisbonne prévoit l'adhésion prochaine de l'Union européenne à la Convention européenne des droits de l'Homme. En attendant, le traité reconnaît d'ores et déjà que la Convention fait partie « *du droit de l'Union en tant que principes généraux* » (art. 6 du TUE).

3. Le droit de la Convention européenne des droits de l'Homme

En 1950, un traité est adopté par le Conseil de l'Europe : la Convention européenne des droits de l'Homme. Le texte contient des droits et libertés reconnus par les États au bénéfice de leurs administrés. La Convention s'applique aujourd'hui dans les 47 États membres du Conseil de l'Europe. Elle a été complétée par 16 protocoles additionnels.

Le système institutionnel du Conseil de l'Europe est organisé principalement autour d'une juridiction : la Cour européenne des droits de l'Homme. Son siège est situé à Strasbourg (le siège de la CJUE est à Luxembourg). Elle est composée de 47 juges. Chaque État membre propose une liste de trois juges pour un mandat de six ans renouvelable. L'un des trois juges proposés par chaque État membre est finalement nommé par l'Assemblée parlementaire du Conseil de l'Europe (la réunion des 318 parlementaires désignés par leur Parlement national). Mattias Guyomar, élu au début de l'année 2020, a pris ses fonctions le 22 juin 2020.

Tout administré peut saisir la Cour s'il estime qu'un État membre a méconnu le droit de la Convention. Cependant, l'administré doit avoir épuisé tous les recours possibles devant les juges de l'État concerné par le litige.

Éléments d'approfondissement

- BERGE Jean-Sylvestre, ROBIN-OLIVIER Sophie, *Droit européen*, 2ᵉ éd. MAJ, PUF, coll. Thémis Droit, Paris, 2011, 540 p.
- BOUTAYEB Chahira, *Droit institutionnel de l'Union européenne*, 6ᵉ éd., LGDJ, coll. Manuel, Paris, 2020, 778 p.
- CHEVALIER Émilie, DUBOS Olivier, *Institutions européennes*, Dalloz, coll. Mémentos, Paris, 2019, 208 p.
- COUTRON Laurent, *Droit de l'Union européenne*, Dalloz, coll. Mémentos, Paris, 2019, 264 p.

Les indispensables

- Le droit de l'Union européenne (UE) est applicable dans 27 États.
- La Convention européenne de sauvegarde des droits de l'Homme et des libertés fondamentales (CEDH) est applicable dans les 47 États membres du Conseil de l'Europe.
- L'UE comprend cinq institutions essentielles : Conseil européen, Conseil de l'UE, Parlement européen, Commission européenne et Cour de justice de l'UE.
- Les règlements et les directives sont des normes européennes applicables sur tout le territoire de l'UE.
- La CEDH fait partie « *du droit de l'Union en tant que principes généraux* » (art. 6 du TUE).
- Située à Strasbourg, la Cour européenne des droits de l'Homme est compétente pour juger les plaintes présentées par les administrés contre un État membre du Conseil de l'Europe.
- La saisine de la Cour européenne des droits de l'Homme n'est possible qu'après épuisement des voies de recours au sein de l'État membre visé par la plainte.

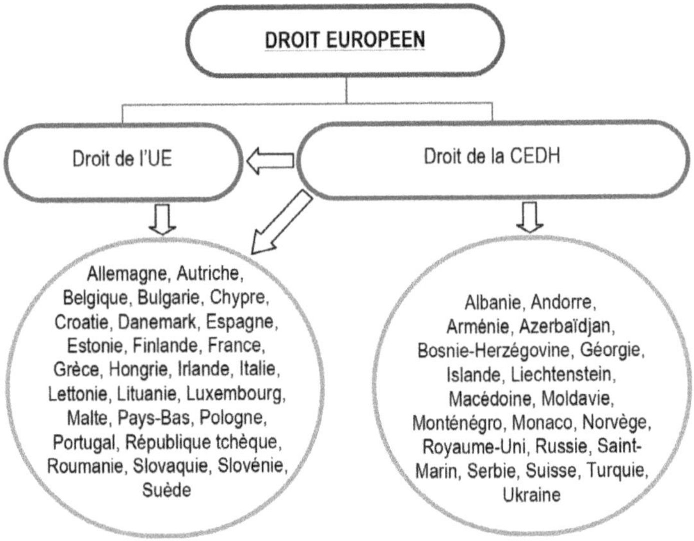

LES DEUX BRANCHES DU DROIT EUROPÉEN

Fiche 49

Le droit européen et la Constitution

Les objectifs de la fiche

- Connaître les principales institutions de l'État chargées du droit européen
- Apprécier l'influence du droit européen sur la Constitution
- Maîtriser la technique de prise en compte des spécificités constitutionnelles par le droit européen

1. Les pouvoirs publics constitutionnels en charge du droit européen

Les institutions concernées par les affaires européennes sont nombreuses. Les ministres, parlementaires ou juges sont tous intéressés.

Parmi les membres du Gouvernement, l'on trouve systématiquement depuis 1978 un ministre délégué ou un secrétaire d'État chargé des affaires européennes. Celui-ci est actuellement placé auprès du ministre des Affaires étrangères. Il a pour mission de traiter l'ensemble des questions relatives à la construction européenne, y compris les questions institutionnelles (*cf.* décret n° 2020-1041 du 14 août 2020 relatif aux attributions déléguées au secrétaire d'État chargé des affaires européennes).

Au Parlement, une commission des Affaires européennes existe dans chaque chambre. Ces commissions ont des rôles d'information et de contrôle des activités européennes. Elles ont été créées en 1979. La loi constitutionnelle du 23 juillet 2008 a consacré leur existence (*cf.* art. 88-4 de la Constitution). Ce sont des commissions spécifiques qu'il ne faut pas confondre avec les commissions permanentes ou d'enquête (*cf.* fiche 16).

Enfin, le Conseil constitutionnel a noué des relations avec les autres cours constitutionnelles européennes en adhérant, en 1987, à la Conférence des cours constitutionnelles européennes. Cette Conférence n'est pas une institution européenne (*cf.* fiche 48). Elle permet toutefois aux juridictions membres de réfléchir sur des questions de droit européen.

2. La suprématie du droit européen sur la Constitution

Le droit de l'Union européenne et le droit de la Convention européenne des droits de l'Homme ont, en principe, une autorité supérieure à celle de la Constitution.

La Cour de justice a consacré la suprématie du droit de l'Union européenne sur les Constitutions des États membres dès 1964 (CJCE, 15 juillet 1964, *Costa contre ENEL*,

Rec. CJCE, p. 1149). La Convention européenne des droits de l'Homme prévoit des stipulations équivalentes (art. 46 de la Convention).

Le Conseil constitutionnel n'est pas allé aussi loin. Certes, les traités ont une autorité supérieure à celle des lois, comme le prévoit l'article 55 de la Constitution. Mais la Constitution est « *au sommet de l'ordre juridique interne* » (CC, 19 novembre 2004, *Traité établissant une Constitution pour l'Europe*, déc. n° 2004-505 DC). Comme les autres traités internationaux (*cf.* art. 54 de la Constitution), les traités européens ne peuvent pas entrer en vigueur lorsqu'ils contiennent des stipulations contraires à la Constitution. Le texte constitutionnel doit être préalablement révisé (CC, 20 décembre 2007, *Traité de Lisbonne*, déc. n° 2007-560 DC).

Cependant, la Constitution est systématiquement révisée pour permettre aux traités européens d'entrer en vigueur. Cette pratique conduit certains auteurs à considérer que ces traités sont supérieurs. En outre, les spécificités de la Constitution sont admises par le droit européen lui-même. Elles ne sont donc pas un indice de la suprématie constitutionnelle.

3. Les spécificités de la Constitution en droit européen

Les spécificités constitutionnelles ne sont pas reconnues de la même façon par les droits de l'Union et de la Convention.

Le droit de l'Union européenne admet les spécificités de la Constitution des États membres à travers la notion de « *traditions constitutionnelles communes aux États membres* » (art. 6 du TUE). Le Conseil constitutionnel a transposé cette notion dans sa jurisprudence. Ainsi, lorsqu'il contrôle la constitutionnalité d'une loi de transposition d'une directive, le Conseil vérifie que cette directive ne contient pas « *une disposition expresse contraire à la Constitution* » (CC, 10 juin 2004, *Économie numérique*, déc. n° 2004-496 DC).

Le droit de la Convention européenne des droits de l'Homme admet les spécificités d'un État membre à travers la notion de « *marge d'appréciation* ». Contrairement au droit de l'Union, ces spécificités ne se trouvent pas nécessairement dans la Constitution. Elles peuvent être prévues par la loi. À titre d'illustration, l'interdiction de porter une tenue destinée à dissimuler son visage dans l'espace public en France n'est pas contraire aux articles 8 et 9 de la Convention en raison, notamment, de la marge d'appréciation de l'État admise par la Cour européenne des droits de l'Homme sur ce point (CEDH, 1er juillet 2014, *S.A.S. contre France*, *Rec. CEDH*, III). Certains droits et libertés prévus par la Convention ne permettent pas de prendre en compte les spécificités juridiques d'un État membre. Ces droits et libertés « absolus » sont, notamment, le droit à la vie (art. 2) ou l'interdiction de la torture et des peines ou traitements inhumains et dégradants (art. 3).

Éléments d'approfondissement

- Dossier, « Constitution et Europe », *CCC*, n° 18, 2005.
- MILLET François-Xavier, *L'Union européenne et l'identité constitutionnelle des États membres*, Thèse Florence-Paris 1, LGDJ, coll. BCSP, Paris, 2013, 365 p.
- ROUSSEAU Dominique, « Ce que fait l'Europe à la Constitution et… réciproquement ! », *Ann. droit européen*, 2003, pp. 26-39.

Les indispensables

- Un ministre délégué ou un secrétaire d'État est chargé des affaires européennes au sein du Gouvernement.
- Une commission des Affaires européennes existe dans chaque chambre du Parlement.
- La Conférence des cours constitutionnelles européennes est une institution regroupant des juridictions constitutionnelles des États du continent européen.
- Le droit européen s'affirme comme supérieur au droit (y compris le droit constitutionnel) de chacun des États membres de l'Union européenne ou du Conseil de l'Europe.
- Certaines particularités des États peuvent être admises par le droit européen.
- Le droit de l'Union européenne reconnaît les « traditions constitutionnelles communes aux États membres ».
- Le droit de la Convention européenne des droits de l'Homme laisse parfois une « marge d'appréciation » aux États membres.

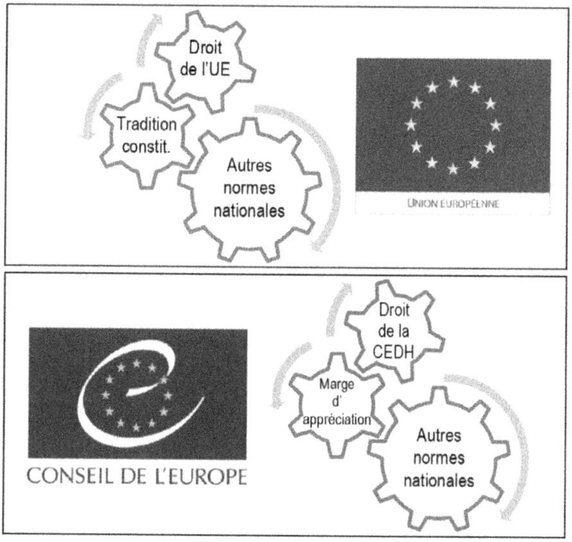

L'ARTICULATION DU DROIT EUROPÉEN AVEC LE DROIT DES ÉTATS MEMBRES

Fiche 50

Le droit européen et l'Administration

Les objectifs de la fiche

- Connaître les principales institutions administratives chargées du droit européen
- Apprécier l'influence du droit européen sur l'Administration
- Illustrer la prise en compte du droit européen par le droit administratif

1. Les institutions administratives en charge du droit européen

Toutes les administrations sont plus ou moins concernées par le droit de l'Union européenne et le droit de la Convention européenne. Certaines administrations sont spécialisées sur les questions européennes.

Le Secrétariat général des affaires européennes (SGAE) est placé sous l'autorité du Premier ministre. Il a pour mission d'assurer la coordination interministérielle des dossiers concernant l'Union européenne. En particulier, le SGAE prépare les positions exprimées par le Gouvernement au sein des institutions de l'Union. Après accord du Gouvernement, il transmet ces positions aux agents chargés d'exprimer les positions françaises auprès des institutions de l'Union. En conséquence, le SGAE collabore étroitement avec la Représentation permanente de la France auprès de l'Union européenne.

À Bruxelles, la Représentation permanente de la France auprès de l'Union européenne (RPUE) est placée sous l'autorité du ministre des Affaires étrangères. Elle a pour mission de promouvoir et défendre les positions françaises dans les négociations au sein des institutions de l'Union. Elle exerce également une mission d'information des autorités françaises sur les questions européennes. À ce titre, la RPUE assiste les membres du Gouvernement lors des Conseils des ministres de l'Union européenne, ainsi que le Président de la République lors des Conseils européens.

2. La suprématie du droit européen sur l'acte administratif

Le Conseil d'État reconnaît la suprématie du droit international, et notamment du droit européen, sur les actes administratifs (CE Assemblée, 30 mai 1952, *Kirkwood, Rec.*, p. 291) et, depuis plus récemment, sur les lois (CE Assemblée, 20 octobre 1989, *Nicolo, Rec.*, p. 190). Il faut remarquer, en revanche, que la suprématie du droit européen « *ne saurait conduire, dans l'ordre interne, à remettre en cause la suprématie de la Constitution* » (CE, 3 décembre 2001, *Syndicat national de l'industrie pharmaceutique, Rec.*, p. 624).

En conséquence, tout acte administratif doit respecter le droit de l'Union européenne. Dans le cas contraire, l'acte est susceptible d'être annulé par le juge administratif (CE Assemblée, 30 octobre 2009, *Perreux*, *Rec.*, p. 407). Il en va ainsi à plus forte raison du décret de transposition d'une directive. Toutefois, en raison de la suprématie de la Constitution, le décret de transposition est susceptible d'être annulé par le juge s'il méconnaît « *une disposition* » ou « *un principe de valeur constitutionnelle* » spécifiques au droit français (CE Assemblée, 8 février 2007, *Société Arcelor*, *Rec.*, p. 55).

De la même façon, tout acte administratif doit respecter le droit de la Convention européenne. Cependant, le décret ou la loi de transposition d'une directive contraire à la Convention ne peut être déclaré illégal que par la Cour de justice de l'Union européenne (CE Section, 10 avril 2008, *Conseil national des barreaux*, *Rec.*, p. 129).

3. La suprématie du droit européen sur le droit administratif

Les règles du droit administratif doivent respecter le droit européen. À défaut, ces règles ne doivent pas être appliquées.

Ainsi, dans une affaire concernant le droit de l'Union européenne, les règles de retrait d'un acte administratif créateur de droits (*cf.* fiche 40) faisaient obstacle au retrait d'un acte violant le droit de l'Union. Le juge administratif a donc écarté le délai de quatre mois afin de permettre le retrait de l'acte litigieux (CE, 29 mars 2006, *Centre d'exploitation du livre français*, *Rec.*, p. 173). Ce faisant, la jurisprudence française s'est alignée sur la jurisprudence européenne (CJCE, 13 janvier 2004, *Kühne*, *Rec. CJCE*, p. 837).

Par ailleurs, la Cour européenne des droits de l'Homme a condamné la France pour violation du droit au procès équitable (art. 6 de la Convention européenne) en raison de la participation du commissaire du gouvernement (devenu rapporteur public) au délibéré dans le procès administratif (CEDH, 7 juin 2001, *Kress*, *Rec. CEDH*, VI). Le décret n° 2006-964 du 1er août 2006 a donc écarté le rapporteur public du délibéré, sauf au Conseil d'État (il ne peut cependant pas s'exprimer et l'une ou l'autre partie au procès peut le récuser). Ces règles n'ont pas été jugées contraires au droit au procès équitable (CEDH, 15 septembre 2009, *Étienne*, req. n° 11396/08).

Éléments d'approfondissement

- AUBY Jean-Bernard, DUTHEIL DE LA ROCHERE Jacqueline (dir.), *Traité de droit administratif européen*, 2e éd., Bruylant, Bruxelles (Belgique), 2014, 1356 p.
- EDCE, *L'administration française et l'Union européenne. Quelles influences ? Quelles stratégies ?*, La Documentation française, Paris, 2007, 427 p.
- PICARD Étienne, « Droit international : rapports avec le droit interne », *Rép. contentieux administratif*, Dalloz, Paris, 2010.
- PICARD Étienne, « Droit international : compétence du juge administratif », *Rép. contentieux administratif*, Dalloz, Paris, 2013.

Les indispensables

- Le Secrétariat général des affaires européennes (SGAE) est un service du Premier ministre chargé de la coordination des dossiers concernant l'UE.
- La Représentation permanente de la France auprès de l'Union européenne (RPUE) est un service du ministre des Affaires étrangères chargé de soutenir les positions et les autorités françaises lors des négociations au sein de l'UE.
- La jurisprudence du Conseil d'État reconnaît la supériorité du droit européen sur les actes administratifs et les lois, mais pas sur la Constitution.
- Tout acte administratif doit respecter le droit européen, sous réserve des règles constitutionnelles spécifiques au droit français.
- Seule la Cour de justice de l'Union européenne peut déclarer illégal un règlement européen, une directive européenne ou un acte de transposition d'une directive, notamment s'ils sont contraires au droit de la Convention européenne.
- Les règles du droit administratif doivent être écartées lorsqu'elles méconnaissent ou conduisent à méconnaître le droit européen.

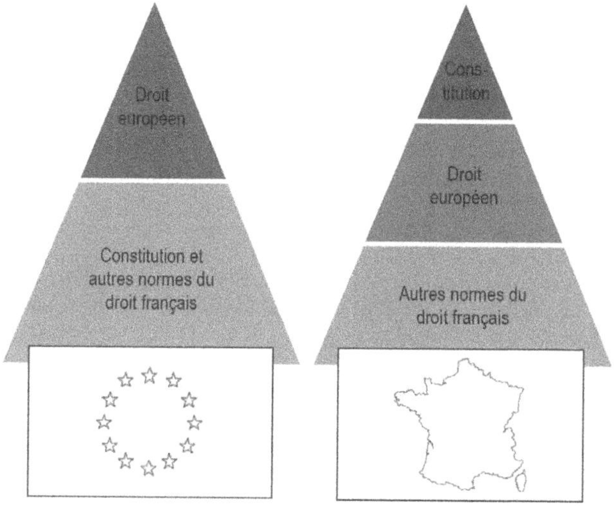

LA HIÉRARCHIE DES NORMES DU POINT DE VUE EUROPÉEN OU FRANÇAIS

Dissertation

▶ **L'Union européenne est-elle un État ?**

Corrigé

Par sa déclaration faite au nom du Gouvernement français le 9 mai 1950, Robert Schuman a lancé le processus de construction européenne. Dans cette déclaration, le ministre français des Affaires étrangères invitait les « *pays d'Europe* » à s'unir au sein d'une « *organisation [internationale]* ». Il entrevoyait même la création à long terme d'une « *Fédération européenne* » (l'expression est employée à deux reprises). La notion de fédération renvoie à l'une des deux principales structures d'État.

Un État est une institution politique et juridique dotée de la souveraineté, d'une population et d'un territoire. La structure de l'État est, soit unitaire, soit fédérale (elle est, plus rarement, l'une et l'autre). L'État unitaire est doté d'un seul ordre juridique, tandis que l'État fédéral est une union de collectivités dotée de plusieurs ordres juridiques. Ainsi, une seule Constitution est applicable dans l'État unitaire, alors que plusieurs le sont dans l'État fédéral (celle de l'État fédéral et celle de chaque collectivité fédérée).

Le processus de construction européenne lancé en 1950 s'est concrétisé par la création d'une organisation, la communauté économique du charbon et de l'acier (CECA). L'idée principale de la communauté, fondée par six États en 1951 (Allemagne, Belgique, France, Italie, Luxembourg, Pays-Bas), était de supprimer les droits de douane sur le charbon et l'acier entre les États membres en vue de créer un marché unique. En 1957, les mêmes États ont créé une autre organisation, la communauté économique européenne (CEE). Le marché unique est alors étendu à toutes les activités économiques. Plusieurs États européens ont par la suite adhéré à la communauté. En 1992, après la signature du traité de Maastricht, la communauté prend le nom d'Union européenne afin, notamment, de renforcer l'union politique entre les États membres. En 2004, un « traité établissant une Constitution pour l'Europe » est signé à Rome. Mais ce traité est rejeté par les citoyens de deux États membres, la France et les Pays-Bas. Il n'entrera donc jamais en vigueur. En remplacement, un traité plus modeste (il ne fait aucune référence à la notion de « Constitution »), le traité de Lisbonne, est signé en 2007 et entre en vigueur en 2009. Ce traité contient en réalité deux textes : le traité sur l'Union européenne (TUE) et le traité sur le fonctionnement de l'Union européenne (TFUE). Ces traités sont aujourd'hui applicables dans les 27 États membres de l'Union.

Ainsi, malgré le vœu de Robert Schuman, l'Union européenne n'est pas une fédération d'un point de vue juridique. C'est une organisation qui regroupe des États, autrement dit une organisation internationale (comme l'ONU par exemple). L'on peut toutefois s'interroger sur la question de savoir ce qu'il manque à l'Union pour être qualifiée d'État. Dans quelle mesure l'Union européenne remplit-elle les critères de l'État que sont la population, le territoire et la souveraineté ?

L'Union européenne est dotée d'une population et d'un territoire et paraît donc pouvoir être qualifiée d'État (I). Mais la réalité est plus compliquée. L'Union n'a pas vraiment de population et de territoire propres et n'est absolument pas souveraine. Elle n'est donc pas réellement un État (II).

I. L'Union européenne a l'apparence d'un État

A. L'Union est dotée d'une population

La population de l'Union est constituée de la population de chacun de ses 27 États membres. L'Union compte près de 448 millions d'habitants, ce qui est supérieur à la population des États-Unis (328 millions), mais nettement inférieur à la population chinoise (1393 millions) et à celle de l'Inde (1353 millions). Le droit de l'Union reconnaît des droits spécifiques aux habitants de l'Union.

Ainsi, sous certaines conditions (*cf. infra* II, A), l'Union reconnaît à sa population la qualité de citoyen. Depuis le traité de Maastricht, le droit de l'Union prévoit en effet « *une citoyenneté de l'Union* » (art. 20 du TFUE). Cette reconnaissance est comparable à celle offerte par la plupart des États. D'ailleurs, les citoyens de l'Union élisent tous les cinq ans leurs représentants au Parlement européen. Les citoyens peuvent bien évidemment être eux-mêmes élus en cette qualité (art. 14, 3, du TUE). Depuis la signature du traité de Lisbonne, les « *citoyens* » disposent également d'un droit d'initiative qui leur permet d'inviter la Commission européenne à adopter un acte juridique qu'ils estiment nécessaire (art. 11, 4, du TUE : l'initiative doit être soutenue par au moins un million de citoyens issus de sept États membres).

D'autres droits, non liés à la citoyenneté, sont également reconnus à la population européenne (art. 6 du TUE). Ces droits civils, politiques, économiques et sociaux ont été reconnus par la charte des droits fondamentaux du 7 décembre 2000. L'un des droits les plus essentiels est la non-discrimination entre les habitants des divers États membres. Plusieurs articles des traités y sont consacrés (*cf.* art. 2 du TUE et, surtout, art. 18 et 19 du TFUE).

Ainsi, à l'instar d'un État, l'Union est dotée d'une population. Elle est également dotée d'un territoire.

B. L'Union est dotée d'un territoire

Comme pour la population, le territoire de l'Union est constitué du territoire de chacun de ses États membres. La superficie du territoire de l'Union est de 4,2 millions de km^2, ce qui représente à peu près la moitié de la superficie des États-Unis ou de la Chine qui se situe autour de 9,7 millions de km^2.

Sur le territoire européen, il n'existe aucune « *frontières intérieures* ». Les « *personnes* » peuvent y circuler librement (art. 26 du TFUE). Ce droit vaut tout particulièrement pour les « *travailleurs* » (art. 45, 3). Il vaut aussi pour « *les citoyens de l'Union* » qui peuvent « *circuler* », mais aussi « *séjourner librement* » sur le territoire européen (art. 20 et 21 : ce droit est énoncé à deux reprises).

Un droit de circulation équivalent est prévu pour les capitaux, les biens (ou marchandises) et les services (art. 26).

Ainsi, au regard de sa population et de son territoire, l'Union ressemble à un État. Toutefois, un examen approfondi montre que l'Union n'est pas réellement un État.

II. L'Union européenne n'est pas réellement un État

A. L'Union européenne n'a pas une population et un territoire à proprement parler

La population et le territoire de l'Union sont formés par les populations et les territoires des 27 États membres. Néanmoins, en droit et dans les faits, les populations et territoires ont été, et restent, liés avant tout aux États membres.

L'article 20 du TFUE prévoit qu'« *Est citoyen de l'Union toute personne ayant la nationalité d'un État membre* ». Cependant, les règles de nationalité sont déterminées par les seuls États membres. En conséquence, l'Union ne peut pas déterminer les conditions d'acquisition de la citoyenneté européenne. En droit, les citoyens de l'Union sont d'abord attachés à leur État de nationalité avant d'être attachés à l'Union. D'ailleurs, le même article 20 précise que « *La citoyenneté de l'Union s'ajoute à la citoyenneté nationale et ne la remplace pas* ». Dans les faits également, des études sociologiques ont montré que les citoyens se sentent citoyens de leur État de nationalité, avant (voire bien avant) de se considérer comme des citoyens de l'Union. Tant et si bien que l'année 2013 a été déclarée « année du citoyen européen », comme pour tenter de renforcer le lien entre l'Union et « ses » citoyens.

Plus généralement, les États membres de l'Union sont souverains sur leur population et leur territoire. En conséquence, les droits accordés par l'Union à sa population ne s'appliquent pas toujours uniformément sur l'ensemble de la population et du territoire européens. Ainsi, les libertés de circulation et de séjour entre États membres sont soumises à certaines conditions qui en limitent l'exercice. La liberté de circulation, par exemple, n'est réelle qu'entre les 22 États membres qui ont signé la convention de Schengen (la Bulgarie, Chypre, la Croatie, l'Irlande et la Roumanie ne l'ont pas signée). De même, la Pologne (et la République tchèque pendant un temps) a demandé et obtenu une dérogation à l'application de la charte des droits fondamentaux précitée. Le protocole n° 30 annexé au TFUE prévoit que la charte n'y est pas applicable.

Outre une population et un territoire propres, la souveraineté est, finalement, l'élément fondamental qui manque à l'Union pour être qualifiée d'État.

B. L'Union européenne n'est pas dotée de la souveraineté

Nul n'est un État s'il n'est pas souverain. Or, l'Union européenne n'est pas souveraine. Autrement dit, elle n'a pas le pouvoir de commander et, à ce titre, de déterminer ses compétences. Au contraire, les compétences de l'Union lui sont attribuées, limitativement, par les traités signés par les États membres.

Ainsi, les articles 3 à 6 du TFUE délimitent les compétences de l'Union. Il existe trois catégories de compétences :

- les compétences exclusives (seule l'Union peut les exercer) ;
- les compétences partagées (les États membres exercent ces compétences dans la mesure où l'Union ne les a pas exercées ou ne les exerce plus) ;
- les compétences d'appui (l'Union peut les exercer pour appuyer, coordonner ou compléter l'action des États membres).

À titre d'illustration, l'Union est compétente exclusivement dans cinq domaines :

- l'union douanière ;
- les règles de concurrence nécessaires au fonctionnement du marché unique ;
- la politique monétaire des 19 États membres dont la monnaie est l'euro ;
- la conservation des ressources biologiques de la mer dans le cadre de la politique commune de la pêche ;
- la politique commerciale commune.

En dehors de ses compétences, l'Union ne peut mener aucune action. Les traités insistent à plusieurs reprises sur le caractère limitatif des compétences de l'Union. À titre d'illustration, les traités prévoient que « *Chaque institution agit dans les limites des attributions qui lui sont conférées dans les traités* » (art. 13 du TUE).

La crise sanitaire liée à l'épidémie de covid-19 a relancé le débat sur l'existence d'un État européen. En juillet 2020, le Conseil européen a adopté les grandes lignes d'un « plan de relance » d'un montant de 750 milliards d'euros. Dans une tribune au journal *Le Monde* publiée le 23 juillet 2020 (p. 24), le professeur Sylvain Kahn en a déduit que « *L'Union européenne est maintenant un État* ». Cette affirmation s'appuie sur le fait « *que l'UE va émettre des bons du trésor pour financer cette toute nouvelle partie de son budget qu'elle nomme "plan de relance"* ». Il faut toutefois rester prudent. L'endettement est, certes, une caractéristique des États contemporains, notamment au sein de l'Union. Mais la dette n'est pas un critère de qualification de l'État. L'endettement a même parfois tendance à menacer les États (*cf.* la Grèce à la fin des années 2000 et le Liban en 2020). Disons plutôt que le « plan de relance » confirme l'apparence étatique de l'Union européenne. Mais cette dernière n'est pas réellement un État. ***Quoi qu'il en soit, le droit public et les débats sur cette belle matière ont encore de beaux jours devant eux.***

Acronymes et abréviations

AAI : autorité administrative indépendante
AFLD : Agence française de lutte contre le dopage
AJDA : *L'actualité juridique – Droit administratif*
al. : alinéa
AMF : Autorité des marchés financiers
AN : Assemblée nationale
ANJ : Autorité nationale des jeux
Ann. droit européen : *Annuaire de droit européen*
API : autorité publique indépendante
ARAFER : Autorité de régulation des activités ferroviaires et routières
ARJEL : Autorité de régulation des jeux en ligne
ART : Autorité de régulation des transports
art. : article
BCSP : Bibliothèque constitutionnelle et de science politique
BDP : Bibliothèque de droit public
CADA : Commission d'accès aux documents administratifs
Cass. AP : Assemblée plénière de la Cour de cassation
Cass. crim. : Chambre criminelle de la Cour de cassation
CC : Conseil constitutionnel
CCC : *Cahiers du Conseil constitutionnel*
CCP : Code de la commande publique
CE : Conseil d'État
CEDH : Cour européenne des droits de l'Homme
CG3P : Code général de la propriété des personnes publiques
CGCT : Code général des collectivités territoriales
CIJ : Cour internationale de justice
CJCE : Cour de justice des communautés européennes
CJR : Cour de justice de la République
CJUE : Cour de justice de l'Union européenne
CNIL : Commission nationale de l'informatique et des libertés
coll. : collection
Commission EDH : Commission européenne des droits de l'Homme
cons. : Considérant
CPI : Cour pénale internationale
CRPA : Code des relations entre le public et l'Administration
CT : Collectivité territoriale
D. : *Recueil Dalloz*
DA : *Droit administratif*
DDHC : Déclaration des droits de l'Homme et du citoyen
déc. : décision
dir. : sous la direction de
Dr. et cultures : *Droit et cultures*
DVD : Divers droite
DVG : Divers gauche
EDCE : Études et documents du Conseil d'État
EE-LV : Europe Écologie-Les Verts
EN3S : École nationale supérieure de sécurité sociale
FdG : Front de gauche

HATVP : Haute autorité pour la transparence de la vie publique
HS : hors série
IRA : Institut régional d'Administration
IVG : interruption volontaire de grossesse
JCP (G) : *La semaine juridique (édition générale)*
JORF : *Journal officiel de la République française*
Les nouv. CCC : *Les nouveaux cahiers du Conseil constitutionnel*
LFI : La France insoumise
LGDJ : Libraire générale de droit et de jurisprudence
LPA : *Les petites affiches*
LR : Les Républicains
LREM : La République en marche
MoDem : Mouvement démocrate
NBT : Nouvelle bibliothèque de thèses
not. : notamment
ONU : Organisation des nations unies
p. (pp.) : page(s)
par ex.,: par exemple
PCF : Parti communiste français
PGD : principe général du droit
PM : Premier ministre
PR : Président de la République
PRG : Parti radical de gauche
PS : Parti socialiste
PUAM : Presses universitaires d'Aix-Marseille
QPC : question prioritaire de constitutionnalité
RA : *Revue administrative*
RD Assas : *Revue de droit d'Assas*
RDP : *Revue du droit public et de la science politique*
RDSE : Rassemblement démocratique et social européen
Rec. : *Recueil des décisions du Conseil d'État*
Rec. CEDH : *Recueil des arrêts de la CEDH*
Rec. CJCE : *Recueil des arrêts de la CJCE*
Rec. CJUE : *Recueil des arrêts de la CJUE*
req. : requête
Rev. hist. des fac. de droit : *Revue d'histoire des facultés de droit*
RFAP : *Revue française d'administration publique*
RFDA : *Revue française de droit administratif*
RFDC : *Revue française de droit constitutionnel*
RGCT : *Revue générale des collectivités territoriales*
RI : Républicains indépendants
RRJ : *Revue de la recherche juridique*
RTD Civ. : *Revue trimestrielle de droit civil*
RTDH : *Revue trimestrielle des droits de l'Homme*
S : Sénat
SG : secrétaire général
SP : service public
t. : tome
Tab. : Table analytique des matières du *Rec.*
TFUE : Traité sur le fonctionnement de l'Union européenne
TUE : Traité sur l'Union européenne
UDI : Union des démocrates et indépendants
UDR : Union des démocrates pour la Ve République
UDT : Union démocratique du travail
UNR : Union pour la nouvelle République
vol. : volume